五月女律子著

北欧協力の展開

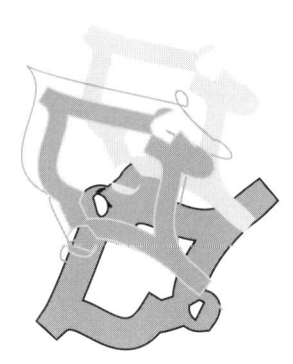

木鐸社

目　次

はじめに ——————————————————————————— 11

第1章　北欧における地域協力と分析視角 ————————— 15
第1節　18世紀から1990年代半ばまでの北欧諸国間関係の歴史 —— 15
1. 18世紀から第二次世界大戦までの北欧諸国間関係　15
2. 第二次世界大戦後から1990年代半ばまでの北欧における地域協力　19

第2節　北欧協力に関する既存研究 ————————————— 22
1. 実態の記述的研究　22
2. 地域統合論からの研究　23
3. 他の理論枠組みからの研究　24

第3節　本書の分析枠組みと構成 ————————————— 30
1. 分析対象期間　―3つの期間　31
2. 地域協力領域の分類　―3つの領域　32
3. 個々の地域協力提案に対する分析視角　34
4. 本書の目的と構成　36

第2章　本格的な北欧協力の開始 ——————————————— 41
―第二次世界大戦後から1950年代半ば―

第1節　スカンジナビア防衛同盟構想の討議と分裂 ————— 41
1. 第二次世界大戦前の安全保障領域での協力提案　41
2. スカンジナビア防衛同盟構想の提案と討議過程　42
3. スカンジナビア防衛同盟構想破綻の要因分析　45

第2節　北欧関税同盟構想討議の開始と対象範囲の縮小 ——— 50
1. 第二次世界大戦前の経済領域での協力　50
2. 北欧関税同盟構想の提案と討議過程　50
3. 北欧関税同盟構想討議の停滞と対象範囲縮小の要因分析　52

第3節　議員間の地域協力の組織化と人の移動の自由化 ──── 55
　　　1．北欧会議の創設　55
　　　2．地域内パスポート不要越境協定の成立　64
　　第4節　北欧共同労働市場の成立 ──────────── 68
　　　1．北欧共同労働市場の成立過程　68
　　　2．北欧共同労働市場成立の要因分析　70
　　小括 ───────────────────────── 73
　　　1．北欧各国政府の態度の相違と議員間協力組織の活躍　73
　　　2．各協力領域での協力提案・討議の特徴　74
　　　3．3つの協力領域間の関係　75

第3章　北欧会議の活用と北欧協力内容の条約化 ─────── 81
　　　　　─1950年代半ばから1960年代半ば─
　　第1節　北欧非核兵器地帯化構想の2主体からの提案 ───── 81
　　　1．北欧非核兵器地帯化構想の提案と討議過程　81
　　　2．北欧非核兵器地帯化構想の非討議対象化の要因分析　84
　　第2節　北欧共同市場構想の本格的討議と挫折 ──────── 88
　　　1．北欧共同市場構想の本格的討議の開始と討議過程　88
　　　2．北欧共同市場構想討議の進展と挫折の要因分析　93
　　第3節　北欧協力の条約化──ヘルシンキ協定の締結 ──── 101
　　　1．ヘルシンキ協定締結までの過程　101
　　　2．ヘルシンキ協定締結の要因分析　104
　　第4節　北欧国連待機軍の創設 ─────────────── 109
　　　1．北欧国連待機軍創設までの過程　109
　　　2．北欧国連待機軍創設成功の要因分析　111
　　小括 ──────────────────────── 115
　　　1．北欧会議の活躍と各国政府の協力提案への対応　115
　　　2．各協力領域での協力提案・討議の特徴　117
　　　3．3つの協力領域間の関係　119

第4章　経済協力討議の進展・挫折と北欧閣僚会議の創設 ── 123
──1960年代半ばから1970年代初め──
- 第1節　安全保障領域での地域協力の停滞 ─────────── 123
- 第2節　NORDEK（北欧経済連合）設立への進展と挫折 ────── 124
  1. NORDEK構想の提案と討議過程　124
  2. NORDEK構想討議の進展と実現失敗の要因分析　132
- 第3節　修正ヘルシンキ協定の締結と北欧閣僚会議の創設 ─────── 139
  1. ヘルシンキ協定の修正と北欧閣僚会議創設までの過程　139
  2. ヘルシンキ協定の修正と北欧閣僚会議創設の要因分析　145
- 第4節　個別分野の地域協力の条約化 ─────────────── 148
  1. 発展途上国における合同援助計画運営に関する協定（オスロ協定）締結までの過程　148
  2. 北欧文化協力協定締結までの過程　150
  3. 北欧交通通信協力協定締結までの過程　153
  4. 3協定の成立過程の特徴の共通点　154
- 小括 ───────────────────────────── 156
  1. 協力討議の短期間での進展と協力範囲の拡大　156
  2. 各協力領域での協力提案・討議の特徴　158
  3. 3つの協力領域間の関係　159

第5章　結論と展望 ─────────────────────── 163
- 第1節　3つの期間における北欧協力の特徴 ───────────── 163
- 第2節　3つの協力領域における北欧協力の特徴 ──────────── 166
  1. 安全保障領域における地域協力　166
  2. 経済領域における地域協力　169
  3. 共同体領域における地域協力　171
  4. 3協力領域における共通点　173

第3節　3つの協力領域における地域協力の関係 ──────── 174
　第4節　北欧協力の志向性の変遷 ──────────────── 176
　第5節　まとめと展望 ──────────────────────── 179

参照文献 ─────────────────────────────── 187

付録 ──────────────────────────────── 202

あとがき ────────────────────────────── 213

索引 ──────────────────────────────── 216

図表一覧

表2-1　スカンジナビア3カ国政府の安全保障政策の優先順位　1948～49年
表2-2　法律・社会保障分野での北欧協力
表3-1　北欧4カ国政府の経済政策の優先順位　1956～58年
表3-2　北欧4カ国政府の経済政策の優先順位　1959年
表3-3　北欧会議勧告と議長団声明で扱われた事項数　1953～61年
表4-1　北欧諸国間貿易の傾向　1959～68年
表4-2　北欧4カ国政府の経済政策の優先順位　1968～70年：NORDEKのECとの関係
表4-3　北欧会議勧告と議長団声明で扱われた事項数　1962～70年

図1-1　地域協力の志向性と北欧での協力（提案）例
図1-2　地域協力過程のモデル
図2-1　会期中の北欧会議の機構（1956年）
図2-2　会期外の北欧会議の機構（1956年）
図3-1　北欧国連待機軍の編成（計画）（1964年）
図4-1　NORDEK構想での制度・機構
図4-2　北欧会議と北欧閣僚会議の組織図（1977年）
図5-1　安全保障，経済，共同体領域での協力成果の推移　1945～72年
図5-2　安全保障領域での地域協力過程
図5-3　経済領域での地域協力過程
図5-4　共同体領域での地域協力過程
図5-5　3つの協力領域間の関係
図5-6　3協力領域の重要度の変遷
図5-7　共同体領域での協力成果の累積　1945～74年

主な組織の名称

英語名：略称（スウェーデン語名）	日本語名
Council of Europe	欧州審議会
Conference on Security and Cooperation in Europe: CSCE	欧州安全保障協力会議
European Communities: EC	欧州共同体
European Coal and Steal Community: ECSC	欧州石炭鉄鋼共同体
European Economic Community: EEC	欧州経済共同体
European Free Trade Association: EFTA	欧州自由貿易連合
European Union: EU	欧州連合
GATT	関税及び貿易に関する一般協定
NATO	北大西洋条約機構
Nordic Council（Nordiska rådet）	北欧会議
Nordic Council of Ministers（Nordiska ministerrådet）	北欧閣僚会議
Nordic Economic Union: NORDEK（Nordiska ekonomi）	北欧経済連合
OEEC	欧州経済協力機構
WEU	西欧同盟

北欧協力の展開

はじめに

　北欧という地域は，地域内で「北欧」というアイデンティティが形成されているとともに，国際社会においても「北欧」というまとまりとして認識されている。そして北欧地域レベルでの協力体制は「北欧協力」(Nordic Cooperation; Nordiska samarbetet) と呼ばれ，地域協力の一形態として認知されている。北欧諸国間での地域協力は，安全保障，経済の分野では協力に失敗し，文化，法律，交通通信，社会政策といった分野でのみ協力体制が確立していることが，特徴として指摘されている。他の地域では安全保障または経済分野での協力組織の創設が多い中で，北欧における地域協力はユニークなものであるといえる。しかし，北欧の地域協力を対象とした研究は，それほど多くない。北欧5カ国（デンマーク，フィンランド，アイスランド，ノルウェー，スウェーデン）が中小国家であることに加え，地域外に大きな影響を与える分野で北欧地域としての協力の組織化が行われていないため，一部の研究者以外からはこれまであまり注目されてこなかったのであろう。

　複数の国家間で行われる地域協力というと，安全保障や経済分野での協力を目的としたものが世界のなかで実際に数多く試みられ，研究自体もこの2つの分野に関するものが多い。特に欧州経済共同体（EEC）が設立され，数々の協力・統合提案が出されて欧州共同体（EC），そして欧州連合（EU）へと変化していくと，協力強化に向かう動きと実際の協力の進展が，「統合」という基準に照らし合わされながら分析されてきた。また，その他の地域でも多くの経済協力機構が設立され続けていることと，現実の国際政治で経済の重要性が増したことから，近年では経済分野での地域協力に

研究の関心が集まっている。従来の地域協力に関する研究は，安全保障や経済分野での協力をそれぞれ個別に考察するか，経済協力の成功の次の段階として安全保障分野の協力を捉えるという見方のどちらかであった。しかし，この視角のみで地域協力の分析は十分だといえるのであろうか。

　既存の研究では北欧の地域協力に対する評価は分かれており，安全保障や経済といった要素の入らない，重要度の低い分野でしか協力がなされていないという消極的な評価の一方で，ある意味ではEEC/EC/EUより進んだ協力（または統合）体制を構築しているという積極的な評価もなされてきた。安全保障や経済分野での地域協力には失敗していることを考えると，北欧諸国間の地域協力は安全保障と経済のいずれか，またはこの２つの視点のみによる分析だけでは捉えきれない特徴を有していると考えられる。この２つ以外の協力分野に関する分析も，地域協力を考察していく上で必要なのである。また，地域統合論の視角から地域協力を捉えると，仮定された統合条件や過程から現実の事例を評価するか，いくつかの事例から統合の条件や過程の一般化を試みることになるため，地域ごとの協力の特徴や地域協力自体の動的側面は軽視されがちである。既存の地域統合論や個別分野からの地域協力の分析だけでは，地域における協力の挫折と進展のメカニズムや，地域協力内容の志向性の変遷といった，地域協力のダイナミクスを捉えきれないのではないだろうか。

　そこで本書は，北欧の地域協力が持つ動的な側面を明らかにするために，地域協力における志向性の変遷の分析という視角から，北欧協力の展開を考察していくこととする。具体的には，さまざまな要因の影響を受けながら試みられた，北欧地域における各種の地域協力への努力が，どのように相互に影響を与え合ったのか，そしてその結果として北欧での地域協力の目的，形態がどのように変化し，北欧独特の地域協力体制が造り上げられていったのか，ということを明らかにすることを目指す。考察対象期間は，さまざまな分野で地域協力の挫折と進展が明確に現れ，志向性の変遷が存在すると考えられる，第二次世界大戦後から1970年代初めまでの期間とし，既存の研究とは異なった視角から，北欧における地域協力の特徴を分析する。ゆえに，本書は北欧地域が統合しているのか，または統合に向かって

いるのかを判断することや，成功した協力体制について評価を下すことを目的とするものではない。

　北欧協力の制度化の中心には，本書でも述べるように，「北欧会議」(Nordic Council; Nordiska rådet)の設立とその後の積極的な活動がある。北欧会議は日本語では，北欧理事会，北欧審議会，北欧評議会とも訳される場合があり，現在のところ定訳はない。日本の外務省の文書等では，北欧理事会という名称が用いられており，既存の北欧に関する書籍等でも北欧理事会の名称を用いているものが多く，筆者も既刊の論文では北欧理事会の名称を用いている。しかし本書においては，加盟国の上位に位置して決定を下すのではなく，各国議員間の協力と政府への勧告を行う組織として創設されたことに鑑みて，北欧協力組織の実態を示すという目的から，「北欧会議」という名称を使用することとする。(4)

　なお，本書では北欧協力に関する固有名詞（協力提案や組織名など）については，括弧のなかにその英訳，セミコロン (;) の後にスウェーデン語での名称を記述し，人名については，できるだけ原語に近い読み方で記すこととする。

（1）　本書でいう「地域」は，複数の国家がひとつのまとまりとして認識される範囲のものを指し，一国内の一地方や多数国間にまたがる一地方を指すものではない。
（2）　学者の間で議論はあるが，歴史的には，「スカンジナビア」(Scandinavia; Skandinavisk) は，デンマーク，ノルウェー，スウェーデンの3カ国を指すものであり，「北欧」(Nordic; Nordisk)はデンマーク，フィンランド，アイスランド，ノルウェー，スウェーデンの5カ国を指すものとされ，学者の中でもこのような区別をしている人が多い。本書でも固有名詞を除いては，「北欧」というときはデンマーク，フィンランド，アイスランド，ノルウェー，スウェーデンの5カ国を示すものとし，「スカンジナビア」というときにはデンマーク，ノルウェー，スウェーデンの3カ国を示すものとする。また，国名を並べて記す場合には，アルファベット順とする。ちなみに後述する北欧会議 (Nordic Council) や北欧閣僚会議 (Nordic Council of Ministers) の発行している刊行物や5カ国

間の条約では，すべて文章中でも「北欧」(Nordic) という単語を使っており，「スカンジナビア」という単語は使われていない。国名の表記もアルファベット順となっている。

（3） 例えば，さまざまな地域の経済協力機構を分析したものとして，浦野他〔1982〕がある。他にも，さまざまな地域的経済協力組織を個別に考察した研究は多い。

（4） Council の日本語訳としては，理事会，審議会，協議会，評議会，会議等があり，他の国際組織についてはその組織の実態に合わせて，さまざまな訳語が用いられている。一般的には，加盟国に一定の義務を課す決定を下せる組織には「理事会」という訳語が使用されているといえよう。例えば，ヨーロッパの組織では European Council は「欧州理事会」と訳され，Council of Europe は「欧州審議会」と訳されている。国連の Security Council や Economic and Social Council は「理事会」と訳されているが，地域協力組織に関しては，Council は会議，協議会，審議会，評議会と訳されているものが多い。

第1章　北欧における地域協力と分析視角

　本章では，第二次世界大戦後から1970年代初めまでの北欧協力（Nordic Cooperation; Nordiska samarbetet）が，18世紀からの北欧諸国間関係の歴史の中で，どのような特徴を持った期間であるかを明らかにするために，18世紀から1990年代半ばまでの北欧における地域協力の流れを簡単に概観する。その後に，北欧協力を分析対象としている主な既存研究を，3つの分類視点から検討する。そして，本書で第二次世界大戦後から1970年代初頭までの北欧協力を分析する際に用いる分析枠組みと，本書の研究意義について述べることとする。

第1節　18世紀から1990年代半ばまでの北欧諸国間関係の歴史

1. 18世紀から第二次世界大戦までの北欧諸国間関係

　20世紀以降の北欧地域においては，北欧諸国間での紛争は存在せず，北欧各国は友好的な関係にあり，若干の違いはあっても全体の印象としては，似通った外交政策を採ってきたように見える。しかし，北欧は国家が次第に形を成してきた12世紀から常に友好関係にあって，国家間で協力を進めてきたわけではない。北欧各国は18世紀初めまでは，数多くの戦争を地域内で行った（付録1参照）。1700年から1721年の間の大北方戦争によって，特にデンマークとスウェーデンはそれまでのヨーロッパ内での強国の地位を失い，ともにヨーロッパの大国が作り出した枠の中でしか権力政治を行

えなくなった〔百瀬 1980: 64〕。18世紀末にヨーロッパ大陸で起こったナポレオン戦争に対して，デンマークとスウェーデンは1794年に近代において初めて，中立国としての権利を守るための同盟を結んだ。しかし，結局は戦争を遂行していた大国の影響から逃れることはできず，デンマークとスウェーデンは再び相討つ立場となった。

　ナポレオン戦争後，19世紀には北欧各国のヨーロッパにおける立場の変化により，北欧諸国間関係も大きく変化した。ナポレオン戦争に関わったことからデンマークはノルウェーをスウェーデンに割譲，スウェーデンはフィンランドをロシアに割譲と，北欧の地図は塗り変えられた。加えて，中部と南部のヨーロッパにはプロシア王国とオーストリア帝国という大国が誕生したため，北欧の国家はヨーロッパの勢力均衡政治に関わることから手を引くようになった〔Nielsson 1978: 277〕。その結果，北欧諸国の地域外への対応としては継続的に中立政策が採られるようになり，1853年のクリミア戦争と1870年の普仏戦争において，デンマークとスウェーデン＝ノルウェーは共同で中立を宣言した。以後も，北欧各国はヨーロッパでの戦争に自ら参加することは，可能な限り避ける努力を続けていった。

　ナポレオン戦争以降，地域内において北欧諸国間で戦争をすることはなくなった状況の下で，1830年代からは北欧地域内で政治統合を目指す試みが行われた。ニールソン（Nielsson, G. P.）は，1830年代から1860年代の北欧諸国による政治統合への試みを，「立憲的融合アプローチ」と名付けている〔Nielsson 1978: 277〕。北欧で地域協力が提唱されたのはこの時期が初めてであったが，これは上述のようにヨーロッパ内で北欧諸国の立場が弱体化したことに加えて，ドイツ・ロマン主義の影響を受けて文学の世界で始まったスカンジナビア主義（Scandinavianism; Skandinavismen）が大きく影響していた。スカンジナビア主義とは，かつて北欧がカルマル連合の下でひとつであったことを回想して，北欧の連帯を志向することに関与した人々の運動を指しており，1790年代に文学・芸術・学問といった分野から始まったが，1830年代からは現実政治と関わる傾向が強くなった。後者は，「政治的スカンジナビア主義」（Pan Scandinavianism; Politiska Skandinavismen）と呼ばれている〔村井 1982c: 5〕。この政治的スカンジナビア主義

はデンマーク，フィンランド，ノルウェー，スウェーデンのそれぞれの国家内に見出せるが，各国のおかれていた政治的状況に相違があったことから，政治的スカンジナビア主義の展開は各国でそれぞれ異なった[1]。

当時の北欧諸国間の関係は複雑であった。ノルウェーは1814年に同君連合であったデンマークからスウェーデンに割譲されたため，スウェーデンと同君連合という状態にあったが，自由憲法を保持していた[2]。フィンランドは1809年にスウェーデンからロシアに割譲され，ロシアの中の大公国となっていたが，スウェーデン時代の法体系がそのまま保持されていた。政治的スカンジナビア主義に対する各国の反応として，最も積極的な動きが存在したのはデンマークであった。デンマークは軍事援助の必要性から政府自らスカンジナビアの一体性を訴え，それに対する民衆の支持も高かった。スウェーデンは初めあまり積極的でなかったが，議会と対立していた国王が北欧諸国連合の君主となる野心を持ったことから，国王を中心とした政治的スカンジナビア主義が進展した。しかし，民衆レベルでの支持は広範なものではなかった。ノルウェーでは，文化的にはデンマークの影響が色濃く残っていた上に，当時はスウェーデンの支配下にあったため，これ以上他国から影響を受けることを危惧して，「スカンジナビア」というまとまり方については否定的であった。フィンランドはロシアの中で自治を獲得していたことから大きな不満はなく，一部のスウェーデン語を話すエリートだけがスカンジナビア主義に賛同していた[3]。

1830年代から60年代にかけて展開された政治的スカンジナビア主義は，その形態や熱意は北欧各国でまったく異なっていたが，全体としては1人の君主の下で安全保障，外交，通商の分野でのみ国家連合として機能する，カルマル連合のような形を目指していたと考えられる[4]。しかし，各国が期待していた内容は同一ではなく，統一した連合の具体的な構想はほとんど存在せず，軍事面での北欧協力も実現することはなかった。最も積極的であったデンマークでは，政治的スカンジナビア主義は「ナショナル」と「リベラル」両方の要素を持っていた。ドイツとの領土問題を抱えていたことから，特に「非ドイツ」という側面を強調する意味でナショナルの要素が主張されたのである。しかし，1864年にドイツとの領土戦争で敗北した

ことから，デンマークの政治的スカンジナビア主義者はナショナルな目的を失い，後にリベラルの面でも他の政治勢力に取って代わられ，デンマークでの政治的スカンジナビア主義は終焉した。

スウェーデンでの政治的スカンジナビア主義は，国王と結び付いたことから反リベラルなものとなり，国王と対立していた議会の支持を得られず，国王が権力を失った1860年代後半には終焉することとなった。デンマークとスウェーデンでの政治的スカンジナビア主義の終焉にともない，もとから大衆による支持が欠落していた他の北欧諸国での政治的スカンジナビア主義も消滅した。1830年代から60年代の間に起こった政治分野での北欧での地域協力への試みは，結局失敗に終わった。

政治的スカンジナビア主義の終焉後，19世紀後半から20世紀半ばにかけての北欧地域では，国家としての独立を目指すナショナリズムの動きが活発になり，同時に政治の民主化が進められた。1905年にはノルウェーがスウェーデンから，1917年にはフィンランドがソビエト＝ロシアから，1944年にはアイスランドがデンマークから独立した。この時期の各国の独立に際しては，北欧諸国間で武力が行使されることはなかった。北欧各国間の関係は，第一次世界大戦直前の1914年には，スウェーデンとノルウェー間で互いに戦争を行わないことが誓われ〔百瀬 1980: 182〕，戦間期においては，1925年，26年にデンマーク，ノルウェー，スウェーデンで，各国間に起こった紛争については必ず平和的に解決するという内容の友好条約が結ばれた〔角田 1955: 234〕。たとえば，19世紀前半に起こったグリーンランド島やオーランド諸島の領土問題は国際司法裁判所に委ねられ，北欧地域内で領土をめぐって武力行使に至ることはなかった。

1935年から37年にかけては，中立維持を4カ国が相次いで宣言し，共同歩調をとることを試みた。地域内の平和の下，各国で政治の民主化が進められていく中で19世紀末からは労働運動も盛んになり，さまざまな労働運動の間には北欧としての強い連帯が生まれた。戦間期には労働運動から成立した社会民主主義政党間で，各国の国内政策の調和や標準化が行われた〔Dickerman 1976: 216〕。しかし，その連帯が国家の独立と平等を妨害することは許されず，独立した国家の継続に対して国民の強い支持が存在して

いた〔Nielsson 1978: 279〕。法的，イデオロギー的統合（ニールソンのいう「立憲的融合アプローチ」）の失敗によって政治的スカンジナビア主義が終焉した後，北欧5カ国は紛争を回避しながら国家独立および民主国家の形成を果たし，外交政策での協調を進めたのである。

　それと時を同じくして，実務的なレベルでの協力に関する討議や組織作りが北欧諸国間で始まった。北欧諸国の人々は政治的スカンジナビア主義の失敗から，連帯意識というものは，北欧諸国民が利益を得ることが可能であり，お互いに協力しようと望むところから出てこなければならないと考えたのである〔Wallmén 1966: 11-12〕。2つの世界大戦時には地域協力の推進は滞ったが，1860年代から1940年代前半までには，民間組織では経済学者や法律家による会議が開始され，鉄道職員協会や北欧協会（Nordic Association; Föreningen Norden）などが設立された。[5] 議員間では北欧議会連合（Nordic Interparliamentaly Union; Nordiska interparlamentariska unionen）が設立され，政府間では北欧通貨協定や郵便協定，貧困者救済相互協定や労働者傷害保険に関する協定なども締結された（付録2参照）。特に北欧議会連合は，後の北欧協力の制度化を進めていく上で，大きな役割を果たしていくものとなった。

　これらの協定の締結や組織の設立以外にも，首脳や外相，その他の閣僚などによる北欧諸国間会議が頻繁に行われるようになった。他の大きな動きとしては，実現には至らなかったが，1930年代後半に出された北欧武装中立同盟構想や，1938年にデンマーク外相から提唱された常設北欧協力機構の創設提案があった。1860年代から第二次世界大戦前には，超国家的機構を作ろうとする試みや，防衛や経済などの分野を一括した大掛かりな組織化を目指す動きはなかったが，個別の分野でさまざまな協定が締結され，地域協力組織が民間，政府間の両方のレベルで作られたのである。

2．第二次世界大戦後から1990年代半ばまでの北欧における地域協力

　19世紀後半から第二次世界大戦までの間に，北欧における地域協力は徐々には進んでいたが，政府レベルで北欧地域としての協力を目指す提案が頻繁に出されるようになったのは，第二次世界大戦後のことである。初め

にあがった地域協力に関する提案は，1947年にノルウェー外相から出された北欧経済協力推進案であった。翌年，北欧地域における経済協力の可能性を調査するための合同委員会が，デンマーク，アイスランド，ノルウェー，スウェーデンによって設けられ，調査報告は1959年まで続けられた。1948年にはスウェーデン外相がスカンジナビア防衛条約による中立同盟の創設を提唱したが，結局実現には至らなかった。1952年に，デンマーク前首相の提案から北欧協力に関する討議，勧告機関である北欧会議（Nordic Council; Nordiska rådet）が創設され，翌年に第1回の会合が開催された。また，これらの提案が出された時期の前後に，パスポート不要越境協定や共同労働市場協定などが，北欧諸国間で締結された。

北欧での地域協力について再び頻繁に政府レベルで提案が出されたのは，1950年代後半からであった。1957年に北欧共同市場構想が注目されるようになり，1961年から約5年の間には条約による北欧非核兵器地帯形成の構想が複数回提案された。しかし，これらが実現することはなかった。他方で，1961年から国連平和維持活動（PKO）に参加する国連待機軍を合同で設置する計画が北欧諸国間で討議され，1964年には具体的な内容で合意に達した。1962年には北欧協力の内容を規定した条約（ヘルシンキ協定）が締結され，北欧諸国間の協力の輪郭を明確にする方向へと進んだ。

その後暫く大きな協力提案はなかったが，1968年にNORDEK（Nordic Economic Union; Nordiska ekonomi）と呼ばれる北欧経済連合構想が提案され，急速に討議が進展した。しかし，条約調印の寸前まで進んだにもかかわらず，成立には至らなかった[6]。それと同時期の1971年には1962年に締結されたヘルシンキ協定の修正が行われ，北欧会議の活動と役割が明確化され，北欧協力をより効率的に行うために北欧閣僚会議（Nordic Council of Ministers; Nordiska ministerrådet）が創設された。また，1960年代後半から70年代初めにかけては，それまでに地域協力が地道に成功をおさめていた分野で，個別に協定を結ぶ動きが起こり，1968年には発展途上国における合同援助計画運営に関する協定，1971年，72年には北欧文化協力協定と北欧交通通信協力協定が締結された。

1970年代半ばからは，北欧協力に関する提案の出され方に変化が生じた。

1970年代初めまでは、さまざまな分野に関する地域協力提案が比較的集中して出されていたが、安全保障に関する協力提案だけが連続して出されるようになったのである。1974年、75年、78年、79年、83年に北欧会議の議員によって、またはフィンランド大統領やスウェーデン首相によって、北欧非核兵器地帯化構想が提案された。1970年代には北欧会議でこの種の提案を取り扱うことに各国とも消極的であり、具体的な討議に入ることはなかった。しかし、1981年には北欧外相会議において、条約による北欧非核兵器地帯設立の構想に共通の関心を持つことが言明され、1987年にはアイスランド以外の北欧諸国によって作業部会が設置されるなど、一時活発に討議が行われた。経済に関する分野では、1970年のNORDEK構想の失敗以降は各国が別々にECとの協力を模索し、1970年代以降は北欧地域での包括的経済協力は提案されなくなった。そして、1973年にデンマークのみがECに加盟し、その後1995年にフィンランドとスウェーデンがEUに加盟した。

　一方、法律、文化、社会政策、交通通信などの分野における協力は、1970年代以降も北欧会議や北欧閣僚会議の中で、協力の対象範囲を拡大、多様化しながら強化されていった。新たな地域協力に関する協定としては、1973年に北欧技術・産業開発基金協定、1974年に北欧環境保護協定、1981年に北欧言語協定と北欧開発援助協力協定が締結された。1983年には、1954年の北欧共同労働市場協定が修正された。また、自治地域であるフェロー諸島（デンマーク領）、オーランド（フィンランド領）が1970年に、グリーンランド（デンマーク領）が1984年に、本国との関係では完全な独立性を持たないが、それぞれ独自の代表団を北欧会議に派遣することになった。同時に、それぞれの島の自治権限に属する事項についての北欧会議の決定は、それぞれの島の自治政府の承認なしには拘束力を持たないことが決定された。しかし、北欧会議に関しては1970年代初頭の改革を最後に、1990年代半ばに至るまでは大きな制度的、組織的改革の提案は出されなくなった。

　以上のように、北欧では1830年頃から地域協力の促進が模索されていたが、それが徐々に実際に形となって現れ始めたのは1860年代頃からであり、

本格的に政府レベルで協力が開始されたのは第二次世界大戦後であった。第二次世界大戦後から1970年代初頭までの北欧協力は，さまざまな分野で政府および議員レベルでの大きな協力提案が出され，協力体制が成立したものもあれば実現に至らなかったものもあった。この期間の北欧協力は，異なった分野での地域協力の試みが互いに影響を与え合いつつ進展したと考えられる。他方，1970年代半ば以降の北欧での地域協力は，非核兵器地帯化の提案かそれまでに成功実績のあった協力の拡大，深化が個別に進められ，協力提案の出される分野や協力形態にはあまり変化がなかったといえる。次節では，このような北欧協力を既存の研究がどのように分析しているのかを見ていきたい。

第2節　北欧協力に関する既存研究

本節では，北欧における地域協力を包括的に考察している研究を取り上げ，それぞれの研究がどのような視角から北欧協力を分析し，評価しているかを見ていきたい。既存の研究には大別して3つの種類がある。第一は北欧協力の実態の記述を中心とした研究であり，第二は地域統合論の視角から北欧における地域協力を考察した研究であり，第三は他分野の分析枠組みの応用，または独自の分析枠組みによる北欧協力の分析である。以下では，北欧における地域協力の実態を記述した研究を概観した後に，理論的視角から北欧協力の分析を最初に行った地域統合論にふれ，最後に他の理論枠組みを用いた既存研究を検討する。

1. 実態の記述的研究

北欧協力の実態の記述を中心とした研究で代表的なのは，アンダーソン（Anderson, S. V.）とヴェント（Wendt, F.）の著書である。アンダーソンは北欧の状態を，武力のアナーキーな行使と政治的統合の間にあり，「協力」が特徴だと分析している〔Anderson 1967: viii, 147-149〕。その「協力」という状態の下で北欧会議が中心的な役割を果たしていると評価し，北欧会議を分析の中心に据えている。彼は，「統合」という視点から見ると，北欧地域においては「協力」が成功したために「統合」は急ぐべきものではな

くなったといえるが,他方でそのような「協力」という形態であるからこそ,北欧での地域協力は成功したという積極的な評価を主張している〔Anderson 1967: 145-147〕。しかし,分析の中心が北欧会議にあるため北欧会議の組織自体に関する説明が多く,それ以外の分野での協力の失敗や成功の要因分析,北欧諸国間の関係や地域外国家との関係については考察されていない。ヴェントは北欧会議のメンバーでもあったことから,2冊の著書〔Wendt 1959; 1981〕で,北欧協力の歴史と実態を詳しく説明している。しかし,協力についての包括的な分析,評価はほとんど行っていない。
(7)

2. 地域統合論からの研究

地域統合論の視角からの分析は,北欧諸国間の協力関係を最初に理論的枠組みから分析した研究である。代表的な研究者は,ドイッチュ(Deutsch, K. W.)とエッツィオーニ(Etzioni, A.)である。まずドイッチュであるが,彼は「安全保障共同体」(security community)という概念を用いて,北欧における地域協力を分析している。彼は統合を過程と捉え,地域統合達成後も部分的には国家形態は存続すると考え,国民間の相互コミュニケーションの側面に焦点を当てた。地域統合論の中では交流主義アプローチと呼ばれる部類に入り,政治組織の一元化ではなく,複数国民間の価値の共有などに基づいて,不戦共同体を形成することを重視した。ドイッチュは,ノルウェーとスウェーデンの関係を中心に分析し,両者の関係は合成型安全保障共同体(amalgamated security community)の失敗から多元型安全保障共同体(pluralistic security community)となった成功例であると評価している〔Deutsch et al. 1957: 110〕。彼の研究はモデル化を目的としていることもあって,2カ国がどのような過程で多元型安全保障共同体になったのかについては詳しく考察しているが,地域協力に対する地域外からの影響,複数の協力提案間の関係,協力分野の変遷についての詳しい分析は行っていない。

北欧地域を地域統合論の分析対象とした次の研究は,エッツィオーニによるものであった。彼は,北欧諸国は自然な実在(natural entity)であり,

北欧地域の状況を安定した連合(stable union)と評している〔Etzioni 1965: 185〕。エッツィオーニは地域統合論者の中では統合を条件から判断する立場であり,北欧地域は地理的,歴史的,文化的,宗教的な面で同質性が高く北欧というアイデンティティはあるが,北欧諸国間の協力の成果は統合ではなく「調和」であると結論づけている〔Etzioni 1965: 220-221〕。そして北欧地域の特徴として,リーダーシップを取れる国が存在せず,地域外の環境に左右されやすいことを挙げている〔Etzioni 1965: 187-202〕。その一方で,北欧には共通のアイデンティティや一体感が存在し,地域協力を促進する努力が続けられて,さまざまな準政府間的組織が作られていることを指摘し,評価している〔Etzioni 1965: 211-213〕。しかし,彼の分析はある地域が統合しているか否かを3つの条件(権力の配分,構造,動的側面)を指標として判断するという方法を採っているため,北欧の地域協力がどのような過程を辿って変化してきたのかという視点を欠き,北欧協力の動的な側面を軽視しているといえる。

3. 他の理論枠組みからの研究

　他の分析枠組みを用いた研究としては,経済学や国際政治学での既存理論を北欧諸国間関係の考察に応用したものと,北欧で成功した地域協力から独自の理論を作り出したものがある。これらの研究は,北欧地域の協力は地域統合論から分析するだけでは不十分であるとして,ドイッチュやエッツィオーニへの批判から行われたものが多い。経済学の既存理論を利用したものとしてはハスケル(Haskel, B. G.),国際政治学の既存理論を分析枠組みとして適用したものにはスンデリウス(Sundelius, B.)の研究がある。独自の理論を北欧協力の事例から導き出している研究には,アンドレーン(Andrén, N.),ミリヤン(Miljan, T.),ソーレム(Solem, E.),ニールソン(Nielsson, G. P.),大島美穂,百瀬宏のものがある。以下では,研究が発表された年代順に,これらの研究を見ていきたい。

　地域統合論以外の枠組みによって初めて北欧諸国間関係の分析を行ったのは,アンドレーンである。アンドレーンは北欧における地域協力から,「蜘蛛の巣理論」(cobweb theory)という理論を展開している。彼は北欧の

地域協力は統合を究極の目的としているのではなく，柔軟性を持って試行錯誤を繰り返しながらプラグマティックに成果を積み重ね，さまざまな分野にわたる協力関係を網の目のように増やしていく，という形態をとっていると分析している。そして，この蜘蛛の巣のような網の目が徐々に増加し，その上協力が促進されていくと，結果として相互依存を増大させる過程を進んでいる統合体が，全体像として見ると存在していることになるというのである〔Andrén 1964: 218-219〕。彼の視点は，北欧協力の継続性や積み重ねの重要さに注目した点では評価できるが，ハスケルが指摘しているように，協力への地域外からの影響や北欧諸国がなぜ協力を選択したかという視点に欠けている〔Haskel 1967: 229-234〕。これでは北欧では地域協力を進めることが当然であるという前提に立つことになり，北欧各国の協力に対する姿勢の相違点を明らかにすることが難しく，北欧協力自体をあまりに楽観的に捉えてしまう危険性もあるといえる。

ドイッチュやアンドレーンの分析を批判して，地域協力に関する北欧各国の政策決定の重要性を指摘したのがハスケルである[10]。彼女は，機会費用（opportunity cost）という経済学の概念を用いて，1940年代から50年代の北欧地域における中立同盟（防衛同盟）構想および共同市場構想の失敗と，パスポート不要越境協定と共同労働市場の成立を分析している。ドイッチュやハースなどの地域統合理論の分析を，各国の政策決定過程に触れていないという点で批判し〔Haskel 1976: 26-28〕，アンドレーンの分析に対しても，各国の政策決定過程を考察しておらず，国際環境からの影響も軽視している点を批判している〔Haskel 1967: 229-232〕。ハスケルはデンマーク，ノルウェー，スウェーデンを分析の中心としながら，各国の事情や他国との関わりについて詳しく考察し，安全保障と経済の分野での地域協力提案の失敗と，パスポート不要越境協定および共同労働市場の成立に至る政策決定過程を比較し，後者は各国にとって比較的コストが低かったため成功したと分析している。

安全保障分野での協力の失敗については，3カ国のもともとの軍事・外交政策が協力構想を必然的に失敗させる程には異なっていなかったと分析し，経済分野の協力に関しても長期に亙る交渉は地域外の国との政治的関

係において意味があったと捉えている。また，パスポート不要越境協定や共同労働市場の成立には，地域統合論の新機能主義の言う「スピル・オーバー（波及）効果」の概念では説明し切れないダイナミズムがあり〔Haskel 1976: 148〕，過去において重要でなかった地域協力が後に意味を持つようになるという「不死鳥効果」(phoenix effect) を見出すことができると指摘している〔Haskel 1976: 160〕。彼女は3カ国間の関係や各国のおかれていた立場を地域外の国との関係からも詳しく分析し，歴史，各国内の反応についても考察しているが，安全保障，経済，交通通信という3つの分野での協力提案それぞれを機会費用という視角から比較検討しているため，協力提案間の相互関係を体系的に捉える視点に欠け，北欧協力が全体としてどのように変化してきたかという流れを明らかにはしていない。

　ミリヤンは，第二次世界大戦後から1970年代中頃までの北欧各国の経済政策を初めて比較分析した研究者であり，特にヨーロッパにおける経済統合過程に対する北欧諸国の消極的姿勢に着目した。北欧での地域協力については，第二次世界大戦後から約10年間続いた北欧共同市場交渉と，1960年代後半のNORDEK（北欧経済連合）構想を考察対象としている。彼はこの2つの北欧経済協力の失敗を分析し，域外からの影響が多大であったことに加えて，域外からの刺激に対する自国の反応が他の北欧諸国に与える影響を常に考慮するという特徴が，北欧各国の政策決定システムにはあると分析している。彼はこれを北欧の「フィルター」と呼び，北欧では地域外の要因によって北欧地域として協力していくことが不可能になった場合，それぞれの国家が別々の政策を選択しつつ，北欧地域としてのまとまりが崩壊することを避ける努力をしていく傾向があると述べている〔Miljan 1977: 97〕。彼は，北欧における地域協力の特徴を経済分野での2つの協力提案の挫折から分析し，地域外からの影響とそれに対する各国の対応に注目して考察している点で，独自性を有している。しかし，経済分野以外の北欧協力や，経済分野の地域協力とそれ以外の分野での地域協力の関係についてはほとんど触れていないため，北欧協力全体がどういうものであるかという視点は欠けているといえる。

　ソーレムは，エッツィオーニの北欧協力に関する分析について，統合を

促進する条件および結果と統合自体を混同していると批判し,極端な地域内の同質性は共同体の発展を阻む原因となり得ると述べている〔Solem 1977: 12〕。そして,北欧の地域協力について北欧会議を中心に分析し,北欧協力の在り方に積極的な評価を与えている。彼は北欧協力推進の中心となっている北欧会議を高く評価し,北欧会議が強制力を持たない緩慢な組織であることが,かえって協力を進めようという意思を作り出すことになったと分析している〔Solem 1977: 48-49〕。また,北欧協力の他の特徴として,北欧会議が統合の青写真,日程表,理念といったものを作ることなく,実質的な部分で地域協力を推進してきたことを挙げている〔Solem 1977: 161-168〕。大島は,ソーレムは北欧の地域協力を「下から」行われたものという視点で見ていると述べている〔大島 1984b: 131〕。彼の分析は,地域協力促進を目指す共通の意思を生み出すことの重要性を指摘した点では評価できるが,考察対象は北欧会議の機能が中心であり,地域外の状況が北欧協力に与えた影響や,実現に至らなかった協力提案の失敗要因などを整理し切れていない。また,北欧協力の成功面を強調している傾向があるため,やや楽観的な分析であるといえる。

　スンデリウスは,上述した既存研究の弱点を指摘し,「トランスナショナル」という視点から,北欧における地域協力を検討することの必要性を強調する。彼は,閣僚,官僚,議員などのエリート間の緊密な交流から北欧の地域協力を捉え,トランスナショナルな交流の増加に対して各国政府が国家権力を守っていく例として,北欧協力を分析している〔Sundelius 1978〕。北欧諸国間関係の特徴としては,各国閣僚や議員によって構成されているが脱中央集権化している各種の組織の活用,担当官僚間の直接の接触による問題解決などの,トランスナショナル・コミュニティーの存在をあげている。そして,北欧地域内では閣僚,官僚,議員などによる私的なコミュニケーションを通じて,地域内の問題は国内問題として認識されていると指摘している〔Sundelius 1978: 58-61〕。また,協力体制の確立していない安全保障政策についても,各国の閣僚や官僚などの間にある私的なネットワークで協議される可能性を示唆している。スンデリウスの分析は,それまであまり注目を浴びていなかった,閣僚,官僚,議員などの私的なネッ

トワークの果たす役割の重要性を指摘したという点で評価できるといえる。しかし，彼も北欧協力の肯定的な面を強調しており，北欧協力における失敗，協力の変化，地域外からの影響などについてはあまり触れていない。

ニールソンは，地域統合論の新機能主義が統治構造の変形に焦点を絞っている点を批判し，北欧の地域協力から，「平行的国家行動過程」（parallel national action process）というモデルを提示している。彼は，北欧における地域協力は，調和，調整，協力といった過程をすべて含みつつ，それらを越えて北欧諸国による統合的な国家行動を促進させていると述べている〔Nielsson 1978: 270-271〕。北欧協力で重要な役割を果たしているネットワークとして，北欧諸国間組織，閣僚・官僚・議員によるアド・ホックな協力，行政での北欧コンタクトマン・システム（Contactman System; Kontaktmans system），北欧会議の4つをあげ，それぞれにおける活動が，結果的に北欧全体としての平行的な国家行動をもたらしていると指摘している。彼の分析は，北欧における地域協力の肯定的な面を捉えたこれまでの研究を踏まえつつ，北欧諸国が統合的な国家行動を取り続けてきていることを考察している点で評価できるといえる。しかし，彼のモデルでは安全保障政策については対象外とされており，各国が異なった政策を採った要因やその過程についての説明が十分になされているとはいえない。

大島はハスケルとソーレムの研究を評価しているが，両者が防衛同盟創設失敗に続いて北欧会議が設立されたという流れの要因を分析していない点を指摘している〔大島 1982: 136-137〕。そして，第二次世界大戦後から1952年までの北欧諸国間の関係を，「分裂と統合」というメカニズムの下で展開したという視点から考察する。具体的には，第二次世界大戦までの北欧諸国間関係史を踏まえ，1949年のスカンジナビア中立同盟構想の挫折と1952年の北欧会議の発足の関係を分析している。結論として「実際的な統合を着実に進めることになった北欧会議の成功は，逆説的に表現すれば，三国の軍事的立場の分裂によって初めて可能となったと言える」と述べている〔大島 1982: 143〕。大島の研究は，ひとつの分野での地域協力提案の結果が他の分野での地域協力に影響を及ぼすことを示し，従来静的な印象が持たれていた北欧協力にある動的側面を提示しているといえる。しかし，

北欧会議創設と同時期に提案されていた，経済分野での協力提案については触れておらず，また考察対象期間が限られていることから，北欧協力全体ではどのような分裂，統合のメカニズムが特徴として見られるのかという点や，北欧地域での協力形態の変化という側面については明らかにされていない。

　北欧の地域協力を「多極共存型統合」という枠組みから分析しているのが，百瀬の研究である。百瀬はこの「多極共存型統合」を「国家どうしの利害対立の存在は認めながらも，可能な範囲でたがいに協力関係を強めていく」という統合の在り方として提示し，勢力均衡と国家連合の間に位置づけている〔百瀬 1989: 40-41〕。この分析枠組みから，制度面では北欧各国で相違がある安全保障政策も，実際の制度の運用において北欧諸国間で連帯のパターンが打ち出され，事実上スカンジナビア地域が非核兵器，非外国軍事基地地帯となって，東西両陣営の間の緩衝地帯として存在することになったと指摘している。また，安全保障以外の分野での地域協力については，スカンジナビア中立同盟の設立が失敗に終わったことから作られた北欧会議が，強制力を持たない勧告機関で緩やかな組織であるからこそ，プラグマティックな「統合」を推進してきたと評価する。経済分野の協力については，10年近く関税同盟設立に関する討議を継続したにもかかわらず結局実現しなかったことに対して，「こうした過程を踏むことそのものが，北欧諸国間の信頼関係を絶えず再生産してきた」と分析している〔百瀬 1989: 46〕。この分析枠組みによると「統合」という形態を柔軟に捉えることができるが，地域協力または統合がどういう過程を辿って，どのような変化の中で進められ，また後退していくかという動的側面については，あまり分析されていない。

　考察対象の期間や分野が広範囲なものでは，上記のような研究がこれまでになされており，その他には，安全保障問題を中心に「北欧均衡」（Nordic Balance）という考え方から北欧諸国間の安全保障関係を分析している研究や，経済面についてのみヨーロッパとの関係から北欧の状況を分析している研究がある[13]。また，文化や法律など個別分野での地域協力の事例について，協力の実態を詳しく記述している研究もある。しかし，地域協力

の全体的な動向や目的および形態の変化といった動的側面を重視して，北欧協力自体の変化のメカニズムや志向性の変遷を考察した研究は，私見の及ぶ限りではないと考えられる。次節では，本節で行った既存研究の概観を踏まえ，北欧協力を分析する上での本書の目的と手法について具体的に述べる。

第3節　本書の分析枠組みと構成

　前節で述べたように，北欧の地域協力全体を理論的に分析した研究には，地域統合という視角から評価を行っているもの，他分野の理論を応用したもの，独自の分析枠組みを提示したもの，が存在しているが，概して地域協力の動的側面の分析という視角から，北欧諸国間の協力を考察したものは少ない。特に既存の研究だけでは，さまざまな分野での地域協力提案がどのように影響を及ぼしあっていたのか，また協力の形態や分野に変化があったのかという点について，知ることができない。

　北欧における地域協力が成功した大きな要因として，多くの研究者が歴史，文化，地理，宗教などの面で地域内の同質性が高いことを指摘しているが，それが果たしてどの程度大きな役割を果たしたのかは定かではない[14]。また，歴史的にも地域内で幾多の戦争を行い，支配・被支配という関係を繰り返しており，北欧地域に国家が形作られてきた時から各国が協力関係にあったとはいえない。確かに，北欧は地域外の国家と比べればさまざまな面で類似したところが多く，ナポレオン戦争後は北欧諸国間で武力による紛争は起こっていない。しかし，だからといって全ての地域協力提案が実現に至ったわけではない。また，北欧協力といっても，これまでに出されてきた協力提案の対象国が常に5カ国すべてであったわけでもない。このような点から見ても，北欧における地域協力がどのような分野で，どのような過程を辿りながら失敗または成功し，発展してきたのかということを，全体的な協力の流れから考察することによって初めて，北欧協力の特徴が見えてくると考えられる。

　ゆえに本書では，既存の研究成果を踏まえつつ，北欧協力の目的，分野，形態などの変化と北欧各国の行動を考察対象とし，北欧地域における協力

の進展，停滞，挫折のメカニズムと志向性の変遷という，協力のダイナミクスを明らかにすることを目的とする。従来の研究では「地域統合」という視角から北欧の地域協力を分析，評価しているものが比較的多かったといえるが，「統合」という概念自体に統一された定義が現段階で存在するわけではない。「統合」という枠組みに縛られると，見えるはずのものも見えなくなってしまう危険性もある。本書では，あえて「統合」がどのようなものであるかについて論じることはせず，また北欧地域が実際に統合しているかどうかについての判断は行わないこととする。以下で，北欧協力のダイナミクスを明らかにするために本書で用いる分析枠組みについて説明する。

1．分析対象期間 ─ 3つの期間

　まず，本書が分析の対象とする期間は，第二次世界大戦後から1970年代初めまでとする。北欧における地域協力は，第二次世界大戦後から本格的に協力体制の確立が志向され始め，個別に存在していた協力の調整・統合も行われた。その過程においてさまざまな分野での協力提案や討議が互いに影響を与え合いながら，協力が成功または失敗し，地域協力が展開したといえる。この時期の北欧協力には，地域協力の志向性に変遷が現れるといった，地域協力の動的側面が見出せると考えられる。また，それまでは民間における地域協力が比較的多かったのに対して，第二次世界大戦後は政府の関わる協力提案が目立ってきたという特徴も指摘できる。そして，1970年代半ば以降は1970年代初めまでに固められた協力基盤をもとに協力が深化していき，各分野での協力提案，討議が相互に与えあった影響は少ないと考えられる。1970年代以降の北欧協力では，地域協力の動的側面があまり見られないといえる。ゆえに，本書では北欧での地域協力がさまざまな協力提案と討議を通じてダイナミックに変化した，1970年代初頭までを考察対象期間の区切りとする。1970年代から協力形態が継続している現在の北欧協力を理解する上でも，第二次世界大戦後から1970年代初めまでの北欧協力の展開を分析することは必要不可欠である。

　政府などのレベルで出された大きな提案は，第1節2で見たように，

1950年前後,1960年前後,1970年前後に集中していた。つまり,これらの時期を中心に考察していくことによって,提案の出された背景,辿った経過,そしてその結果が分析できると考えられる。ゆえに本書では,第二次世界大戦後から1970年代初めの考察対象期間を,

① 第二次世界大戦後から1950年代半ば
② 1950年代半ばから1960年代半ば
③ 1960年代半ばから1970年代初め

という3つの期間に区切り,第2章以下でこの順序に沿って,各期間における北欧協力の特徴と変化を考察していくこととする。

2. 地域協力領域の分類 ―3つの領域

　北欧地域で志向される協力がどのように推移してきたのかを考察するために,本書では協力の志向性を分析する枠組みとして「領域」という概念を用い,協力の志向性が表れる領域として,安全保障,経済,共同体の3つを想定する。[15] 本書における各協力領域の定義は,

　安全保障領域：対外的安全保障,防衛,軍事に関わるもの
　経 済 領 域：貿易政策,財・サービスの生産・流通・消費,エネルギー・資源の開発・消耗に関わるもの
　共 同 体 領 域：法律,社会,文化等の政策,地域内の人の社会生活・移動・移住,地域アイデンティティの形成に関わるもの

とする。防衛同盟のような協力形態を目指す試みは安全保障領域,関税同盟や共同市場といった協力形態創設への動きは経済領域に分類されることとなる。そして,地域内の人がより容易に地域内を移動できるようにする試みや,地域内の他国に移り住んだ場合に不都合が最小限となるような状態に地域内を調整すること,および地域としてのアイデンティティ形成のため共同作業を行うこと自体に意味がある地域協力は,共同体領域となる。その志向性の表れ方を3つの志向軸によって示した図に北欧での地域協力の試みを当てはめると,図1-1のようになる。北欧の地域協力で多くの成功をおさめた法律,文化,社会政策,交通通信などは,共同体領域の中に含まれることになる。

図1－1　地域協力の志向性と北欧での協力（提案）例

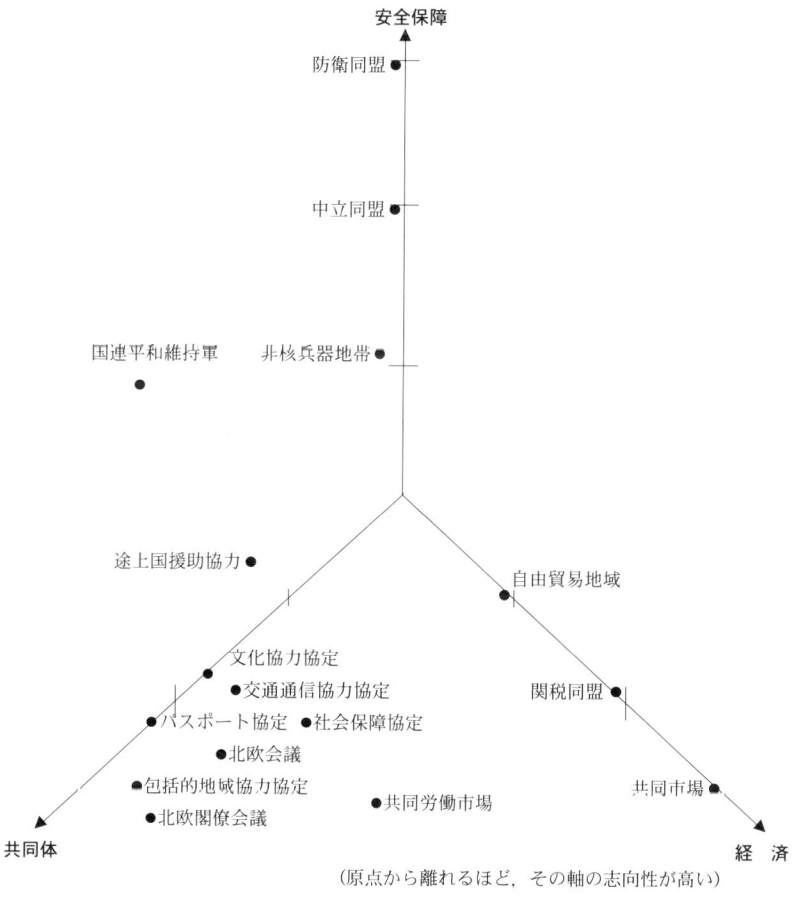

（原点から離れるほど，その軸の志向性が高い）

出所：筆者作成。

　もちろん，この3つの協力領域のうちの1つにすべての地域協力提案が分類可能なわけではなく，複数の協力領域に入る協力も存在する。北欧協力では2つの協力領域にまたがる事例があるが，それらについては，1つの協力領域にしか入らない協力とは違った特徴を持つかどうかということを，考察していく。この分類が北欧協力を考察するにあたって分析枠組み

として持つ妥当性としては，第1節2で見たように，政府レベルでの協力提案内容は比較的この3つの協力領域に明確に分かれていることが多く，3つの領域すべてを含んだ超国家的意思決定組織を作る試みはなされなかったことが挙げられる。ゆえに，北欧における地域協力は個別の領域および2つの領域にまたがるものに分類することが可能であり，各領域での協力の試みがどのように影響しあって，北欧協力の特徴を形作っていったのかを分析することができると考えられる。第2章以下では，3つの期間ごとにその影響力の大きさから，安全保障，経済，共同体，いずれか2つの組み合わせという順で領域ごとの地域協力とその間の関係を考察する。

3. 個々の地域協力提案に対する分析視角

本書では，政府・議員・北欧会議から出された北欧協力を目的とする提案を考察対象とし，民間での地域協力についてはあまり触れない。これは先に見たように，第二次世界大戦後から1970年代初めの間は，各国政府，議員，北欧会議から地域協力に関する提案が数多く出され，それらが北欧諸国間の協力体制確立に与えた影響が大きいと考えられるためである。以下の章では，地域協力組織の創設や協力内容の条約化が提案されたもの，およびそれが実現したものを取り上げていくこととする。協力の制度化を目指すということは，北欧における地域協力を確固たるものにしようとの意思を表していると考えられるからである。ゆえに，北欧諸国間の協力の一形態であり，慣習的に行われている国際組織や外交政策での協調行動については，本書では詳しく触れない。また，ここでは考察対象を北欧5カ国とし，グリーンランド，フェロー諸島，オーランドといった自治地域に関する考察は行わない。

北欧協力の提案に対する分析視角としては，協力に対する意欲の高さを考察するため，協力成果の段階を指標として設定する。協力成果の順を高い方から，

  5 協定締結
  4 制度化・協力実現
  3 意思決定（協定締結提案）

2　内容討議
　　1　議題対象
　　0　自由裁量

と設定し，本書の結論において3つの期間を通した3協力領域での協力意欲の変遷をグラフとしてまとめ，第二次世界大戦後から1970年代初めまでの北欧協力の変化の特徴を示したい。

　個々の協力提案の分析には，以下の7つの要素を想定する。
　　① 提案の出された背景（国際環境，地域内状況）
　　② 発案主体（北欧5カ国の政府・議員，北欧会議など）
　　③ 提案の対象国と提案内容
　　④ 討議過程での5カ国の態度
　　⑤ 討議中の国際状況（北欧各国への影響や北欧協力以外の選択肢の存在など）
　　⑥ 討議と北欧会議との関係（1953年以降）
　　⑦ 提案の結果

①と⑤については，北欧を取り巻く国際環境から北欧各国への影響は非常に大きく，北欧協力を考察するにあたって無視できないものであるといえる。特にヨーロッパでの地域統合の動きと，東西冷戦下で一方の当事者であるソ連の北欧協力への反応は，北欧における地域協力に大きな影響を与えたと考えられる。ゆえに，北欧協力提案の発案，討議の各段階で，北欧各国に及ぼされた地域外からの影響を考察することは，非常に重要である。③については，協力提案の内容から提案が区分される協力領域を判断し，提案の対象となった国，対象レベル（議員あるいは政府），提案された組織や制度の形態についても触れていきたい。④については，国家レベルでの意思決定過程では，自国が置かれている状況によって，各国の地域協力提案に対する態度に違いがあると考えられる。そこで，個々の提案が提示され討議される過程での北欧各国の動向や提案への反応を，国内の状況にも若干触れつつ，北欧協力の展開における重要な要素として考察する。各協力提案について①から⑦の順で記述する方法はとらないが，すべての視点からの考察を各章で行うこととする。

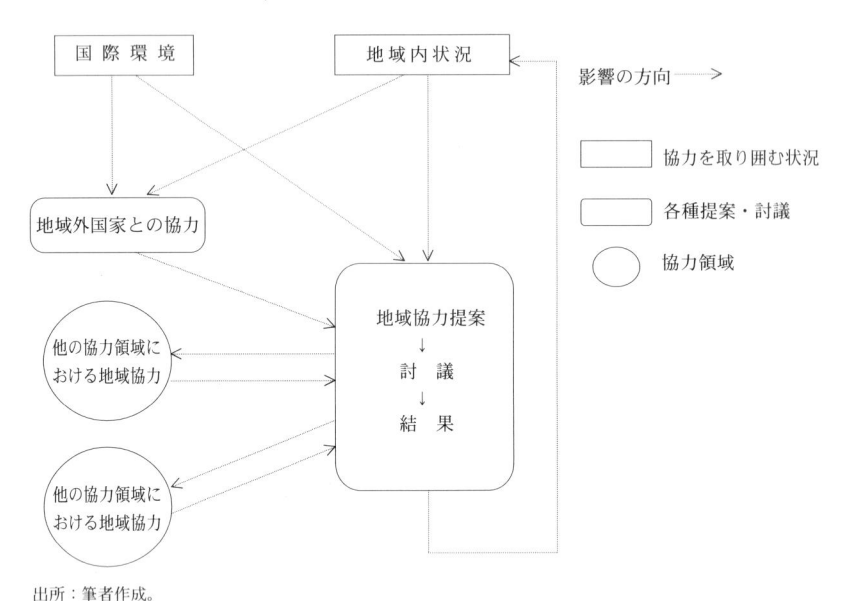

図1-2 地域協力過程のモデル

国際環境
地域内状況
影響の方向 →

□ 協力を取り囲む状況
□ 各種提案・討議
○ 協力領域

地域外国家との協力

他の協力領域における地域協力

地域協力提案
↓
討　議
↓
結　果

他の協力領域における地域協力

出所：筆者作成。

　本書の結論においては，各協力領域で提案の討議や結果に対して7つの要素が与えた影響を分析し，安全保障，経済，共同体という領域での地域協力が，地域内の要因や地域外からの影響をどのように受けて進展，後退しながら互いに影響を及ぼしあったのかという，北欧協力のメカニズムを分析する。そのために，図1-2のモデルを想定し，各領域での地域協力はどのように関係していたのかを示したい。また，3つの期間の協力討議における各領域の重要度の変化を分析することによって，北欧協力の志向性の変遷を示し，北欧地域に特徴的な共同体領域での協力体制確立に辿り着くまでのダイナミクスを明らかにしたい。

4. 本書の目的と構成

　従来の北欧協力に関する研究には，各分野における協力の進展・挫折の特徴を総合的に捉えたものはなく，さまざまな分野における地域協力提案

間の関係を明らかにしたものも少ない。また，北欧での地域協力の志向性の変化，つまり最重要視される協力領域の変遷を明らかにした研究も存在していない。ゆえに，北欧では安全保障や経済を除いた分野での協力は成功するのが当然であるという評価が与えられ，北欧の地域協力は静的であり動的な側面が欠如している印象を持たれがちである。しかし，実際の北欧での地域協力では，常に同一の協力領域に焦点が当てられたわけではない。本書のように北欧における地域協力に対して，3つの期間と3つの領域という分析枠組みと上述した7つの要素を用い，協力意欲の高低を指標に設定して分析することによって，各分野の協力を個別に考察することや，すべての協力を通史的に見るだけでは分からない，各協力領域の特徴や協力領域間の関係を分析することが可能となる。そこから，北欧協力の協力体制の変化と，志向性の変遷を考察することができると考えられる。

　他方で，ひとつの協力領域のメカニズムを分析するモデルを用いるため，同一協力領域内における提案の討議過程での細かい相違に関しては，本書では分析対象外となる。また，法律，社会政策，文化，交通通信等の分野で成功した，多数の地道で実務的な北欧協力の実現過程やその内容の詳細についても触れることはできない。しかし，北欧協力について長い期間を対象として3協力領域すべてを包括し，かつ地域内要因や国際環境からの影響の考察も含んだ研究はこれまでにないため，本書は北欧における地域協力に関する試論として意義があるのではないだろうか。考察の際に用いる資料は，北欧会議が発行しているもの以外は主に二次資料に拠ることになるが，これまでに北欧での地域協力に関してはさまざまな研究がなされており，それらも十分に資料的価値があるといえる。

　第2章以下では，上述の分析枠組みに沿って第二次世界大戦後から1970年代前半までの北欧協力を分析していく。次の第2章では第二次世界大戦前との繋がりにも触れつつ，第二次世界大戦後から1950年代半ばまで，第3章では1950年代半ばから1960年代半ばまで，第4章では1960年代半ばから1970年代初めまで，の北欧協力を分析する。第2章から第4章の各章では，3協力領域それぞれと2つの領域にまたがる分野での地域協力提案を順に考察する。各領域での協力提案については，初めに発案から討議，結

果までの流れを簡単に述べ，その後に各々の特徴を分析する。各章の最後に，その時期の特徴，各協力領域の特徴，3つの協力領域間の関係の分析を行う。第5章の結論と展望で，全期間を通しての3つの領域における地域協力の特徴，3領域における協力提案間の関係，志向性の変遷という面から，北欧協力のパターンや特徴をまとめ，今後の展望を考えたい。

（1）　当時デンマークの一部であったアイスランドでは，デンマークからの自国の文化的，経済的，政治的独立性獲得を要求するナショナリズムが高揚しており，北欧地域としてのまとまりを目指す動きは存在せず，スカンジナビア主義は浸透しなかった〔Derry 1979: 232-238〕。

（2）　ノルウェーは，事前の相談もなくデンマークからスウェーデンに譲渡されたことに怒り，1814年にエイツヴォル憲法を制定した。翌1815年には，ノルウェーとスウェーデンがそれぞれ独立した平等の資格で同君連合を形成することを内容とした連合協約が成立した。

（3）　政治的スカンジナビア主義については，詳しくは清原〔1982〕，村井〔1982a; 1982b; 1982c〕，を参照。

（4）　1397年に領土面ではデンマーク，ノルウェー，スウェーデンをすべて含んで創設された国家連合であるが，1523年に事実上解体した。

（5）　北欧協会は北欧諸国間の文化交流を促進することを主な目的とする民間団体であり，姉妹都市間での民間人の交流，文学，北欧史の共通教科書の作成などを行った。また，さまざまな活動分野での北欧協力促進を継続的に支援した。

（6）　NORDEKの内容を示す名称には，「北欧経済協力連合」，「北欧経済協力」，「北欧共同市場・関税同盟」，などさまざまなものがあるが，NORDEKという名称以外に共通して使われている正式名称はない。

（7）　ヴェントの研究と類似したものに，石渡の著書がある〔石渡 1986〕。彼も北欧協力の実態を記述し，最後に結論として地域統合論にふれ，アンドレーンの蜘蛛の巣理論（本節3を参照）と同様の結論を述べている。

（8）　地域統合論とは，複数国家が政治統合（国家主権の統合）や，経済統合（関税同盟や共同市場などの創設）を行う過程やその制度化について，広く一般理論化することを目指す研究である。国際統合論とも言われる。ヨーロッパ統合を分析対象とした研究から1950年代末に登場し，その後，他地域での経済的地域統合の事例などにも分析対象を広げてい

る。近年の地域統合論で代表的な研究には，機能主義（functionalism），新機能主義（neo-functionalism），交流主義アプローチ（transactionalist approach）と呼ばれるものがある。地域統合論の詳細については，大隈〔1973〕，山影〔1983〕，鴨〔1985〕を参照。
(9)　「安全保障共同体」の説明は Deutsch et al.〔1957: 5-9〕を参照。
(10)　ハスケルと同じように，各国の政策決定や国際環境からの影響の重要性を指摘した研究として，Ørvik〔1974〕がある。
(11)　スピル・オーバー（波及：spill-over）効果とは，地域統合論の機能主義および新機能主義と呼ばれる理論で用いられている概念であり，ひとつの分野での統合の成功が，それと関連した他の分野の統合を呼び起こして統合の拡大が進み，同時により高いレベルでの統合も進むという考え方である。
(12)　1960年に5カ国の法務大臣によって制度化されたものであり，1974年に廃止された。通常は法務省事務局の高級官僚を各国が「北欧コンタクト・マン」として任命する。責務は，自国内での活動や他の4カ国のコンタクト・マンとの継続的な接触を通じて，法律に関する分野で北欧協力のための調整を行うことであった。
(13)　百瀬〔1984a〕，Brundtland〔1966〕，Lindberg〔1981〕などを参照。
(14)　例えば言語の面で見ると，デンマーク語・ノルウェー語・スウェーデン語は同じ系譜で相互理解が容易であるが，アイスランド語は域内の他国の人には理解しにくい。フィンランド語，グリーンランド語，フェロー語などは上記4言語とは別の系譜のものであり，言語的には部分的に共同体であるとしかいえないという指摘もある〔Petersson 1991: 147〕。
(15)　この領域の分け方については，山影の図〔山影1983: 102〕に示唆を与えられたところが大きい。山影は同論文で，地域統合の志向軸として安全，経済，共同体の3つを設定し，地域統合の形態と地域統合が国内と地域（複数国家間）の双方に与える影響を分析している。山影の志向性の定義は，
　　　安　全：地域内における安全の追求，地域外に対する安全の追求
　　　経　済：財やサービスの生産，消費，交換，資源の開発・消耗，などの人間活動
　　　共同体：地域全体に対するアイデンティティと地域文化の創造ないし再構成をすること
であり，本書における定義と同一ではない。

第2章　本格的な北欧協力の開始
―― 第二次世界大戦後から1950年代半ば ――

　本章では，第二次世界大戦後から1950年代半ばまでに提案，または実行された北欧協力を考察していく。この期間における地域協力をめぐる大きな動きとしては，1947年の北欧関税同盟創設の提案，1948年のスカンジナビア防衛同盟構想の提案，1952年の北欧会議の創設，1952年のパスポート不要越境協定の締結，1954年の北欧共同労働市場の実現がある。これらはその内容から，北欧関税同盟構想は経済領域，スカンジナビア防衛同盟構想は安全保障領域，北欧会議の設立は共同体領域，北欧共同労働市場は経済と共同体の両領域にまたがるものと考えられる。

　以下では，まず安全保障領域に該当するスカンジナビア防衛同盟構想から始め，北欧関税同盟構想，北欧会議とパスポート不要越境協定の成立，北欧共同労働市場の実現，という順序で考察する。この期間に提案された北欧協力には，第二次世界大戦前に行われていた地域協力と深い繋がりを持つものもあるため，第二次世界大戦前に行われていた協力についても，領域ごとに触れていくこととする。そして，提案ごとに発案から討議過程，結果までの流れを述べた後に，その特徴を分析し，最後に3つの協力領域間の関係を見ていきたい。

第1節　スカンジナビア防衛同盟構想の討議と分裂

1. 第二次世界大戦前の安全保障領域での協力提案

第二次世界大戦前の北欧における安全保障領域での地域協力は，近いところでは第一次世界大戦勃発時の1914年12月に，デンマーク，ノルウェー，スウェーデンのスカンジナビア3カ国の君主と外相による会合において，共同中立が宣言されたことが挙げられる。第一次世界大戦中には，定期的にこの3カ国の首相と外相による会議が開催され，中立を侵す者への共同抗議声明や調停役からの撤退合意などが行われた〔Nielsson 1978: 287〕。1920年代には，スウェーデン外相がフィンランドとの軍事同盟構想を提案したこともあったが，日の目を見ることはなかった〔百瀬 1980: 238〕。
　その後は北欧諸国間で友好関係が続き，1930年代に入って国際連盟が侵略行為に及ぶ国家に対して効果的な措置をとれなくなると，デンマーク，フィンランド，ノルウェー，スウェーデンの4カ国は二度に亙って，共同で中立の立場を宣言した。[1]1930年代後半には，中立の地位確保のために北欧諸国間で相互協力をすべきであるという意思が強くなり，具体的方策としてスウェーデンを中核とする武装中立同盟構想が提案された。フィンランドとスウェーデン間で軍事協力のための交渉が行われたが，結局この構想はソ連の反対により実現には至らなかった。[2]
　第二次世界大戦が勃発してからは，各国とも自国を守ることで手一杯となり，地域協力への提案はなされなかった。しかし，ドイツの侵略を免れたスウェーデンは，フィンランドとソ連の間の早期和平実現のために外交面で支援し，ノルウェー人のドイツに対するレジスタンスへの援助を徐々に増大し，デンマーク人の避難民を自国で保護するなどの行動をとった〔百瀬 1980: 292〕。このように，第一次世界大戦時から，中立を守るという形での地域協力への試みが続けられていたが，共同宣言という形にしか到達できなかった。戦時においては，包括的な地域協力という形ではほとんど何も提案が出されることはなかったが，比較的戦争の影響が少なかったスウェーデンが，地味ながらも他の北欧諸国を支援するということが続いていた。

2. スカンジナビア防衛同盟構想の提案と討議過程

　第二次世界大戦後，最初に提案された北欧における安全保障領域での地

域協力は，1948年5月1日にスウェーデン外相のウンデーン（Undén, Östen）によって出された，スカンジナビア防衛同盟（Scandinavian Defence Union; Skandinaviskt försvarsförbund）創設案であった。この提案の内容は，スウェーデン，デンマーク，ノルウェーによって北欧地域の中立化を目指すものであり，提案が出された背景には東西冷戦の開始があった。1947年の米ソ両陣営間のドイツをめぐる対立の激化，トルーマン・ドクトリンとマーシャル・プランへの東欧諸国の不参加決定，フランス，イタリアでの共産党の躍進，1948年2月のチェコスロバキアでの共産党政権の誕生などにより，東西間の関係は悪化の一途をたどっていた。

　北欧地域においては，1948年4月にフィンランドがソ連と友好協力相互援助条約（Treaty of Friendship, Cooperation and Mutual Assistance between the Soviet Union and Finland）を締結するという大きな変化があった。またスカンジナビア防衛同盟構想提案に先立って，1948年4月に北欧外相会議においてノルウェー外相から，軍事生産・供給での北欧軍事協力協議が提案されていた。ハスケルは，この提案はその時には直接的な実行に結びつかなかったが，これがスウェーデン外相からの防衛同盟提案の背景の一部になったと述べている〔Haskel 1976: 61〕。

　このような状況の下で1948年5月1日に，スウェーデン外相のウンデーンからデンマークとノルウェーに対して非公式に，スカンジナビア防衛条約の締結が提案された。5月半ばにはこの条約による防衛同盟は，東側はもとより，西側と結びつくことも意図されていないことが示唆された。構想を提案した理由について，後にスウェーデンの外相が，スカンジナビア3カ国の外交政策の分裂を防ぐためであったという説明をしている〔Haskel 1976: 43〕。しかし，他の大きな理由として，スウェーデンはデンマークおよびノルウェーと比べて十分な武装体制であったが，東西どちらの陣営にも属さない中立の地位を隣接する他の北欧2カ国とともに確保することによって，北欧地域が東西間の紛争に巻き込まれる可能性を低減する目的があったと考えられる。フィンランドとアイスランドがこの提案の対象国とならなかった背景には，フィンランドはソ連と友好協力相互援助条約を締結しており，アイスランドは独立したばかりであったことと，独自の

軍隊を保有せず，特別協定によって1941年7月からアメリカ軍の基地が国内のキェプラヴィークに存在していた，という事情があった。

防衛同盟構想の提案が出された後，1948年9月に3カ国合同で防衛に関する調査を行うことについての合意が成立し，同年10月に共同調査と討議のために「スカンジナビア防衛委員会」（Scandinavian Defence Committee; Skandinaviska försvarskommittén）（以下では防衛委員会と略）が設置され，調査が開始された。1949年2月に提出予定であった防衛委員会の報告書では，北欧諸国の防衛能力は，平時に準備された防衛同盟という枠組みにおける共同軍事スタンスによって増加するが，北欧は軍事物資の面で自給自足は不可能であり，デンマークとノルウェーが早期に防衛力を増強するためにも，域外からの武器供給が不可欠であることが指摘された〔Wendt 1981: 27〕。

防衛同盟条約の内容には，①加盟国である3カ国のいずれか1カ国に対する攻撃はすべての加盟国に対するものと見なし，即座に軍事援助の義務が発生する，②加盟国への攻撃によって軍事援助義務が生じた場合と，国連安全保障理事会が制裁決議をした場合を除いて，戦争の場合は中立維持を宣言する，③局外中立にある場合には，加盟国は中立規則の適用と中立の維持に関して協議をする，④軍備は共同防衛の計画に基づいて用意され，加盟国の軍備は経済状況を考慮しながら合理的と考えられる期間のうちに，実際の必要に応じたレベルまで高める，⑤加盟国は条約が有効である10年間は，第三国と軍事同盟条約を締結することはできない，ということが盛り込まれていた〔Andrén 1967c: 57〕。

1949年2月1日までに作成される予定であった防衛委員会の報告書の主な内容は，同年1月1日までには各国政府の知るところとなった。デンマークとノルウェーは，NATO（北大西洋条約機構）の原加盟国になる意思について非公式に打診されていたことから，西側諸国からの支援を必要としていたノルウェーでは，外相が北欧諸国だけによる軍事協力について悲観的な意見を発表するということもあった〔Haskel 1976: 44-45〕。そして，1949年1月3日に3カ国の首相，外相，国防相によって秘密交渉が行われ，イギリスとアメリカによるスカンジナビア防衛同盟への関心と，物資協力

を含む支援の有無を確認することが合意された。

　以上のような合意にはこぎつけたが，結局 NATO は不参加国に対しては協力を行わないことがアメリカから通達され，ノルウェーが中立のスカンジナビア防衛同盟提案を受け入れる可能性はなくなった。スウェーデンにとっては自国に対するソ連の脅威を減少させるために，ノルウェーを防衛同盟に取り込むことが非常に重要であり，ソ連のスウェーデン経由でのノルウェー侵攻を防ぐ方策として，ノルウェーとスウェーデンの協力の重要性を訴えていた〔Petersen 1979: 201〕。ノルウェーが参加しないデンマーク・スウェーデン間の条約締結はスウェーデンにとって満足できるものではなかったため，ノルウェー抜きで防衛協定を実現させることは不可能であった。

　1949年の1月末にコペンハーゲンとオスロで開催された3カ国の閣僚，議員の会合で，スカンジナビア防衛同盟は設立の可能性がないことが確認され，スウェーデンからのスカンジナビア防衛同盟案は実現しなかった。このスウェーデンによる提案が実現不可能となった後も，デンマークは安全保障領域での北欧協力の代案を模索して，ノルウェーとスウェーデンの間での妥協を目指したが，両国の距離は縮まらなかった〔山本（武）1984b: 58〕。そして結局，デンマークとノルウェーは NATO 加盟，スウェーデンは中立という道を選択することとなり，発案から1年も経たないうちに，安全保障領域での地域協力提案は挫折した。[3]

3. スカンジナビア防衛同盟構想破綻の要因分析

　スカンジナビア防衛同盟構想の失敗の原因として考えられるのは，国際環境の下における3カ国の立場の差と国内事情の相違である。まず，第二次世界大戦での経験が示すように，地理的にスウェーデンは列強間の紛争に即座に巻き込まれることを回避できる位置にあるが，デンマークとノルウェーは紛争に巻き込まれやすい場所に位置している。3カ国のイギリスやアメリカとの関係についても，大きな違いがあった。そのため，東西関係の悪化という状況下で，東西両陣営，特に西側の団結に対する北欧各国の立場は一様ではなかった。最初に東西対立への北欧各国の態度の差が明

らかになったのは，1948年1月22日にイギリス外相ベヴィンが出した，西欧諸国の団結を提案する声明に対する3カ国の反応である[4]。デンマークは中立を望みつつも，北欧諸国がベヴィンの提案を率先して拒否し得るかという点については懐疑的であり，ノルウェーは事態が悪化しないと予想しつつも自動的な北欧協力を否定し，事態悪化の際に政策を変更する可能性を含ませた。それに対して，スウェーデンは中立堅持の姿勢を崩さないという態度であった〔Haskel 1976: 41〕。

スカンジナビア防衛同盟構想に対する3カ国の態度にも差異があり，提案がスウェーデン外相から出された直後には何の成果も得られなかった。構想の提案に対する3カ国の対応としては，スウェーデンは共通の利益を主張し，デンマークは提案への関心を示したが，対照的にノルウェーは北欧には共通の政策はないと明言し，各国の経験や置かれている状況の違いを強調した。ノルウェーにとっては，軍事的に脆弱であることに加えてこれまでの歴史的経験から，西側の特にイギリスとアメリカからの協力を得ることが非常に重要であった[5]。西側諸国の間で軍事同盟設立の動きが推進され始めていたこの時期に，その選択肢を排除する可能性がある政策を採ることは，ノルウェーにとっては好ましくなかったのである。

討議の過程でもこの3カ国の相違点が浮き彫りとなった。ノルウェーはイギリスとアメリカからの軍事的支援を最も重視し，西側から支援を受けられるならばスカンジナビア3カ国による軍事同盟を設立しても良いと考えていた。デンマークもイギリスとアメリカからの軍事的支援が必要ではあったが，グリーンランド島とフェロー諸島を所有していたことから，アメリカのデンマークへの関心は高く，有事の際には西側が助けてくれるであろうという考えがあった〔Haskel 1976: 63〕。

これに対してスウェーデンは，どちらの陣営にも属さない中立の状態を維持することが最重要であったため，イギリスやアメリカとの軍事協力は全く必要ではなく，むしろ西側の軍事同盟からはなるべく距離を置くことを求める立場であった。ヴェントが指摘するように，スウェーデンが出した提案内容の東西両陣営どちらにも属さないということは，当時の北欧3カ国にとっては，アメリカが設立に動き出していたNATOに参加しないこ

とを意味する点で重要であった〔Wendt 1959: 38〕。上述のような3カ国の立場の差から，スカンジナビア防衛同盟構想に対する各国の態度も異なることとなったのである。

　ハスケルによると，同盟の紛争抑止効果の評価に関しても3カ国に差異があった。特にノルウェーとスウェーデンの間には，大きな隔たりがあった。基本的に前者には権力の空白地帯にならないことが重要な戦略であり，後者には東西両陣営の間に立つことが目的であった。ノルウェーにとっては，侵略者への強力な処罰に頼ることによって侵略行為を諦めさせることが防衛戦略であり，スウェーデンには侵略によって得られる見返りをなくすことが重要であり，デンマークには，潜在的侵略国を刺激しないことが重要であった〔Haskel 1976: 70-71〕。ゆえに，ノルウェーにとってスカンジナビア中立防衛同盟は不十分なものであったが，デンマークには不満があるものではなかったし，スウェーデンには十分なものであるという違いが生じたのである。

　国内事情としては，まず軍事力自体で3カ国の間に差が存在していた。スウェーデンは自前で軍備を調達する能力があり重武装できるが，デンマークとノルウェーは第二次大戦に巻き込まれた被害が大きく，自国の経済復興のためにも，大部分を失った軍備の再強化にあまり大きな比重を置くことはできなかった。そのため，デンマークとノルウェーにとっては，自国の軍事力強化のためには，西側からの援助が不可欠であった。

　また，国内世論も3カ国でそれぞれ異なっていた。スウェーデンでは野党は若干西側寄りの政策を好んだが，中立という点では政権党の社会民主労働党と大きく異なることはなかった。デンマークでは野党は西側との同盟関係に賛成であったが，少数政権党の社会民主党とその協力関係にあった急進自由党は中立の変更に反対していたため，公式の場ではスカンジナビア3カ国間での協力と単独中立以外の可能性に触れたことはなかった。ノルウェーでは，野党は一致して西側との協力に賛成であり，政権党の労働党内では意見が分裂していたが，共産党の躍進が著しかったことから危機感を募らせて，最終的には西側との協力を選んだ[6]。

　ここで中立同盟構想の提案から失敗まで全体を通して，スカンジナビア

3カ国の態度の特徴をまとめてみたい。スウェーデンは構想実現に積極的であるが，中立の線は絶対に譲らないという姿勢であった。これに対してノルウェーは，北欧諸国のみによる軍事同盟に最も消極的かつ懐疑的であった。デンマークは西側からの支援を必要としていたが，構想実現に対しては積極的であり，ノルウェーとスウェーデンの間の調停役を務めていたといえる。中立防衛同盟構想には北欧各国の防衛政策の分裂を防ぐ目的もあったが，スウェーデンにとっては純粋な防衛政策として，自国の周りに緩衝地帯を作ることができればより良いという意図が強く，もし失敗に終わっても従来通りの中立政策を採ればよいという計算があったとも考えられる〔Haskel 1976: 86〕。スウェーデンからの提案は，北欧諸国間の安全保障領域での地域協力を進めるという目的よりも，自国の防衛上の安全性をより高めることに重点が置かれていたとも考えられる。これに対してデンマークは，アメリカからの協力が得られるという自信があったことと，他の北欧諸国との協力に対して警戒心をあまり持っていなかったことから，北欧地域での協力に積極的であった。

ハスケルは3カ国の採り得る政策の選択肢を，①3カ国での協力，②西側との協力，③一国での中立の3つと考え，各国の選好の順位をデンマークは①②③，ノルウェーは①②③，スウェーデンは①③②として，2，3番目の相違が3カ国の最終的な政策に影響したと分析しているが〔Haskel 1976: 82〕，これではデンマークとノルウェーの相違点が明確ではない。実際に採り得た政策をもう少し細かく設定し，3カ国の政策選好の構造をま

表2-1　スカンジナビア3カ国政府の安全保障政策の優先順位　1948～49年

デンマーク	ノルウェー	スウェーデン
1. 中立スカンジナビア防衛同盟	1. 西側寄りのスカンジナビア防衛同盟	1. 中立スカンジナビア防衛同盟
2. 西側寄りのスカンジナビア防衛同盟	2. 大西洋条約	2. 単独中立
3. 大西洋条約		
4. 単独中立	3. 中立スカンジナビア防衛同盟	3. 西側寄りのスカンジナビア防衛同盟
	4. 単独中立	4. 大西洋条約

出所：Petersen〔1979: 196〕。　　（点線より上は受け入れられる政策，下は受け入れられない政策）

とめたペーターセン（Petersen, N.）の分析のほうが，実際の3カ国間の相違を的確に表している（表2－1参照）。

　中立防衛同盟提案の先駆けとなったのは，ノルウェーから出された北欧地域における軍事生産と供給の協力に関する提案であったが，これは自国の軍事力の再構築のために提案したものであり，軍事同盟という形での協力は想定していなかったと考えられる。その点では，スウェーデンが北欧軍事協力の内容を自国に有利になるよう変容させ，ノルウェーが意図していなかった方向へ拡大してしまったといえる。ノルウェーは，自ら積極的にアプローチしなければ西側からの軍事的支援は得られない上に，スカンジナビア防衛同盟によって得られる利得が最も少なく，デンマークおよびスウェーデンとの協力について，一概に積極的な意味を見出せないという事情があった〔Ørvik 1974: 82〕。西側の協力が得られない提案は，受け入れられるものではなかったのである。

　また，3カ国の相違に加えて北欧地域内の事情として，防衛委員会の報告にもあったように，北欧諸国のみでデンマークとノルウェーの軍事力の強化を早急に行うのは不可能なことがあった。西側からの物質的援助が優先的に得られないことが明らかになった時点で，スカンジナビア防衛同盟構想の実現性は非常に低くなったといえる。北欧諸国は東西の間に挟まれた中小国であることから，安全保障に関しては地域外の動向が非常に重要であった。ゆえに，西側からの優先的援助が得られないという事実の判明によって，3カ国による妥協が不可能であることが一瞬にして明らかになり，短期間で防衛同盟設立交渉は終了することになったのである。

　スウェーデンからのスカンジナビア防衛同盟の提案自体はスウェーデンの利益を第一に考えたものであり，北欧の地域協力を促進することが目的の中心であったとは言い難い。また，各国の対外的立場と国内状況の相違から，3カ国が軍事分野での北欧協力に期待していた内容にも，初めから差異があった。スカンジナビア防衛同盟を創設すること自体には3カ国とも異存はなく，交渉過程では最も消極的であったノルウェーから，もともとは北欧地域での軍事協力協議が提案されたように，各国とも協力の意思を持っており，協力の実現を望んでいた。しかし，実際に協力内容を詰め

ていく討議過程に入ると，3カ国の協力実現に対する条件が異なっていることが浮き彫りになり，結局実現には至らなかったのである。

第2節　北欧関税同盟構想討議の開始と対象範囲の縮小

1. 第二次世界大戦前の経済領域での協力

　第二次世界大戦前の北欧における経済領域での地域協力は，古くは1873年にデンマークとスウェーデンで批准された北欧通貨協定があるが（2年後にノルウェー，1924年にアイスランドが参加），第一次世界大戦後には実質的機能は停止していた。1880年代には関税同盟創設の要求が出されていたが，政府間で討議されることはなかった。第一次世界大戦後の1919年には，デンマーク，ノルウェー，スウェーデンの3カ国で，北欧経済協力を促進することを目的とした委員会が創設されたが，何の成果もなく1922年に活動は中止された。

　1934年には北欧協会の勧告もあって，北欧外相会議で北欧諸国間貿易の促進と世界市場における北欧の地位向上を目指すための，「隣国委員会」(Neighbour Country Commissions) を各国内に設置することが決議された。この委員会は1930年代後半に精力的に調査活動，討議を行い，戦時下での協力を惜しまないことが宣言として発表された。第二次世界大戦が始まった1939年には，北欧諸国の首相と外相の会談において，戦争によって引き起こされる困難をできる限り軽減するために，互いに協力することが誓われた。しかし，大戦の影響から，地域協力への大きな試みはなかった。

2. 北欧関税同盟構想の提案と討議過程

　第二次世界大戦後初の経済領域における地域協力提案は，1947年7月9日にコペンハーゲンで行われた北欧外相会議において出された。同時期にパリにおいて西欧諸国間で，アメリカが提唱したマーシャル・プランによる援助の受け皿として，ヨーロッパ関税同盟の創設が討議されていたことに刺激を受けて，ノルウェー外相が北欧諸国間の経済協力を提案したのである〔Miljan 1977: 91〕。その目的は，マーシャル・プランに関する会議で

の北欧としての態度を調整することであり，北欧経済協力拡張のための調査委員会の設置を提案内容とするものであった。マーシャル・プラン以外には，防衛問題などについて大陸ヨーロッパ諸国間で足並みの乱れが顕著になり，北欧の大陸ヨーロッパへの信頼が薄らいできていた〔Turner 1982: 112〕ことが，ノルウェーが提案を出した背景としてあったといえる。結局，ヨーロッパでは包括的関税同盟という形は拒否され，ベネルクスのような路線で地域経済連合を作る提案に置き換えられることとなり，それを念頭において開催された同年8月の北欧外相会議で，ノルウェーからの提案を進めることが決定された〔Miljan 1977: 91〕。

1948年2月末に行われたデンマーク，アイスランド，ノルウェー，スウェーデン4カ国の外相，通商大臣の会合において，デンマークの提案から「経済協力北欧合同委員会」（Joint Nordic Committee for Economic Cooperation; Gemensamma nordiska utskottet för ekonomiskt samarbete）（以下では合同委員会と略）が設立された。合同委員会は，委員長をデンマーク国立銀行総裁のブラムスネス（Bramsnæs, C. V.）が務め，デンマーク，ノルウェー，スウェーデンから各3名の代表とアイスランドからのオブザーバー1名（両方とも主に高級官僚）で構成されたが，フィンランドは政治的な理由から参加しなかった。合同委員会の任務は，①関税同盟への準備段階としての北欧共通関税の創設，②北欧諸国間での関税削減（非関税障壁撤廃）と数量制限の削減，③私企業や労働組合との協力による北欧内での分業と専門化の拡大，④対外貿易政策での既存の北欧協調の拡大，という4つの面での可能性の調査であった。

大陸ヨーロッパとの関係では，1948年4月にフィンランドを除く北欧4カ国を含んだ16カ国によってOEEC（欧州経済協力機構）が発足したが，北欧にとっては輸入割り当ての撤廃を意味するのみであり，より複雑な長期間の輸入関税の引き下げは1948年1月に発効したGATT（関税及び貿易に関する一般協定）での作業に残されることとなった〔Turner 1982: 112〕。また，同年5月に行われたハーグでの欧州会議（Congress of Europe）や西欧同盟（West European Union: WEU）での話し合いにおいても，英仏の対立が激しくなり，大陸ヨーロッパでの一体性がますます揺らいでいた。こ

のような状況から北欧諸国にとっては，自国の経済発展は大陸ヨーロッパとの協力体制だけで十分に保障される，という確信は持てなくなっていた。

ゆえに，同年5月以降において北欧諸国の間で最も重要な論点は安全保障問題であったが，合同委員会による経済協力の可能性についての調査は続けられ，1950年1月に全会一致の中間報告書が4カ国の政府に提出された。調査結果は，北欧諸国間での関税撤廃と関税同盟の設立は有益，スカンジナビア規模の市場の形成は大規模生産・専門化・合理化があればかなり有益，北欧関税同盟は一般的なヨーロッパの再興に合致，長期的には工業面で地域としての国際競争力の増強可能，というものであった。しかし，ノルウェー委員の少数意見として，ノルウェーは国内経済の弱さから現段階で提案されている関税同盟には加入できないということが記載され，結果的には4カ国での関税同盟設立の基盤はないとの結論であった〔Miljan 1977: 92〕。

ノルウェーが参加した形での関税同盟の形成が不可能であることが明らかになり，北欧関税同盟の創設は当面実現しないことになったが，合意に達した点もあった。1950年11月末のコペンハーゲンでの外相，通商大臣の会合で，ノルウェーのイニシアチブによって，引き続きこの委員会に，北欧地域内で一定の製品に対する関税の撤廃が可能な産業の調査と，北欧地域内の経済状況が平等になったときに，部分的な自由貿易領域をより多くの産業へ拡大する可能性の調査を，委任することが決定された〔Miljan 1977: 93〕。表立ったところでの議論は暫く行われなかったが，地域経済協力の話がまったく立ち消えてしまったわけではなく，1950年の報告書発表の後も調査対象は縮小されたが，地道な調査活動が続けられた。

3. 北欧関税同盟構想討議の停滞と対象範囲縮小の要因分析

1940年代後半の経済領域での北欧協力提案は実現には至らなかったが，この原因として第一に考えられるのは，オブザーバーのアイスランドを除いたスカンジナビア3カ国間の経済力の格差である。スウェーデンは最も強い工業力を有していたため，予定された関税同盟から得られる経済利益が最も大きく，デンマークもノルウェーに比べれば工業力があり，強い農

業分野を有していたため，北欧関税同盟を設立しても得られる利益はあった。これに対して，ノルウェーは第二次世界大戦で最も大きな被害に遭ったため，外貨を稼ぐことのできる産業である商船業と輸出産業の再興を最優先しなければならず，関税同盟設立の前提となる国内工業の強化は二番目の優先順位にせざるをえなかった。ゆえに，ノルウェーは自国の発展の阻害となるような経済協力は，いかなるものであっても受け入れることができない状況にあったため，他の北欧諸国との競争を激化させると考えられる北欧関税同盟に参加することはできなかった〔Solem 1977: 67〕。

　このような経済力の格差から，北欧諸国による協力の提案理由と討議開始の承認理由に3カ国で相違があった。まず協力を提案したノルウェーであるが，西欧諸国とともに行っていたマーシャル・プラン受け入れ組織創設作業が迅速に進んでいるように見えなかったことから，その作業が遅れた場合でもアメリカからの援助を受けられるよう，北欧での地域協力体制設立を提案したと考えられる。ノルウェーが提案を出したもうひとつの目的は，自国への投資と北欧内での分業と専門化であった〔Haskel 1976: 96〕ことを考えると，その経済的な弱さから，いざというときに他の北欧諸国から支援を得たいという意図もあったといえよう。これに対して，スウェーデンとデンマークは，自国の市場拡大のための関税同盟形成を目的として，ノルウェー提案の北欧経済協力に賛同したと考えられる。3カ国に共通する協力の目的としては，北欧諸国間の協力によって，ヨーロッパ全体という非常に大きな集団の中で圧力を受けるのを回避するということがあった〔Haskel 1976: 94〕。

　初めから期待する北欧経済協力の内容に相違があったため，協力内容を詰めていく討議過程で3カ国の目的の差が浮き彫りになった。1947年夏の終りに，マーシャル・プランへの参加において，北欧諸国で統一した立場を採るのは難しいことが明らかになり，西欧諸国間でも交渉にもたつきがあったことから，専門家による調査組織である合同委員会が設置されることになった。しかし，初めにノルウェーが目指したのは共同投資であったが，合同委員会の調査対象は次第にデンマーク，スウェーデンが好む関税同盟に中心が移り，ノルウェーは自ら提案時に意図した内容よりも広い範

囲を対象とする討議に入ることとなってしまった〔Haskel 1976: 95〕。

ノルウェーはアメリカからの援助の獲得を期待して，北欧地域での経済協力に対して消極的ではなかった。しかし，合同委員会の調査の焦点が関税同盟創設に移ったことから，結局ノルウェーが参加するには無理のある構想が調査対象となり，調査結果もノルウェーにとっては厳しいものとなってしまったのである。ノルウェーとしては，ヨーロッパ全体の中に飲み込まれて自国の復興が阻害されるのは困るが，ヨーロッパより小規模な北欧諸国との協力という代案においても，自国が明確な経済的利益を得られない内容は受け入れられないという事情があった。

国際環境としては OEEC や GATT が創設され，フィンランドを除いた北欧4カ国もこれらに参加し，他のヨーロッパとともに経済復興を推進する基礎を作ることができた。また1949年には，イギリスとスカンジナビア3カ国で UNISCAN という，経済政策の多国間調整のための非公式で緩やかな経済協力体制が創設された。これは，4カ国の外務省，財務省の高級官僚による定期的な協議と交渉という形をとっていた。初めは通貨交換，資本移動，関税などの問題についての討議を行っていたが，間もなくより複雑な経済問題を扱うようになった。

政治的にも経済的にもスカンジナビア3カ国はイギリスとの繋がりが強く，当時大陸ヨーロッパへの政治的，経済的なアプローチもこの4カ国は似通っていた〔Miljan 1977: 85〕ことから，この協力体制の確立はスカンジナビア3カ国にとって心強いものであったと考えられる。これらの状況からも，北欧諸国のみでの経済協力は魅力が薄れていったのであろう。そして UNISCAN は，「イギリスとスカンジナビア3カ国にとって，ヨーロッパ規模での経済統合の過程について検討し相談するための，中心的なフォーラム」となり，OEEC の政策についても討議された〔Miljan 1977: 85〕。このように，北欧地域外の国家との経済領域での協力が実現したことから，北欧地域内での経済協力は実現を急がれるものではなくなり，どうしても成功させなければならない類いの協力ではなくなってしまったのである。

地域内の状況としては，1948年から49年の間は安全保障領域での協力提案の討議が最も重要な問題となったため，経済協力の検討については優先

順位が低くなったという事情があった。特に西側からの経済援助が不可欠なノルウェーにとっては，NATOと非加盟国との間に経済援助を保証する協力関係を作るのは難しいと考えられる状況では，安全保障政策を最優先に議論する必要があった〔Haskel 1976: 117-118〕。また，ミリヤンによると，デンマークのスカンジナビア主義者や商業団体が，ノルウェーが後に加盟可能となる，デンマークとスウェーデンによる関税同盟の設立を強く望んで政府に圧力を掛けたが，結局何の結果も得られなかったという。その理由として彼は，スウェーデンが興味を示さなかったことと，安全保障面での前年の北欧諸国間の分裂に加えてまた他の分裂を作ってしまうことの影響について，北欧各国政府間で共通した考慮があったことを挙げている〔Miljan 1977: 93〕。

　マーシャル・プランの影響から北欧地域における経済協力が提案され，北欧関税同盟構想の調査が行われたが，戦後間もなくのこの時期には，討議の中心主体となっていたスカンジナビア3カ国の経済力の差は歴然としており，調査結果の段階で構想実現は暫く不可能であるという結論に達してしまった。その結果，各国政党，マスコミ，世論は北欧経済協力の問題をあまり取り上げなくなり，政治化させない方向に動いていった〔Haskel 1976: 118〕。この時点で提案された北欧地域での経済協力に対して，一番弱い立場であったノルウェーが規模を縮小して委員会活動を続行することを提案し，1954年にはより積極的に地域協力を働き掛けるようになっていったことを考えると，状況さえ整えば北欧地域として協力していきたいという意思はあったといえよう。しかし，3カ国の相違（特にノルウェーとデンマーク・スウェーデンの違い）に加えて西欧諸国との協力の存在とイギリスとの協力の進展から，北欧地域としての経済協力は徐々に重要性を失ってしまったのである。

第3節　議員間の地域協力の組織化と人の移動の自由化

1. 北欧会議の創設
(1) 第二次世界大戦前の議員間協力と協力組織設立提案

共同体領域では，第1章で述べたように，第二次世界大戦前にさまざまな地域協力組織が設立された。特に，後の北欧会議の創設に大きな役割を果たすことになったのは，1907年に設立された「北欧議会連合」(Nordic Interparliamentaly Union; Nordiska interparlamentariska unionen) であった。これは，世界規模の議会連合の下の半民間地域組織として創設され，北欧各国の議員間の人的接触の促進を目的とした組織であった。意見交換フォーラムとしての機能が中心であったことから，この組織において議員間の交流が培われていった。そして，1930年代に北欧諸国間の政府，官僚レベルでの地域協力が進んでいく中で，議員間の協力を強化する必要性が次第に認識されるようになった〔Wendt 1981: 33〕。

　第二次世界大戦前に出された北欧諸国間による恒常的な議会間協力組織の提案は，1938年10月13日にデンマーク外相のモンク（Munch, Peter）が，スウェーデン外務省に宛てた手紙においてなされた〔Wallmén 1966: 13〕。提案内容は，4カ国の政府の長および外相とアイスランドの首相と，各国議会から選出された一定数の議員代表によって構成される，協議，諮問機関的性格の合同組織を創設すること，その組織の会合の準備を行う事務局を各国に設置すること，協力協議のための総会を年1回14日間開催すること，であった〔Wendt 1981: 33-34〕。この提案は1939年2月末のヘルシンキでの外相会議で取り上げられ，デンマーク，フィンランド，アイスランド，スウェーデンは賛同したが，ノルウェーは反対の姿勢を示した。そのため，この時は組織の創設に関しては結局何もなされなかった。しかし，大戦中もデンマークとスウェーデンの間では，北欧諸国間の議会の密接な協力について討議された。

(2) 北欧会議設立提案と討議過程

　第二次世界大戦後，北欧各国の人々は議会間協力によってより多くの利益を得ることができると認識するようになり，行政部による超国家的組織となるような強固な組織の創設などが議論され始めた〔Wallmén 1966: 13〕。デンマークでは，公的な場や議会でしばしば議員間の協力強化提案が討議されていたが，他の北欧諸国に対して具体的に提示されたのは，1948年9

月にデンマーク外相からノルウェーとスウェーデンの外相に出された提案であった。提案内容は，共通する当面の問題を討議するための公式会議を，年1回定期的に開催するというものであった。しかし，今回はノルウェーとスウェーデンが，緊密な協力の問題は北欧議会連合において取り扱われるべきであるとの理由から，積極的な姿勢を見せなかった。

議員の間で目立って議会間の協力機関創設の機運が高まったのは，1949年1月末であった。当時，北欧協力を目指す動きの中では，スカンジナビア防衛同盟創設に関する問題が焦点となっており，政府のみが討議の主体となっていた。そこで，選挙で選ばれている議会も討議に直接関わっていくべきであるということが主張された〔Wendt 1981: 34〕。また本章第1節で述べたように，安全保障での協力に関する討議自体は構想の実現が不可能な方向に進み，スカンジナビア防衛同盟の不成立が確認されたが，同時期に国会議員有志がまずコペンハーゲンに，またその数日後にはオスロに集合した。そこでは，常設的北欧議会協力機関設立についての議論がなされたが，すぐに具体的な動きは起こらなかった。しかし，1950年10月には，それまで協力機関設立に消極的であったノルウェーの首相が，もっと頻繁にさまざまな政党が北欧というまとまりでの会合に参加できるようになると有益である，という旨の発言をするなど，北欧諸国間の議会間協力組織の設立へ向かう状況が整い始めた。

1951年8月13日に，デンマーク前首相ヘズトフト（Hedtoft, Hans）が北欧議会連合第28会期において，北欧各国の議会および政府間で北欧協力に関する協議，諮問機関を設立する提案を行ったときには，すべての北欧諸国がこの提案に賛成した。それを受けて「5人委員会」（Five Men Committee; Femmannakommittén）という，北欧5カ国から各1名の代表で構成され，協力組織の規程作成を任務とした委員会が創設された。各国の代表は，デンマークは前首相ヘズトフト，フィンランドは国会議長のファーゲルホルム（Fagerholm, Karl-August），アイスランドは国会議長のビャールナーソン（Bjarnason, Sigurður），ノルウェーは国会議長のトルプ（Torp, Oscar），スウェーデンは国会議員で学者のヘルリッツ（Herlitz, Nils），という顔ぶれであり，デンマークのヘズトフトとスウェーデンのヘルリッツのイニシア

チブによって，作業が進められた。

　組織設立の規程の作成は迅速に進められ，さまざまな方面からの要請でヘルリッツが組織の定款を書くこととなった〔Wallmén 1966: 14〕。閣僚や議員との協議の後，1951年10月24日に5人委員会が開催された。ノルウェー代表のトルプは出席できなかったが，彼自身は積極的な協力を望む立場であるとの意思を伝えた〔Solem 1977: 42〕。ヘルリッツの迅速な草案作成後に委員会で討議が行われ，同年11月初め以降は草案の取り扱いの場は北欧議会連合に移された。12月初めの会期で草案が討議され，フィンランドはソ連の北欧協力への批判的態度を考慮すると，この草案を受け入れることはできないとの意見を表明した。また，アイスランドのビャールナーソンは，自国では明確な決定は下されていないことを表明した〔Solem 1977: 42〕。

　結局，北欧4カ国はフィンランド抜きで組織を創設することを決定し，1952年2月初めに再び北欧議会連合で討議を行って各国の代表に承認された後，討議の場が政府レベルに移された。3月15日から16日に開催された北欧外相会議で北欧議会連合からの提案が討議され，いくつかの修正がなされた。最も重要な修正は組織内での政府代表者の地位であり，草案では政府代表者も投票権を持つべきとされていたが，ノルウェーの提案によって，政府は発言権を持つが投票権は持たない地位となった。こうした1951年から52年の間に行われた地域協力機関の設立に関する討議は，マスコミに知られることなく秘密裡に進められた〔Wallmén 1966: 14〕。

　「北欧会議規程」（The Statute of Nordic Council; Stadgan för Nordiska rådet）はスウェーデンで1952年5月17日，デンマークで同28日，ノルウェーで6月25日，アイスランドで12月10日に各国議会で承認され，正式に北欧4カ国間の協議，諮問機関である，「北欧会議」（Nordic Council; Nordiska rådet）が創設された（フィンランドは1956年の会期から参加。詳細は，第3章第3節参照）。1952年中に北欧4カ国で北欧会議への議員代表が選出され，各国議員代表団が形成された[11]。再びヘルリッツを中心に北欧会議の手続規則が作成され，4カ国に各国の事務局が設置された。北欧会議の運営にあたっては，議長団（Presidium; Presidie）が設置されることとなった。

図2−1　会期中の北欧会議の機構（1956年）

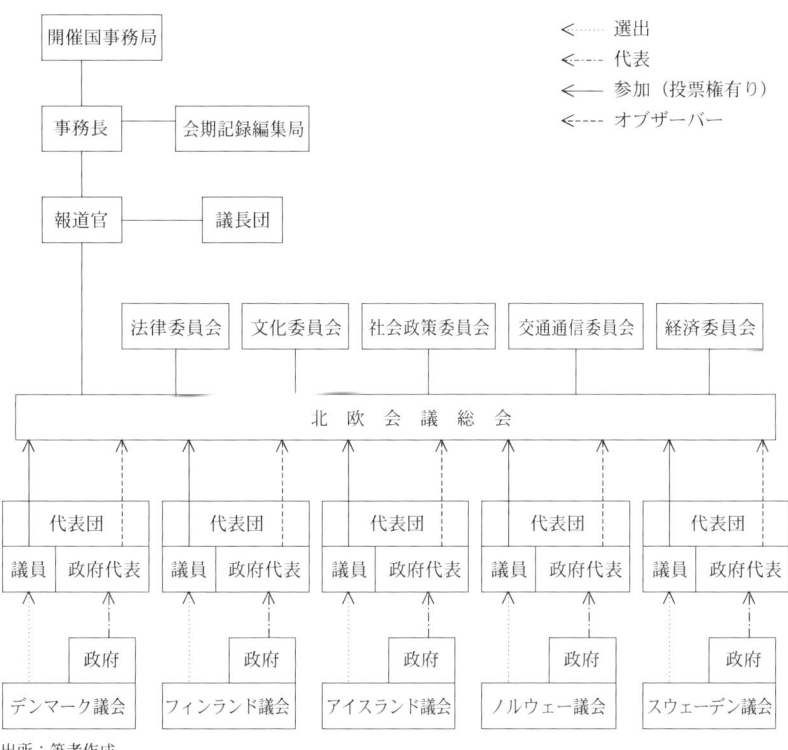

```
開催国事務局
    │
    ↓
  事務長 ─── 会期記録編集局
    │
    ↓
  報道官 ─── 議長団
```

凡例：
<······ 選出
<-·-·- 代表
←── 参加（投票権有り）
<---- オブザーバー

常設委員会：法律委員会／文化委員会／社会政策委員会／交通通信委員会／経済委員会

北 欧 会 議 総 会

各国代表団（議員・政府代表）：
デンマーク議会／フィンランド議会／アイスランド議会／ノルウェー議会／スウェーデン議会
（各議会から議員、各政府から政府代表）

出所：筆者作成。

議長団は，各国から選ばれた北欧会議の議員から，各参加国とさまざまな政党を代表するように，会期の初めに選任されることとなった。議長1人と副議長3人（1955年からは4人）によって構成され，通常会期中のみでなく次期会期の準備のための活動も行うことが任務となった。[12]

そして，ヘズトフトの提案から1年半後の1953年2月13日に，北欧会議の第1回会期がデンマークのコペンハーゲンにある国会上院で開催された。初代議長としてヘズトフトが選出され，さまざまな分野での北欧協力を活動範囲とした組織が，北欧史上初めて設立された。[13] 北欧会議には安全保障や外交を活動対象とする委員会は設置されず，常設委員会として法律，文

図 2 - 2　会期外の北欧会議の機構（1956年）

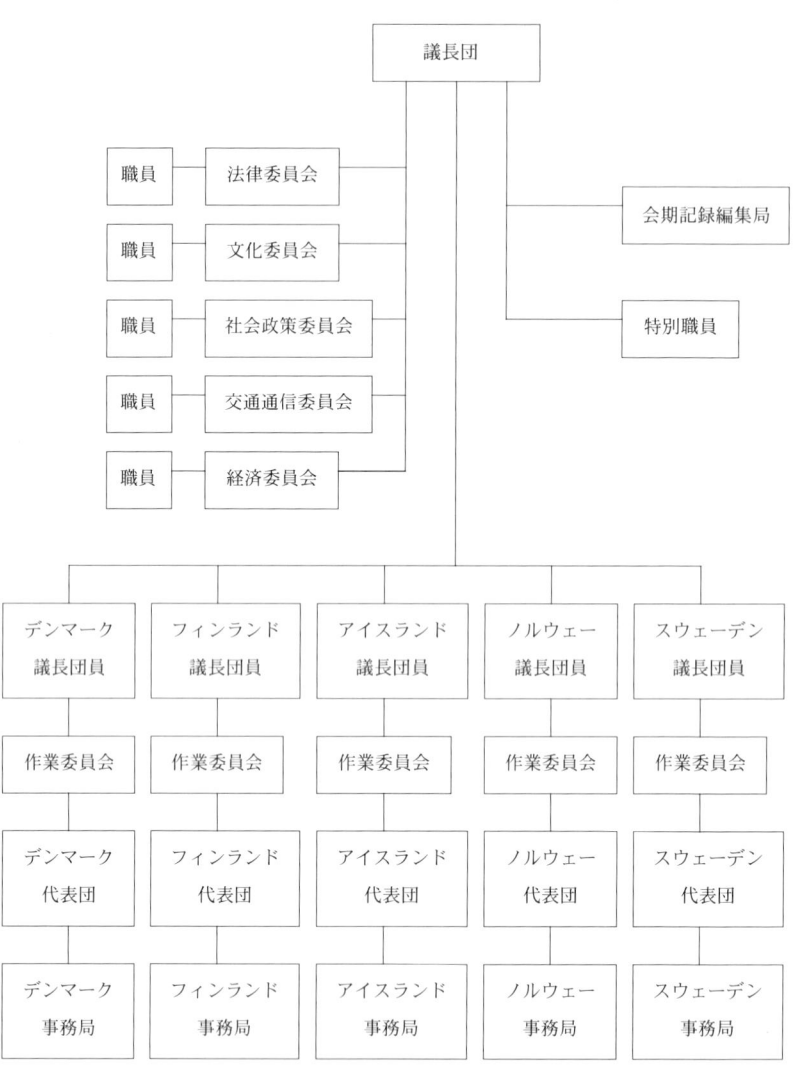

```
                          議長団
                            │
    ┌─────────────────┐   ├─────── 会期記録編集局
職員 ─ 法律委員会       │   │
職員 ─ 文化委員会       │   └─────── 特別職員
職員 ─ 社会政策委員会   │
職員 ─ 交通通信委員会   │
職員 ─ 経済委員会       │
                            │
    ┌──────┬──────┬──────┬──────┬──────┐
 デンマーク フィンランド アイスランド ノルウェー スウェーデン
 議長団員  議長団員   議長団員    議長団員   議長団員
    │      │      │      │      │
 作業委員会 作業委員会 作業委員会 作業委員会 作業委員会
    │      │      │      │      │
 デンマーク フィンランド アイスランド ノルウェー スウェーデン
  代表団   代表団    代表団     代表団    代表団
    │      │      │      │      │
 デンマーク フィンランド アイスランド ノルウェー スウェーデン
  事務局   事務局    事務局     事務局    事務局
```

出所：Anderson〔1967：28〕, Chart 1b に筆者加筆。

化,社会政策,経済の4委員会が設置され,1956年に交通通信委員会が加わり5つの常設委員会を持つ組織となった(組織図は図2-1,図2-2を参照)。北欧会議は1年に1回総会を開催することとなり,通常会期ごとに次期通常会期の開催時期と場所を総会で決定することになった。[14] 北欧会議は設立後,さまざまな分野の北欧協力についての討議の場として,活用されるようになっていった。

(3) 北欧会議創設成功の要因分析

北欧会議の設立提案は内容を詰める作業が急速に進められ,短期間で北欧会議が創設されたが,その成功の背景にはどのようなことがあったのであろうか。まず,北欧各国に共通した地域内の状況を考えてみたい。第一に,1860年代から民間でさまざまな北欧諸国間の協力組織が設立されていたことに加えて,北欧議会連合によって議員間の接触が増えていたことがある。政府間でも,安全保障と経済の領域における地域協力提案について協議が頻繁に行われていたことから,接触の機会が増加していた。こうしたさまざまなレベルでの人的交流の緊密さが,地域協力機関創設の土台になったと考えられる。

第二の大きな成功要因としては,安全保障領域での協力の挫折と,経済領域での協力討議の停滞があった。[15] 北欧各国とも,防衛政策の分裂や経済協力協議の行き詰まりから,このままでは北欧地域はばらばらになってしまうという不安を抱くようになったと考えられる。これが,広範囲な分野での協力を対象とする恒常的地域協力機関の創設を,政府間の協議によって短期間のうちに成功させる重要な要因となったのであろう。不参加を表明したフィンランドを除いてでも組織設立を進めたことを考えても,他の協力領域における地域協力の失敗や停滞が,協力機関を創設する契機となったことは否めない。

第三に考えられる成功要因は,多分野での地域協力体制の地道な進展である。北欧会議設立の提案がなかなか政府間で議題に上らなかった時期でも,さまざまな形の協力が進められていた。1950年には,スカンジナビア3カ国の議会の代表を構成員とする,各国国内法の相違調整のための委員

会において，市民権法の調整について合意がなされた。また，1951年春には「自由交通通信等のための北欧議会委員会」が，スカンジナビア3カ国のさまざまな政党の代表を構成委員として設置されるなどの動きがあった（本章第4節参照）。1860年代から取り組まれてきたさまざまな地域協力組織の活動成果とともに，第二次世界大戦後に行われた地道な地域協力促進の作業やその成果が，北欧会議設立を進める自信を高めることにつながったといえよう。

次に，議会間の地域協力機関の設立に対する，北欧諸国間の意見の相違について見てみたい。まず，5カ国の大まかな差であるが，最も積極的な姿勢を見せたのはデンマークとスウェーデンであった。デンマークは，国内で議会間の常設協力機関を創設することに対して積極的な意見が多く，今回の提案自体もデンマークが初めに提示している。スウェーデンも北欧協力機関を作ることについては比較的積極的に評価し，提案の実現に進んで関与していく姿勢であった。フィンランドは，北欧での地域協力自体には積極的に参加したい意思はあるものの，隣国のソ連の反応によって実際にはなかなか参加できない立場にあった。ノルウェーは地域協力自体には賛成であるが，自国の主権が少しでも脅かされる形態に対しては敏感に反応し，反対意見を明確に述べるという特徴があった。アイスランドは協力自体には異存はないが，積極的に進めていく姿勢ではなかった。[16]

北欧会議創設の討議過程において，国際環境からはどのような影響があったのであろうか。最も地域外の動向から影響を受けたのは，フィンランドであった。ソ連は北欧会議を「NATOの侵略行為の手先」（creature of NATO aggression）であり，スウェーデンをアメリカの勢力範囲に引き入れるものであると評していた〔Solem 1977: 43〕。このようなソ連の態度から，フィンランドにとって北欧会議への加入は不可能となってしまった。

また，スカンジナビア3カ国も参加した1949年の欧州審議会（Council of Europe）創設も，北欧会議の討議過程に影響を与えた。欧州審議会では，組織内部で各国の議会代表と政府代表が明確に分離されていた。この状況を見て，スウェーデン外相のウンデーンはヘズトフトによる北欧協力機関設立の提案に賛成の意を表す際に，北欧における地域協力で政府と議会の

関係を良好に保つ方策として，協力機関への各国代表団は政府と議会の両者によって構成されるべきとしていた，1938年のモンク提案を取り上げた〔Wendt 1981: 35〕。北欧会議の設立に対しても，域外の状況からの影響が存在していたといえる。

　北欧会議設立の法的基盤については，北欧会議の規程は国際条約ではなく，各国内の法律という形が採られた。構成国は自国の意思に従って加入および脱退することが可能であり，規程の用語を他国の了承なしに変更することができた。北欧会議の任務は，北欧諸国に共通の問題について各国の議会および政府レベルで協議を行うことであり，討議する問題の領域に制限は設けられなかった（しかし第3章第3節で述べるように，1955年のフィンランドの加入に伴ってこれは変化することとなった）。規程の中でも「統合」という用語は使用されず，北欧会議はあくまでも諮問，勧告機関であった。地域協力機関創設が具体的に各国間で討議された当初から，超国家的組織の設置を目指す動きはなかった。政府閣僚の地位については，発言権は有するが投票権は持たないオブザーバーという形となり，北欧会議は政府も参加するが，北欧会議自体は政府間組織とは別のものであるという性格を強く持つ組織となったのである。

　つまり，北欧各国とも地域協力機関の設置について異存はなかったが，問題はその具体的な協力形態であったため，すべての国が了承できる形として，議員中心で各国政府に対する拘束力のない緩やかな組織体になったといえる。討議過程では，北欧地域での協力への参加自体に難しさを持つフィンランドを除けば，どの国にとっても絶対に受け入れられない協力形態に向かうことはなく，またどこかの国が絶対に妥協をしないという態度を取ることもなかった。北欧会議の創設に関しては安全保障や経済の領域での協力と異なり，各国の協力条件が比較的緩く，決定的に分裂してしまう要素が少なかったのが，成功の要因であったといえるであろう。

　北欧会議の発足が北欧協力にもたらした効果としては，それまで個別に行われてきたさまざまな分野での協力が，組織化されてまとめられるようになったことが挙げられる。1860年代から多種多様な地域協力組織が作られてきてはいたものの，それらを調整してとりまとめる役割を果たす組織

は存在していなかった。北欧会議の発足によって，北欧協力がより効率的に行われるようになったといえる。それに加えて，各国の政府や議員間の交流の場が増えるという効果もあった。これらの点から考えて，北欧会議の創設は北欧協力において大きな意味を持ったといえる。

2. 地域内パスポート不要越境協定の成立
(1) パスポート不要越境協定の成立過程

第二次世界大戦後から1950年代半ばまでの期間に成功したもうひとつの重要な北欧協力は，1952年7月2日にデンマーク，フィンランド，ノルウェー，スウェーデン間で成立した，パスポート不要越境（3カ月の滞在可能）の協定である。第二次世界大戦前は，1929年にデンマーク，ノルウェー，スウェーデンで3カ国間の旅行でのパスポート制度は廃止され，簡単に入手できる旅行許可証の制度が導入されていたが，北欧諸国が第二次世界大戦に巻き込まれたときには，すべての北欧諸国にパスポートとビザの規則が再び導入された。しかし，戦後間もない1945年秋に，フィンランドを除いた北欧諸国間でビザの制度は廃止された（フィンランドは1950年1月に廃止）。

ビザの廃止は実現したが，官庁や警察が一度導入した管理方法の廃止に否定的な態度を示していたこともあり，北欧地域内であってもパスポート制度の廃止は容易ではなかった。しかし，戦後に北欧地域としての一体感が強まり，パスポートによる制限は北欧諸国の人々の交流を妨げるとの不満が北欧諸国民の間で高まっていることが，北欧協会やマスコミを通じて明らかになった〔Wendt 1981: 188〕。このような大衆の要求が政治家を動かすこととなり，1951年7月にスカンジナビア3カ国とフィンランドによって，議員による合同の委員会が創設された。

委員会は「自由交通通信等のための北欧議会委員会」(Nordic Parliament Committee for Freer Communication, etc.; Nordiska parlamentariska kommittén för friare samfärdsel m.m.)（以下では自由交通委員会と略）という名称で，北欧地域の国境を目に見えないものにすることを目的として，1951年11月に初会合が開かれた。自由交通委員会はデンマーク，ノルウェー，

スウェーデンから各5名の国会議員，フィンランドから6名の代表（うち3人が国会議員）で構成された。アイスランドはこの時点では代表を送らなかったが，後に1～2名の国会議員か官僚を数回の会合にオブザーバーとして派遣した。翌年の春に自由交通委員会は，4カ国間の越境での身分証明提示の廃止を勧告した。

そして1952年7月2日に，デンマーク，フィンランド，ノルウェー，スウェーデン間で，4カ国の国民が北欧地域内の国境を越える際にはパスポートが不要となり，3カ月以内はパスポートなしで他国に滞在が可能となる協定が締結された。パスポート制度廃止に向けた作業は，1953年からは旅行に関わる事項や交通，通信などの問題を取り扱う北欧会議でも進められた。この数年後には，旅行のための外貨購入の制限は徐々に廃止され，個人用に輸入できる免税品の量も徐々に増えていった。1954年5月22日には，パスポートなしで他の北欧諸国に滞在可能となる期限が3カ月であったのを廃止する議定書が結ばれ，アイスランドが1955年に加入した。[17]

(2) パスポート不要越境協定成立の要因分析

比較的短期間のうちに，北欧諸国民による北欧諸国間の移動と滞在で，パスポートが不要となる協定が合意されたが，その背景としてはまず，それまでにさまざまな地域協力が行われていたことが考えられる。例えば，鉄道，航空，電信通信などの分野で北欧諸国間の協力が定着し，成果をあげていた（付録2参照）。また，交通が便利になったことから，北欧諸国民の北欧地域内での移動が現実に増加していた。自由交通委員会の設立前の1949年に開催された北欧議会連合の会期において，旅行に関する規制の緩和が議題に上るなど，地域内移動に関わる手続きの簡素化への機運が高まっていた。北欧諸国民が他の北欧諸国内をより自由に移動し滞在できる環境づくりが，不十分であったとはいえ徐々に整ってきたのである。そして，北欧諸国間でのパスポート制度が廃止されてからは，ますます北欧諸国間での行政規則の調整が進められるようになった〔Wendt 1981: 268〕。

パスポート不要の越境が提案された時，北欧5カ国はどのような反応を示したのであろうか。まず初めにパスポートの問題を検討する委員会の設

立を提案したのは，スウェーデンの議員であった。1951年1月19日にスウェーデンの社会民主労働党のエドベリ（Edberg, Rolf）が，北欧諸国間の旅行の簡便化を検討する議会間委員会の創設を内容とした動議を，スウェーデン議会に提出した。常設外務委員会が全会一致で動議に基づいた報告書を出し，同年4月11日に異議なしで可決された。デンマークでは，社会民主党党首のヘズトフトが同月24日の議会における質疑の際に，上述のような組織の創設に関して政府の見解を尋ねたのに対し，政府は好意的な態度を示した。

　ノルウェーでは北欧議会連合の議員達が同様の提案を，ノルウェー議会の議長団に提出した。議長団はノルウェー外務省に提案を送り，外務省はノルウェーが脆弱である外国為替の分野で保護されるという条件をつけた上で承認した。そして1951年4月26日に，議長団が議会に委員会の創設に参加するよう勧告した。フィンランドとアイスランドの参加については，1951年中に北欧5カ国政府によって調整され，フィンランドは自由交通委員会に初めから代表を送ることとなった〔Anderson 1967: 21〕。

　このように，各国とも自由交通委員会の創設に比較的積極的な意欲を示していたが，アイスランドは地理的に遠く，実際の人の移動も他の4カ国間に比べるとかなり少なかったことから，関心はあまり強くなかったといえる。ノルウェーは基本的には賛成であったが，弱い経済面で不利益を被ることについては敏感であり，初めに参加条件を明確に示すという態度をとった。しかし，各国とももり制限の少ない北欧地域内の旅行と滞在を実現することに対して異論はなく，意見は一致していたと考えられる。

　実際に作業を進めたのは各国代表を構成員とする自由交通委員会であったが，委員会は超国家的な権限は持たず，最終的な決定権は国家にあった。自由交通委員会は国内の官庁や北欧会議とも関わりを持ちながら，作業を進めた。取り扱う問題が官庁の特に嫌がる一度導入した制度の廃止であったため，委員会は官庁と対立することとなった。ソーレムは，委員会が政府の規制および官庁と激しく継続的に戦った点は賞賛できると述べている〔Solem 1977: 97〕。地域協力提案に対しては国家間の意見の相違ではなく，各国代表（議員中心）による新しい委員会と各国の官庁（行政）という2

つのグループ間の対立という構造が見られたといえる。ハスケルは自由交通委員会について，大衆の好意的な世論を作り，比較的少ないコストで協力を開始することが可能で，現状よりも得るものが多い点を，各国にうまく納得させることに成功したと評価している〔Haskel 1976: 135-156〕。

　北欧会議の活動開始以降は，自由交通委員会が作業を完了する1956年まで，両組織は密接な協力関係にあった〔Solem 1977: 97〕。特に自由交通委員会ではそれまで未解決であった非北欧人の北欧地域内の移動の際パスポートを不要とする問題に関しては，1953年と54年に北欧会議が勧告を採択した〔NR 1972b: 489〕。

　1940年代後半から50年代初めの期間に討議の対象となった他の地域協力との関係を考えると，防衛同盟創設が不成功に終り，経済協力も規模の縮小を余儀なくされていた状態であり，北欧会議の創設に関する部分でも述べたように，何か地域協力の試みを成功させたいという意思が各国とも強くなっていたと考えられる。初めに人の移動に関する地域協力がスウェーデンで提案されたのは1951年1月であり，同年の4月中にパスポート制度の北欧地域内での廃止について，3カ国で積極的な結論が出された。しかし，委員会の初会合が11月であったことを考えると，この間に北欧会議の創設というより大きな計画がにわかに議論されて実現に向かい，北欧会議創設に関する討議が一段落した後に，パスポート問題の実際の作業に移ったのであろう。提案自体が安全保障や経済の領域での討議が終了してから出されたことを考えると，より大きな地域協力提案の存在によって優先順位が低下してしまったともいえる。しかし，大きな提案の討議が終ればすぐに具体的な作業に入っており，派手さはないが着実に協力は進められたのである。

　この地域内の旅行と滞在に対する規制の緩和がもたらした効果は，どのようなものであったのだろうか。パスポート不要越境協定が締結された後，自由交通委員会で関税や通貨，自動車，交通規則，電信・郵便料金などの協力に関する討議が行われるなど，人の移動がより自由になったことによって，それに関連した分野の協力を進める方向に動いた。他の重要な側面としては，より自由な旅行が可能になったことにより，心理的にも地域と

しての一体感が高まったことがあげられる。ノルウェーの議員の 1 人は，この協定は実務的な面と同時に心理的な面もあると発言している〔Wendt 1981: 188〕。また討議の段階においては，北欧会議に当時参加できなかったフィンランドが自由交通委員会には参加し，地域協力の対象国を増加させることができたといえる。[18]

　その他の重要な効果は，「北欧人」というアイデンティティの強化に繋がった点である。このパスポート不要越境協定は，根本的には北欧諸国民が他の北欧諸国へより容易に移動できるようにするという目的で作成されたが，結果として討議過程で「北欧人」と「非北欧人」という区別が明確にされることとなった。ハスケルによると，討議過程で「非北欧人」よりも「北欧人」のほうが信頼性はずっと高いということが示された例もあった〔Haskel 1976: 154〕。初めに意図していたかは定かではないが，結果として「北欧」というまとまりを地域の内外に明確に示す効果があったといえよう。

第 4 節　北欧共同労働市場の成立

1. 北欧共同労働市場の成立過程

　北欧地域における共同労働市場の形成は，もとは1943年10月にスウェーデン政府が北欧諸国の国民に対する労働許可制度を停止したことに始まる。これは，戦争に巻き込まれたデンマークとノルウェーからスウェーデンに逃げてきた 6 万人の難民を助けることと，軍需産業に従事するスウェーデン人によって不足した労働力の穴を埋めることが目的であった〔Wendt 1981: 220〕。第二次世界大戦後も，スウェーデンでは労働力不足が続いたためこの措置が続けられた。ハスケルは，これにはシンボリックな側面もあったと指摘している〔Haskel 1976: 156〕。1944年にはスウェーデン議会でスカンジナビア労働市場創設に関する動議が出され，同年秋にはスウェーデン社会民主労働党の戦後プログラムに盛り込まれた〔Haskel 1976: 158〕。北欧地域としては，1945年 7 月に北欧諸国の労働運動代表の会合においてこの問題が取り上げられた。

　このような状況に刺激され，1945年 9 月11日に当時デンマーク社会省の

大臣であったヘズトフトが，コペンハーゲンに北欧諸国の社会省の大臣を招き，北欧諸国で共同労働市場を創設する協定の草案を作成した。草案の主な内容は，参加国国民の労働許可証の必要性を除去することであり（居住許可証は含まれず），経済力の弱いノルウェーからの要請で，ノルウェーを考慮した共同労働市場創設のための前提必要条件も盛り込まれた〔Has-Kel 1976: 157〕。しかし，ノルウェーは近い将来参加したいがすぐには協定に参加できないことを通知し，結局1946年11月18日にデンマークとスウェーデンのみで共同労働市場構成協定が批准された。この後暫くは北欧協力に関する討議では，スカンジナビア防衛同盟，北欧関税同盟，北欧会議の創設の提案が中心となったため，共同労働市場について北欧諸国政府間で特に目立った動きはなかった。

しかし，協定締結国以外の国も含んだ北欧各国の労働市場担当の中央当局間の接触は，緊密なものとなった〔Wendt 1981: 220〕。共同労働市場の問題は北欧地域内でのパスポート不要の越境を討議していた自由交通委員会で取り扱われ，実現に向けての委員会の活動が続いた。また，1953年の北欧会議の第1会期でも労働移動の問題が取り上げられ，勧告が決議された。勧告内容は，北欧諸国の政府に北欧諸国の国民に対する労働許可証を廃止することを要求するものであった〔NR 1972b: 323〕。

そして，他の大きな地域協力提案に関する政府間討議が終了し，フィンランドとノルウェーの経済状況が好転したことから，1954年5月22日には1946年のデンマークとスウェーデン間の協定にフィンランドとノルウェーが加入し，新しい共同労働市場協定が締結され，北欧共同労働市場（Nordic Common Labour Market; Gemmensamma nordiska arbetsmarknaden）が創設された。(19) アイスランドは1983年まで参加しなかったが，アイスランドでは他の北欧諸国の国民は労働許可証を容易に取得することが可能であり，他の北欧諸国内でも雇用に関してアイスランド人に対する差別はなかったため，実質的には5カ国による共同労働市場が機能していた〔Wendt 1981: 220〕。

1954年の協定においては，北欧地域での自由な労働力の移動は経済や社会の発展の面で北欧全ての国に利得をもたらす，完全雇用が自由な労働移

動の必要条件である，ということが根本原則であった。そのため，完全雇用維持のために各国は雇用に関する計画を相互に伝達し，雇用の確実性をもたらす共通の方法について討議をすることが，北欧諸国間で合意された。また，当局は求職者が仕事を探すために北欧諸国を回らなければならないのは好ましくないと考え，できるだけ公的なチャンネルを通じて労働力が交換できるように協力した〔Wendt 1981: 220〕。各国の政府や関係省庁間の協力だけではなく，この協定によって創設された「北欧労働市場委員会」(Nordic Labour Market Committee; Nordiska arbetmarknadsutskottet (NAUT))（各国2名の代表で構成）によって，労働市場の傾向や国家間の労働者移動の調査と，雇用サービス調整のためのガイドラインの作成が行われた。[20]また，1955年には北欧5カ国間で社会保障に関する協定が調印され（1956年発効），北欧諸国民が北欧諸国内を移動し，移住することによって不都合が生じないような社会基盤が整えられていった。

2. 北欧共同労働市場成立の要因分析

　北欧共同労働市場の創設成功の背景には，どのようなことがあったのであろうか。1943年にはスウェーデンが一方的に北欧諸国民に対する労働許可制度の廃止を実施しており，戦後は北欧諸国間で接触が密接であった労働運動や社会民主主義政党の活躍などから，北欧規模で共同労働市場を作る機運が高まっていたといえる。1946年当時は各国の事情からデンマークとスウェーデンのみで協定が締結され，その後暫くは他の地域協力提案が討議されていたため表立った議題とはならなかった。しかし，1951年から自由交通委員会でパスポート不要越境に関する討議が開始され，1953年には活動を開始した北欧会議で北欧諸国間での労働許可証廃止の勧告が採択されたことが契機となり，1954年にアイスランドを除く4カ国で協定が締結されたのである。その他にも，国内法や社会保障の調整など，人の移動に関わる分野での協力が北欧諸国間で進んでいたことが，共同労働市場創設の基盤となったと考えられる（表2-2参照）。また，第二次世界大戦後はデンマーク，スウェーデンへの他の北欧諸国からの移民が急増し，両国内で働く他の北欧諸国の国民が実際に増えていたことも背景としてあった

〔NS 1989: 121-123〕。

北欧各国の共同労働市場創設提案に対する態度については、スウェーデ

表2－2　法律・社会保障分野での北欧協力

D＝デンマーク　F＝フィンランド　I＝アイスランド　N＝ノルウェー　S＝スウェーデン

法　律	社会保障
1861　判決の執行に関する相互協定（D・S） 1872　北欧法律家会議開始（D・N・S） 1919　北欧法律家会議にF・I参加 1932　北欧5カ国判決の承認と執行に関する協定 1946　北欧諸国の法務大臣会議の1946年計画に基づいて立法協力北欧会議設立 1950　D・N・Sで国籍法の調整（外国人帰化を除く） 1957　D・N・S相互司法協力に関する議定書	 1907　北欧傷害保険会議開始（D・N・S） 1911　疾病保険基金に関する協定（D・S） 1915　貧困者救済相互協定（D・N・S） 1919　労働者傷害保険に関する協定（D・N・S） 　　　北欧傷害保険会議にF参加 1923　北欧病災福利会議開始（D・F・N・S） 　　　貧困者救済相互協定にF加入 　　　労働者傷害保険に関する協定にF加入 1927　労働者傷害保険に関する協定にI加入 1928　社会保険に関する協定（D・F・N・S） 1931　北欧5カ国扶養義務執行に関する協定 1935　北欧社会保障会議開始（D・F・N・S） 1937　北欧5カ国傷害保険に関する協定 1948　北欧社会保障会議にI参加 1949　北欧5カ国老齢年金の相互認定に関する協定 1951　児童手当に関する協定（F・I・N・S） 　　　貧困者救済相互協定にI加入 　　　北欧5カ国社会扶助に関する協定 1953　北欧5カ国妊婦への援助に関する協定 　　　北欧5カ国傷病者年金に関する協定 　　　健康保険に関する協定（D・I・N・S） 1955　北欧5カ国社会保障に関する協定

出所：筆者作成。

ンは一方的に労働許可制度の停止を実施していたことからも，北欧共同労働市場の形成にはきわめて積極的であり，経済力も国の規模も地域内で最大であることから利するところが多かった。デンマークはスウェーデンに次ぐ経済力を持ち，失業率が高かったことから労働市場の拡大は歓迎するものであり，共同労働市場の形成に積極的であった。

これに対して，フィンランドとノルウェーは北欧での共同労働市場の創設が提案された当時，先の戦争による破壊からの再興が非常に急がれており，人的資源が不足気味であった。ゆえに，両国とも共同労働市場によって，賃金がより高く仕事の供給状態が良いスウェーデンに，復興に必要な技術者や多くの労働者が流出するのを危惧していた。またノルウェーは，失業率の高いデンマークから，ノルウェーの資本では雇用しきれないほどの労働者が流入してくることを恐れていた〔Haskel 1976: 158〕。アイスランドは人口が少なく経済の規模も小さいため，少数であっても外国人労働者が流入することによって自国の労働市場が損害を被るという理由から，共同労働市場に積極的に加入する意思はなかった〔Wendt 1981: 220〕。

各国の経済に影響を及ぼす地域協力であったため，経済力の違いから労働市場での地域協力提案に対する各国の態度には相違が存在し，1946年にはデンマークとスウェーデン間でしか共同労働市場は形成できなかった。経済的要素を含んでいたことから，人の移動という面では同じであったパスポート不要越境協定よりも，各国の調整がより困難であったのである。しかし，1954年には各国の経済状態が好転し，第二次世界大戦直後に比べればかなり協力を容易に促進できる状況になった。これが4カ国での協定締結の要因のひとつになったと考えられる。他の要因としては，安全保障と経済の分野での北欧協力がノルウェーの拒否によって実現できなかったことから，初めは共同労働市場の形成に消極的であったノルウェーが，地域協力を進める意欲を見せたいと考え始めていたことを指摘できよう〔Haskel 1976: 160〕。ノルウェーは他国に比べてまだ経済的に苦しい立場にあり，協力に消極的な経済閣僚もいたが，地域協力への意思を示すために，他の協力提案に比べれば参加によって被る損失がかなり減少した共同労働市場への参加を，実行したのであろう。

北欧共同労働市場の創設は，北欧諸国にどのような影響をもたらしたのであろうか。北欧諸国間では人的資源に関する政策は統一して行われているわけではなく，各国がそれぞれの制度や政策で労働力に流動性を与えるよう努力している。しかし，協定の締結によって，各国の関係省庁などが連絡をより緊密に取り合うようになり，北欧労働市場委員会の創設で共同作業も行われるようになった。共同労働市場に対する評価は分かれており，ヴェントは，自国内では失業状態となってしまう多くの人が地域内の他国で仕事を見つけることが可能となり，自国のみでは人手不足の産業は他国から労働力を得ることができたと述べている。個々人は広い範囲から仕事を選び，新しい技術を他国で学ぶこともできるようになったと評している〔Wendt 1981: 221〕。しかしアンダーソンは，多くの労働者の交換という結果にはならなかったと評価している〔Anderson 1967: 139〕。実際に産業や労働者が得た利益は膨大なものではなかったかもしれないが，心理的な面で「北欧」という地域としての一体感が強まったという点は指摘できるのではないだろうか。

小括

1．北欧各国政府の態度の相違と議員間協力組織の活躍

　第二次世界大戦後から1950年代半ばまでの期間の北欧協力の特徴としては，安全保障と経済の分野での地域協力提案に結びつく発言などはノルウェーが最初に行ったが，実際に提案を具体化する段階になるとデンマークとスウェーデンにイニシアチブを取られ，ノルウェーが当初意図しなかった方向に協力内容が変容していったことが挙げられる。各国ともほとんどすべての協力領域で地域協力への意思はあり，北欧協力を明確な形に組織化，制度化する願望はあるものの，協力内容を詰めていくと各国が求めている北欧での地域協力の目的に差があることが明らかになってしまったといえる。ゆえに，妥協が不可能な問題を含んだ分野では地域協力は実現に至らず，結局妥協や合意が可能であった共同体領域の要素が強い提案のみが実行に移されたのである。

その共同体領域では，北欧会議創設とパスポート不要越境協定の締結に向けた動きにおいて，政府よりも議員が地域協力体制の確立に積極的であり，議員間の協力組織において討議が活発に行われた。経済と共同体の両協力領域にまたがる共同労働市場の実現においても，1951年からは議員間組織である自由交通委員会で取り扱われ，北欧会議も発足間もない頃からこの協力提案を積極的に取り上げ，勧告を行った。この期間に実現に至った地域協力は，各国議員が中心となって進めた協力構想であり，政府を中心に進められた協力提案はことごとく失敗に終わってしまったのである。

2. 各協力領域での協力提案・討議の特徴

では，この期間の各協力領域での地域協力は，それぞれどのような特徴を持っていたのであろうか。まず安全保障領域であるが，中立ということが中心に据えられた点では戦前からの流れを汲むが，直接的に戦前の地域協力と繋がりを持った提案はなかった。経済領域でも，特にこの時期の提案に繋がりを持った戦前からの組織などはなかった。この2つの協力領域では，東西関係の緊張やマーシャル・プランといった地域外の動向から影響を受けて，北欧協力提案が突然出されたといえる。これに対して共同体領域では，戦前から存在していた北欧議会連合という組織が，北欧会議の創設において大きな役割を果たした。パスポート不要越境協定も戦前から類似した制度が政府間で部分的に存在していた。つまり，共同体領域では戦前からさまざまな分野で，地域協力のための制度や組織が数多く作られ，協力の成果を上げていたため，協力を進展させる土台が存在していたといえる。

他の特徴としては，安全保障と経済の協力領域では，提案を出した国やイニシアチブを取った国が，自国に有利になる方向に地域協力の内容を導こうとしたことが挙げられる。そのため，構想実現の際には大きな利益を得られる国と，あまり利益の得られない国に分かれてしまうこととなり，各国による妥協も成立しなかった。しかし，共同体領域における協力提案の内容は，一部の国だけが大きな利益を得るようなものではなく，得られる利益に差がある場合でも各国間の討議によって調整がなされ，すべての

北欧諸国が参加しやすい形態となった。構想の実現に向かう過程では，安全保障と経済の領域での地域協力は，参加予定国のうち1カ国でも参加不可能になると，協力提案自体も実現しなかった。これに対して共同体領域では，作業を進めた委員会に参加しながら決定された地域協力体制に参加できない国があっても，参加できる国だけで協力を始め，後から協力に参加可能となった国が順次加入していく形をとった。共同労働市場は経済的要素と共同体的要素の両方を含む協力であるが，戦前から類似の制度が一部ではあるが実行されており，この期間における提案の実現も着手できる国からまず始めた。経済的要素を多く含んでいるものの，協力体制実現の過程は共同体領域での北欧協力と同じ特徴を見せたといえる。

3. 3つの協力領域間の関係

第二次世界大戦後から1950年半ばまでの地域協力に関する討議では，安全保障でどこの国と協力するのかが北欧各国の最大の関心事となった。当時の国際関係は緊張状態にあり，安全保障が各国にとって最も重要な問題であった。そして，NATOの設立という北欧地域外の動向が北欧各国に大きく影響したため，防衛同盟構想が北欧協力における最重要の討議課題となった。その結果，経済領域での地域協力のほうが早く提案されていたにもかかわらず，作業自体は防衛同盟に関する提案が最も優先されたのである。経済問題については，当時第二次世界大戦の影響から北欧諸国間でも経済力にかなりの差があったことに加えて，ヨーロッパ全体でマーシャル・プランの受け入れ体制が整えられ，北欧諸国はイギリスとも協力体制を形作ることができたため，北欧のみでの協力の緊急性や重要性が低くなってしまった。その上，北欧協力に関する討議の焦点が安全保障に移ったことから，北欧地域としての経済協力は影の薄いものになった。北欧会議や北欧共同労働市場の創設も早い段階から提案されていたが，あまり重要視されず後回しにされた。パスポート不要越境協定は，地域内での協力を促進する要望が高まっていたものの，提案自体が他の協力に関する討議が一段落してから出された。

しかし，優先された安全保障と経済の領域での北欧協力が失敗に終わっ

た後に,共同体領域での協力提案の具体的な作業に入ったことが,同領域での地域協力の成立を短期間の討議で実現させた要因のひとつになったと考えられる。実際のところ,安全保障と経済の領域での地域協力実現を,各国がどの程度本当に期待していたかは定かではない。しかし提案実現に早い段階から疑いを持っていたとしても,両領域での協力実現の失敗は,可能な他の分野での地域協力を実現させようという北欧各国の意思をより強くしたといえる。

共同体領域の中でも重要度に順位があり,最も重要なのは北欧会議の創設であった。パスポート不要越境協定は北欧会議創設案より前に各国議会で提案されていたが,パスポート問題に関する合意は北欧会議の設立作業がほぼ終了した後であった。北欧共同労働市場創設協定は,1946年という早い段階で2カ国のみで締結されたが,経済的要素が含まれていたため各国の経済状況が好転するまでは,参加国を増やすための具体的な作業は行われなかった。しかし,北欧会議において参加国を拡大した共同労働市場設立の勧告が採択されるなど,共同体的要素からの影響を受けて実現に至ったといえる。

ここまで見てきたように,第二次世界大戦後から1950年代半ばまでの期間における北欧での地域協力の試みは,初めから共同体領域での協力強化を中心に据えて進められたのではなかった。焦点であった安全保障と本格的な調査が始められた経済での北欧協力は,地域外の動向から多大な影響を受けて北欧協力提案が出されたが,他方で地域外の動向からの影響によって結果的には北欧地域としての協力は実現しなかった。そして,安全保障と経済での地域協力の挫折と停滞からの影響を受けて,これまで徐々にさまざまな面で協力が進められていた共同体領域での北欧諸国間の協力が,本格的に組織化されていくこととなった。ほぼ同時期に各領域で地域協力提案が出され,安全保障,経済といった領域の動向と関わりながら,結果として共同体領域の要素の強い協力提案が既存の実績を踏まえて制度化され,共同体領域で「北欧」という地域的なまとまりが現れてくるようになったのである。

（1） 1936年に，北欧4カ国とオランダ，ベルギー，ルクセンブルクが，国際連盟規約第16条（侵略者に対する集団制裁規定）を留保する意思表示を共同で行い，1938年に北欧4カ国はこの留保を再確認する声明を発表した。
（2） 1930年代の北欧諸国の中立政策と北欧武装中立同盟構想の詳細については，百瀬〔1980: 241-245〕，百瀬・熊野・村井〔1998: 340-342〕を参照。
（3） 「北欧均衡」の視角から，フィンランドとソ連による条約締結と，デンマーク，アイスランド，ノルウェーのNATO加盟を捉えた研究としては，Brundtland〔1966〕がある。
（4） ベヴィンの提案はスカンジナビア諸国には触れておらず，デンマークとノルウェーの政府もそれ自体で安全を保障するのに十分なものだとは考えていなかった〔Petersen 1979: 195, 208〕。
（5） ノルウェーとイギリスは地理的な面から，近い関係にあった。ノルウェーの近代国家としての独立も，イギリスからの影響と支援・保護によるところが大きかった。例えば，第二次世界大戦でノルウェーがドイツに占領された際に，ノルウェーの国王と首相を含む政府閣僚がロンドンへ亡命し，ノルウェーにおける対ドイツ軍事作戦に関する委員会が，イギリスとノルウェーによって設立された。しかし，第二次世界大戦後はイギリスの軍事力は低下し，イギリスの支援だけでノルウェーを守れる可能性が薄れたため，ノルウェーにとってはアメリカの支援を取り付けることが重要となった。
（6） 詳しくはHaskel〔1976: 77-80〕を参照。
（7） ベルギー，オランダ，ルクセンブルクのベネルクス3カ国は，1943年に通貨協定，1944年に関税協定を調印し，1948年1月から関税同盟を発足させた。3カ国による経済協力は，超国家的組織体を設立して経済統合を推進する形ではなく，3カ国の意見調整のフォーラムとして地域協力組織を活用する形態であった。
（8） ハスケルは「国家経済を補足する新しい生産の促進の可能性の調査」を加えて，5つ挙げている〔Haskel 1976: 89〕。
（9） OEECの加盟国は，イギリス，フランス，オーストリア，ベルギー，デンマーク，ギリシャ，アイスランド，アイルランド，イタリア，ルクセンブルク，オランダ，ノルウェー，ポルトガル，スウェーデン，スイス，トルコであった。GATTは，「自由・無差別・多角主義」を原則とす

る貿易秩序の実現を基本理念とする多国間条約であり，当初の締約国は23カ国であり，フィンランドを除く北欧4カ国は参加した。

(10) 当時，アイスランドはデンマークと連合関係にあり，外交政策は共通であった。

(11) 各国の議員代表団は，1955年までは，デンマーク，ノルウェー，スウェーデンが各16名，アイスランド5名であり，フィンランドが加盟した1955年から1969年までは，フィンランド代表の16名を加えて，各国議員代表の合計は69名となった。

(12) 議長団の任務，権限は次の通りである。各国の事務局の活動とその相互間の協力を指揮する。政府または議員から提出された議題について，必要と思われる説明を提出者に行わせ，議題に関する文書を会期前に政府と議員に送付する。会期外における北欧会議の活動を指揮する。特別会期開催を決定できる〔Anderson 1967: 151-157〕。

(13) 北欧会議の詳しい活動内容や機構については，Anderson〔1967〕，Solem〔1977〕，石渡〔1991〕を参照。

(14) 通常会期は，実際には2月か3月に開催され，期間は1週間から10日程度であった。開催場所は，各国首都持ち回り方式が慣例化した〔石渡 1991: 15〕。

(15) 北欧諸国間関係の研究者の多くが，安全保障での協力の失敗が他の分野での協力に繋がったと分析している。例えば，Anderson〔1967: 103〕，Nielsson〔1978: 291〕，Solem〔1977: 41〕，Wallmén〔1966: 13〕，Wendt〔1981: 28〕，山本（武）〔1984b: 59〕，百瀬〔1980: 308〕などを参照。大島〔1982〕は特に詳しい分析を行っている。

(16) 各国内の北欧会議創設に対する反応であるが，デンマークとスウェーデンでは議会でも大多数が賛成であった。デンマークで唯一懐疑的な態度を示したのは保守派の議員1名のみであった。スウェーデンでは共産党の一部が，北欧会議はスウェーデンとフィンランドをNATOに引き込むものだとして反対した。しかし，両国ともスムーズに賛成決議を得た。一番意見の相違が議会内に存在したのはノルウェーであった。非社会主義系の議員の多くは，北欧会議がノルウェー議会の決定権を奪うものである，これ以上国際組織に加入する必要はない，などの理由で反対した。しかし結局は，74対39で北欧会議参加が決定された。アイスランドでも議会の中で意見の相違があり，12月まで決定が引き延ばされたが，28対7で4カ国中最後に参加が決定された。フィンランドはソ連との関

係から，北欧会議に参加することはできなかったが，同会議への参加自体には強い関心を持っており，議会内での意見の相違もあまりなかった〔Wallmén 1966: 15〕。
(17)　1957年7月12日には，非北欧諸国国民の北欧諸国への入国に関する協定が締結された（アイスランドは1966年に参加）。
(18)　フィンランドの参加を考慮して，スウェーデンの首相と外相は「パスポート<u>連合</u>」（passport <u>union</u>）（下線引用者）という表現を避けるよう提案した〔Haskel 1976: 134〕。
(19)　北欧共同労働市場協定は民間の賃金労働者のみを対象とし，自営業者や公務員は対象外であった。また，各国に許可や証明書類などを必要とする特例を設ける権利を残していた〔Wendt 1981: 220〕。
(20)　北欧労働市場委員会は，他にも職業訓練や各種の問題を取り扱った。

第3章　北欧会議の活用と北欧協力内容の条約化
——1950年代半ばから1960年代半ば——

　本章では，1950年代半ばから1960年代半ばまでの期間における北欧協力の動向について考察する。前章と同様に，安全保障の領域に入る北欧非核兵器地帯化構想から始め，経済領域である北欧共同市場構想，共同体領域となるヘルシンキ協定の締結，安全保障と共同体領域の両方にまたがる北欧国連待機軍の創設，という順で見ていきたい。この期間は前後の時期と比べると，地域協力への動きは表面的には比較的地味であったといえる。しかし，1950年代前半から継続していたものや，後の地域協力提案に繋がっていくものもあり，決して軽視できない。本章でも，各領域での地域協力提案について発案から討議過程までを概観し，協力の成功および失敗の要因をそれぞれ考察する。最後にこの期間の北欧協力にはどのような特徴があったのかを，各領域および3領域間の関係から分析する。

第1節　北欧非核兵器地帯化構想の2主体からの提案

1. 北欧非核兵器地帯化構想の提案と討議過程

　1949年のスカンジナビア防衛同盟構想の挫折以降，デンマーク，アイスランド，ノルウェーがNATOに加盟し，フィンランドがソ連と友好協力相互援助条約を結びながらの中立，スウェーデンが中立と，地域内で別々の安全保障政策が採られ，暫く軍事面での協力についての提案が出されることはなかった。1950年代後半からは米ソ間で戦略兵器開発競争が激化する

一方,ソ連首相のフルシチョフがアメリカとの平和共存の実現を提案した。1961年6月にベルリンの問題をめぐって米ソが対立し,1962年にキューバ危機が起こったが,1963年には米ソ間のホット・ラインの開設や部分的核実験停止条約の締結が実現するなど,東西関係は対立と平和ムードの間で揺れ動いていた。

そのような国際状況の下で,北欧地域における安全保障領域での協力提案にひとつの変化が起こった。条約によって北欧非核兵器地帯(Nordic Nuclear Weapon Free Zone; Nordiska atomvanpenfrizonen)を創設する構想が1961年,63年,64年,65年(2回)に提案されたのである。1961年と64年の提案は北欧会議の構成議員から北欧会議に提出され,63年と65年の計3回の提案はフィンランド大統領のケッコネン(Kekkonen, Urho K.)から出された。つまり1960年代初めから半ばの時期には,北欧会議の議員と一国の大統領という異なった2つの主体から,北欧地域の非核兵器地帯化提案が出された。

1961年の提案は,北欧会議の会期でフィンランドの人民民主同盟(共産系)と社会民主党の一部の議員,デンマークの社会主義人民党(社民左派と共産の一部)の議員,アイスランドの人民連合党(共産系)の代表によって合同で提出され,各国政府に北欧地域の非核兵器地帯化交渉開始を促す内容であった〔Wendt 1981: 344〕。これらの共産系政党はすべて自国の軍備拡大に反対し,デンマークとノルウェーのNATO脱退を唱える政党であった〔Lindahl 1988: 56〕。当時,北欧会議の活動内容や機能に関する規程の中に,北欧会議で扱う問題に制限を課す規定はなかったが,1956年のフィンランドの加入以来,北欧会議では軍事や外交政策に関係する問題については立ち入らない,ということが一般的な了承事項であった(詳しくは本章第3節を参照)。

ゆえに,この提案は会期中の一般討議で議題となったが,各国の首相や外相は安全保障に関わる問題は,北欧会議で扱われるべきではないとの発言を行った〔Wendt 1981: 345〕。政治的性質を持つ問題を取り扱うことになっていた北欧会議の経済委員会において,北欧非核兵器地帯化提案は北欧会議の権限外ではないが,これまでの慣行に従うべきであるとの結論が

出され,議員の提案に対して何の行動も取るべきでないと北欧会議に報告した〔Wendt 1981: 345〕[1]。結局,北欧会議で勧告として採択するか否かについて投票が行われたが,反対56,賛成6,白票5(フィンランド代表)で否決された。

1964年にも,北欧会議の会期中にデンマークの社会主義人民党の代表2名が,各国政府が国家間の条約によって非核兵器地帯を創設する方法を調査することを提案した。1961年と同様に,北欧会議において一般討議の議題とはなったが,各国政府の態度も討議過程にも変化はなかった。変化したことは,国家の枠を越えた各国の共産系政党間の結束が壊れ,共同提案を行わなかったことであった[2]。結局,経済委員会から提案に対して何の行動も取らないことが勧告され,最終的な提案に対する投票の結果,反対48,賛成4,白票6で議員提案は否決された。

もうひとつの北欧非核兵器地帯化提案は,フィンランド大統領のケッコネンによるものであり,1963年5月28日,1965年2月24日,同年11月29日の三度に亙って提案された。第1回目の提案が構想の中核を示し,後の2回はそれを具体化したものであった。前2提案ではデンマーク,フィンランド,ノルウェー,スウェーデンによる非核兵器地帯の形成が構想内容であり,11月29日の提案は4カ国の非核兵器地帯化に加えて,ノルウェーとフィンランドの国境に非武装地帯を設定する案を含むものであった。当時の北欧地域の安全保障体制は,NATOに加盟しているデンマーク,アイスランド,ノルウェーのうち,アイスランド以外は,自国領土内に平時には外国軍隊の実戦部隊の基地を設置しておらず,核兵器については3カ国とも独自に保有せず,自国領土内に他国の核兵器を配備することも拒否していた[3]。フィンランドとスウェーデンは中立政策を採り,やはり自国領土内に核兵器を保有していなかった。

これらの状況から考えると,ケッコネンの非核兵器地帯化提案は,北欧地域の非核の現状を確認し,宣言することを提唱したものであり,北欧各国に政策の変更を求めるものではなかったといえる。ケッコネンは,提案の中で非核兵器地帯を実現するための具体的な青写真は示さず〔佐藤1984: 78〕,現状を確認するに過ぎないとして構想の実現を他の北欧各国に

呼び掛けた。しかし，逆にデンマーク，ノルウェー，スウェーデンは，現実に非核兵器地帯であるなら，確認や宣言を改めて行う必要はないとの理由でケッコネンの提案を退け，構想について討議することはなかった。

2．北欧非核兵器地帯化構想の非討議対象化の要因分析

　北欧会議の共産系議員とフィンランド大統領から，宣言や条約による北欧地域の非核兵器地帯化が提案された背景には，どのような要因があったのであろうか。両者の提案の背景としては，1958年1月8日にソ連首相のブルガーニンが，ノルウェー首相とデンマーク首相宛の複数の書簡の中で，「スカンジナビア諸国に非核地帯を設置する」という提案を表明したことや，1961年10月の国連総会でスウェーデン外相のウンデーンが，「非核クラブ」(non-nuclear club) を提唱したことなどがある[4]。

　北欧会議の議員による提案については，デンマークやノルウェー国内で，1950年代末から労働運動や労働党の中で非核武装化を要求する動きが高まっていた〔百瀬 1980: 320-321〕ことが背景にあったと考えられる。ヨーロッパでの米ソ対立および軍拡競争の激化と，それを受けての核兵器の制限という2つの大きな国際的な流れの中で，NATOからの脱退と条約による北欧地域の非核兵器地帯化を目指していた北欧会議の共産系議員が，提案を行ったのである。共産系の議員が中心であったことを考えると，北欧地域の非核化提案に積極的な意義を見出していたソ連からの影響もあったのであろう。

　ケッコネンによる提案の背景には，フィンランドに対するソ連からの軍事協力促進の圧力があった。1961年にNATOの下で西ドイツとデンマークによって，軍事協力体制を強化する目的で統一バルト指令部（COMBALTAP）が創設されたことに対して，同年10月30日にソ連が西ドイツの侵略の脅威が増大したという理由で，ソ・フィン友好協力相互援助条約を盾にして，両国で軍事協議を行うことをフィンランドに迫ったのである。これは「覚書危機」(Note Crisis) と呼ばれており，翌1962年1月のフィンランドの大統領選挙に対してソ連が内政干渉する危険性が含まれていたため，フィンランドにとっては非常に衝撃的な出来事であった。この時はフィン

ランドの巧みな外交交渉でソ連を説得することに成功したが，今後ソ連に内政干渉のきっかけを与えないために，自国や周りの環境がソ連の満足する状況にあるという印象を少しでも高めることが，フィンランドにとっては重要となった。ゆえに，ソ連から提案があった北欧地域の非核兵器地帯化の促進を試みたのである。

2つの主体から出された提案は，背景にはソ連の支持があったという点では共通していたが，提案の目指す地域協力内容や提案を行った意図には相違があった。北欧会議の一部議員による提案の特徴は，共産系グループの主義主張が一致していたため，国家の枠を越えた地域としての横の繋がりがあったことと，北欧地域の西側との関係弱化と軍拡防止が目的であったことである。これはどちらかというと，共産系議員が理想と考える形で，安全保障領域での地域協力の実現を目指す提案であったといえる。これに対してケッコネンからの提案は，一方で当時軍備競争が激化していた状況の下で，非核兵器地帯化宣言を国際的に発信することによって，核兵器のターゲットになることを避けるという意図があった。他方，ソ連からの圧力を低減する方策として，北欧非核兵器地帯の構想を提案したという側面もあった。つまり，北欧としての地域協力の促進が主眼ではなく，フィンランドとソ連の関係の状況を考えて，フィンランドが自国に有利な状況を作り出そうとして提唱した現実的提案だったといえる。

2つの主体からの提案には意図に相違があったことから，提案に対する各国の態度やその討議過程はそれぞれに異なった。北欧会議の議員による提案に関しては，北欧各国間の差というよりも，政党，個人の思想，置かれている立場の差が提案に対する態度の相違の要因であった。共産系の議員は提案実現に積極的であったが，政府のメンバーの多くは国に関係なく消極的であった。各国の政府とも，従来北欧会議で取り扱うことが避けられてきた各国間で見解の相違が大きい軍事や外交の問題には関わりたくない，という事情があったのであろう。大統領が北欧非核兵器地帯化宣言を提案していたフィンランドも，北欧会議においては1961年と64年の2回とも，提案を討議対象化することに首相が反対意見を表明した。ゆえに，この提案では北欧会議で扱うべきかどうかという点に問題が集中し，公式な

非核兵器地帯創設の可能性やその具体的内容について討議されることはなかった。各国政府は一致して，北欧会議で北欧非核兵器地帯化提案を取り上げることを拒否したのである。

しかし，ケッコネンからの提案に対しては，北欧各国の態度に違いが現れた。その背景としては，各国が当時置かれていた状況，特にソ連との関係の相違を挙げることができる。提案を出したフィンランドは，大陸ヨーロッパでの西ドイツの動向から，ソ連に協力強化を迫られた経緯があり，自国の独立と中立を維持しつつ，ソ連側も満足する状況を北欧地域で作り出すことが重要課題であった。ゆえに，フィンランド，北欧諸国，ソ連それぞれにとって，自国の安全保障政策と両立し，利益が得られる地域協力を提案する必要があった。そのため，フィンランドはそれらの条件を満たすと考えられる北欧非核兵器地帯化構想を提案したのである。

しかし，デンマーク，ノルウェー，スウェーデンは非核兵器地帯の創設自体に対して，ソ連に有利な状況を作りたくないという理由から反対であった。大島によると，デンマークの1950年代後半以降の北欧協力に対する態度には一貫して，「北欧地域という概念に特別の意味を付与して世界に定着させよう」という姿勢が見られた〔大島 1984a: 44-45〕が，この問題に関しては，NATOとの繋がりがCOMBALTAPによって強められたばかりであり，ソ連にとって有利な提案の実現には積極的ではなかった。

ノルウェーはケッコネンの提案に対して，最も否定的な態度を示した〔Lindahl 1988: 82〕。ノルウェーはソ連と国境を接しているため，ソ連からの圧力でNATO内での軍事協力活動についてさまざまな制約を約束させられている状態であった。NATO加盟時には，ソ連からの要求で平時には自国領土内に外国軍を駐留させないという政治宣言を発表しており，1960年5月にも，ソ連上空で撃墜されたアメリカU2型機（偵察機）がトルコからノルウェー基地に向かっていたことから，ソ連とアメリカとの板挟みとなり，同様の事態を起こさないことをソ連に対して宣言していた。その上，ソ連がCOMBALTAPの設置で警戒心を強めていたため，1962年にはソ連に対して，平時には自国領土内に核兵器は置かないという宣言も行った〔百瀬 1980: 320〕。ノルウェーは，いざという時に核を持ち込むという切

り札を封じられてしまう非核兵器地帯を創設して，これ以上ソ連に有利な状況を作り出すことは避けたい立場にあったといえる。

　スウェーデンは，国連でウンデーン外相が「非核クラブ」を提唱するなど，非核化に対して消極的ではなかったと考えられるが，やはりソ連を含まない北欧地域のみでの非核兵器地帯はソ連に有利に働くことから，創設には否定的であった。[5] アイスランドに関しては，自国の軍隊を持たず，安全保障面ではアメリカの駐留軍に頼っていたため，ソ連に有利となる構想に加わることには積極的ではなかった。結局，ウンデーンの提案によって当時ジュネーブで核実験禁止のための会議が進められていたことから，ヨーロッパ地域における非核兵器地帯設置は，核実験停止，軍縮と合わせて考えるべきであるということでデンマーク，ノルウェー，スウェーデンが一致し，北欧地域の非核兵器地帯化構想についての具体的な討議は行われなかった。

　フィンランドと他の北欧4カ国の立場の相違から提案の実現には至らなかったが，一連の北欧非核兵器地帯化構想の提案には，どのような意味があったのであろうか。安全保障の問題に関係しているだけに，提案に対する各国の態度にもソ連との関係が大きな影響を与え，公式に非核兵器地帯を創設することによって安全保障領域での北欧諸国間の協力を促進するという考え方は，一部の人々を除いてほとんど賛同を得ることはできなかった。ゆえに，構想実現に積極的な意義が見出されることはなく，具体的な討議に入る前の段階で討議対象から外されてしまい，提案が続けて出されたものの，構想内容についての討議が行われることはなかった。

　しかし，非核兵器地帯化提案は，アイスランドを除く北欧諸国は外国軍隊を自国領土内に駐留させておらず，核兵器については5カ国とも領土内には配備しない政策を採っている現実を，相互認識させる役割はあったと考えられる。また，条約による非核兵器地帯化の提案が北欧会議に提出された点では，北欧会議が地域協力を討議する場として認識，活用されるようになったといえる。北欧地域の安全保障の問題について，各国の議員間で討議を行うか否かを考えるようになったという意味でも，評価できるであろう。そして，非核兵器地帯化提案が出されたことがひとつの契機とな

り，北欧会議の活動内容と機能を明確にする必要性が唱えられるようになったという効果もあった。

第2節　北欧共同市場構想の本格的討議と挫折

1. 北欧共同市場構想の本格的討議の開始と討議過程

　1950年の経済協力北欧合同委員会（以下では合同委員会と略）の報告書以来，表立った経済協力に関する討議は暫く行われなかったが，ノルウェーのイニシアチブで委員会の調査活動は範囲を縮小しながらも続けられていた。特に工業製品の域内関税の廃止が引き続き検討されていたことから，1954年から再び北欧地域としての経済協力が活発に討議されるようになり，ヨーロッパ全体における経済協力の動きとも結びつきながら，1959年までにそれまでにない本格的な討議が進められることとなった。

　1953年に開催された北欧会議の第1会期では経済協力に関する討議はなされなかったが，合同委員会に対して1954年3月に調査の最終報告書を提出することを要求した〔NR 1972b: 539-540〕。1954年3月に提出された報告書の内容は，地域協力の実現によって起こり得る当面の困難に関する諸点が，合同委員会での討議の中心であったことを示すものであった。また，その中でデンマークとスウェーデンの委員は，10年以内に北欧地域内において21種の工業品目で関税と制限をすべて廃止し，域外共通関税を導入すべきだと勧告したが，ノルウェーの委員はこの提案を受け入れないことが記されており，各国の違いが浮き彫りになった[6]。

　1954年8月に行われた北欧会議第2会期においては，この最終報告書を受けて経済協力に関する議題が討議の中心を占めた。この会期では，経済協力に関して2つの提案が出された。ひとつは合同委員会のデンマークとスウェーデンの委員から出された工業製品の共同市場創設提案であり，もうひとつはノルウェー政府から出された，大規模生産に基づく新産業の創設に向けた共同行動提案であった。北欧会議における討議過程で2つの提案の妥協案が成立して投票が行われ，デンマークとスウェーデンのすべての議員と，アイスランドの議員代表の5名中3名，ノルウェーの議員代表

の半分を占める労働党議員が，賛成票を投じた〔Wendt 1959: 171〕。結局，北欧共同市場の前提条件として，域外共通関税の設定と北欧域内関税の除去をまず進めることを内容とした勧告案が，総会で可決された〔NR 1972b: 540〕。

この勧告案に対して，各国政府は迅速な対応を見せた。1954年10月末に行われた首相を中心とする政府代表会議で，勧告の実現に必要な手続きと組織の創設が決定された。スカンジナビア3カ国の大臣と3～4名の高級官僚によって構成されるアド・ホックな「北欧経済協力委員会」(Nordic Economic Cooperation Committee; Nordiska ekonomiska samarbetsutskottet)（以下では経済協力委員会と略）が設置され，共同市場創設が3カ国すべてにとって有益となる分野の調査が任務となった。また，経済協力閣僚委員会 (Committee of Ministers of Economic Cooperation) という，各国1名の政府代表を構成員とした委員会も同時に創設された。そして，今後の調査活動は，ヨーロッパ全体での経済協力の試みを考慮しながら進められなければならないことが，言及された〔Wiklund 1970: 308〕。

これ以後5年間に亘って，経済協力委員会が北欧に関税同盟と共同市場を創設する問題に関して具体的な討議を行う場となった。ただし，ノルウェーが「同盟」(union) という言葉に対して敏感であった点を考慮して，構想の名称としては「共同市場」という表現を使用することとし，経済協力構想は「北欧共同市場構想」と呼ばれるようになった〔Wendt 1981: 105〕。フィンランドは1956年から北欧会議での討議への参加を開始したのに伴い，同年8月から経済協力委員会の活動に加わった。

経済協力委員会は1955年12月に中間報告書を完成し，フィンランドが加わった1956年2月の北欧会議の会期で，この報告書が取り上げられた。結果としては，経済協力委員会の調査活動を続行し，1957年夏に北欧共同市場に関する最終報告書が経済協力委員会から提出されるまで，この問題について北欧会議では検討しないことが決定された〔Anderson 1967: 130〕。他方で，同時期には西欧諸国間で新たな経済協力への動きが始まっていた。1955年6月には，欧州石炭鉄鋼共同体 (ECSC) の6カ国（フランス，西ドイツ，イタリア，ベネルクス3国）がメッシナ会議において将来の共同

市場の創設に合意し，1956年5月の6カ国外相によるベネツィア会議では，関税同盟の基礎の上に経済連合を作る計画が合意された。これを受けて，1956年7月にイギリスが，OEEC 加盟国に ECSC 6カ国を合わせたヨーロッパ諸国で，「大欧州自由貿易地域」（Great European Free Trade Area）を創設する可能性を調査することを提案した。⁽⁷⁾

　これらのヨーロッパにおける経済協力強化の動きが，北欧地域での経済協力促進の試みに大きな影響を及ぼした。デンマーク，ノルウェー，スウェーデンは，もしイギリスと ECSC 6カ国が自由貿易地域を形成するならば，自国もそれに加入しなければならないと考えていたため，1957年2月の北欧会議では，ヨーロッパ全体での経済協力の動向に関する問題が討議の中心となった。⁽⁸⁾大欧州自由貿易地域構想が提案されたことによって，北欧共同市場構想に関する討議において，にわかに他のヨーロッパ諸国との関係を重要な要素として考慮することが必要になったのである。北欧経済協力に関しては，大欧州自由貿易地域創設に先立って，北欧4カ国が北欧共同市場を形成すべきかどうかという点に議論が集中した。北欧会議の経済委員会は，次回の会期まで新たな勧告は行わないことを提案した〔Anderson 1967: 131〕。

　続いて行われた総会では，北欧共同市場を大欧州自由貿易地域と両立させることについては，利得があるという考えと，逆に問題を多くするという考えが対立した。特にノルウェーの非社会主義政党の代表は，大欧州自由貿易地域が創設されるならば北欧共同市場はもはや重要な構想ではないとして，北欧共同市場を形成することに反対の態度を示した。これに対してデンマーク，フィンランド，スウェーデンの代表とノルウェーの政府労働党の代表は，大欧州自由貿易地域創設に先立って北欧関税同盟を形成すべきであると主張した〔Wendt 1981: 106〕。結局は経済委員会からの提案が全会一致で採択され，何の勧告も行わないことが決定された。

　1957年3月には ECSC 6カ国でローマ条約が結ばれ，1958年1月から欧州経済共同体（EEC）が発足することとなった。北欧諸国は西欧の6カ国が経済ブロックを形成したことに対して，競争が激化し，自国経済が困難な局面に陥る可能性を危惧し始めた。この状況から，北欧諸国間の経済協

力をヨーロッパとの関わりの中で検討していくことが，非常に重要になった。1957年10月に経済協力委員会が，「北欧経済協力の協定草案」とともに，最終報告書を経済協力閣僚委員会に提出した。その主な内容は，域内関税および域内貿易制限の撤廃と北欧諸国間貿易量の80.7％の品目での共通域外関税の創設であった[9]。制度としては，全会一致の投票で決定がなされる閣僚委員会を設置し，運営主体とすることが提案された〔Anderson 1967: 132〕。その他にも，外国資本を誘致するために北欧投資銀行を設置することが提案された。

　これに対して北欧会議の経済委員会は，同時期に大欧州自由貿易地域の創設についての交渉が始まったことを受けて，スカンジナビア3カ国が大欧州自由貿易地域の創設を積極的に支持することに合意した。北欧共同市場に関しては，大欧州自由貿易地域が実現した場合を考慮しながら，残りの19.3％の品目を北欧共同市場構想の中に入れられるか調査するよう，経済協力委員会に依頼したが，最終的な態度決定はまだ行わなかった。経済協力委員会の追加報告書が1958年9月に提出され，残りの品目の中で工業製品と水産物を北欧共同市場に含むことが提案され，農産物については大欧州自由貿易地域の交渉の結果を見てから判断を下すことが決定された〔Wendt 1981: 109-110〕。同報告書では，北欧諸国がより広範囲な大欧州自由貿易地域に入る前に北欧地域で共同市場を形成し，広い市場に対応できるよう準備をすべきであるとの理由から，北欧共同市場の形成推進が強調された。

　経済協力委員会の報告に対する各国の政治決定や北欧会議の会期開催は，OEECでの討議の結果を待って何度か延期され，1958年11月にようやく北欧会議の会期が開催された。しかし，同年の春からフランスが大欧州自由貿易地域の実現に否定的な態度を示し始め，秋には反対姿勢を強めたことから，実現への雲行きが怪しくなった。その影響で北欧会議における経済協力に関する討議の内容は，大欧州自由貿易地域創設のためにスカンジナビア3カ国の政府が，OEECでの交渉で積極的な役割を果たすことを決定するものとなってしまった。北欧共同市場に関しては，大欧州自由貿易地域の実現に備えて農産物についての調査を完了させることと，各国政府に

北欧共同市場の問題を政治決定のレベルに引き上げ，各国議会に向けての提案の準備を促すことが，勧告として決議された〔Wendt 1981: 108-110〕。しかし結局，大欧州自由貿易地域創設の交渉は，フランスの離脱によって1958年12月に失敗に終わり，大欧州自由貿易地域の形成を前提とした北欧共同市場構想は，再考されることになった。

　1959年1月に開催された経済協力閣僚委員会（首相も出席）において，最終報告書で北欧共同市場の対象とならなかった工業製品のいくつかを交渉に含めることが決定され，同年5月に北欧経済協力委員会から経済協力閣僚委員会(北欧会議の議長団も参加)に第二追加報告書が提出された。この報告書でも農産物の調査は終了しておらず，フィンランドとノルウェー両政府の要請によって域内関税の撤廃と域外共通関税に若干の修正がなされたが，全工業製品の90％が含まれる北欧共同市場の創設が提案された。

　この時期には大欧州自由貿易地域の実現は不可能となっていたが，同時にイギリス，オーストリア，ポルトガル，スイス，デンマーク，ノルウェー，スウェーデンの専門家が，7カ国による自由貿易地域創設の可能性の調査を始めていた。このようなヨーロッパでの新しい状況の下で，各国の大臣は若干の問題はあるものの，北欧共同市場の創設は可能であるとの結論を出した。しかし，大欧州自由貿易地域創設交渉の挫折以後は，各国内で北欧共同市場に反対する動きが（特にデンマークとノルウェーで）強まった〔Wendt 1981: 111〕。そのため，1959年の春から初夏にかけて，北欧各国は北欧共同市場構想に対して政治決定を下すことができず，各国の態度は曖昧で不確実なものとなった。

　1959年5月に経済協力委員会は，すべての工業製品に対する北欧共同市場の創設に関する完全な草案を作成していたが，ヨーロッパでの事態の変化から，北欧諸国間で依然として合意が成立しているのかどうか，また7カ国による自由貿易地域と両立するのかどうかが問題となった。この問題は1959年7月10～12日に開催されたスカンジナビア3カ国の首相会談で討議された。結局スカンジナビア3カ国は，他のヨーロッパ4カ国と自由貿易地域を創設することを決定した。しかし，各国の首相は北欧での共同市場構想が破綻したという声明は出さず，委員会の提案する方向での緊密な

経済協力の重要性を強調した〔Wendt 1981: 112-113〕。そして常設組織として，「北欧経済協力閣僚委員会」(Nordic Ministerial Committee for Economic Cooperation; Nordiska ministerkommittén för ekonomiskt samarbete)と高級官僚による協力組織を設置して，北欧地域としての経済協力に向けた努力を政府レベルで継続していくことが合意された。同年7月20〜21日に，スカンジナビア3カ国を含むヨーロッパ7カ国による欧州自由貿易連合（EFTA）の創設が決定された。

その後，1959年11月の北欧会議の会期において北欧域内関税同盟案が討議されたが，結局実現には至らなかった〔Wallmén 1966: 73〕。しかし，北欧地域での経済協力の継続が合意され，政府に対して経済協力の促進と政府自身が提案した地域協力組織の創設が勧告された〔NR 1972h: 541〕。北欧会議自体も政府機関との接触を密にするために，会期と会期の間に活動可能な「経済9人委員会」(Economic Nine-man Committee; Ekonomiska niomanskommittén)の設置を決定した。1960年には北欧経済協力閣僚委員会と高級官僚による協力組織が活動を開始した。

2. 北欧共同市場構想討議の進展と挫折の要因分析

1950年代半ばから後半の期間の経済領域での協力討議は，最終的な決断が下されないまま長期に亘って続き，結局，北欧共同市場構想は実現に至らなかった。しかし結果的には，北欧地域での経済協力の促進を目指した政府間組織が創設され，北欧会議内にも新たな組織が設立された。このような結果を生じさせた要因には，どういったことがあるのだろうか。経済協力に関する討議では，政府間，経済協力委員会，北欧会議という3つの場が存在していた。政府間の討議は，スカンジナビア3カ国で行われることが多かった。経済協力委員会は，1956年からフィンランドが参加したが，討議での中心はスカンジナビア3カ国であり，北欧会議でもスカンジナビア3カ国を中心として議論が展開されたといえる。以下ではすべての討議の場で共通していた各国の立場の違いを，まず考えてみたい。

北欧各国は地域で協力することに関して異論はなく，北欧会議の経済委員会では，北欧地域での共同市場は，さまざまな産業と国において，多様

な方法と速度を用いて形成されうるとの主張が多数を占めていた。ノルウェーのイニシアチブで経済協力討議が継続されていたが，1954年時点の経済委員会においては，デンマークとスウェーデンの代表が，両国間で共同市場を創設する勧告を提案する準備をしていた〔Anderson 1967: 128〕。その結果，経済力のあるデンマークとスウェーデンを中心対象国として，地域協力に関する議論が進められることになった。しかし，デンマークとスウェーデンが目指す具体的な協力内容とノルウェーのそれとの間には，1940年代後半と同様に差異があった。北欧協力に期待する内容の違いは，各国の産業の相違から派生していたが，1950年代半ばから後半までの期間には，特に各国の差が浮き彫りとなった。

デンマークは農産物が輸出で強く，工業もスウェーデンに次いで北欧地域内では発展しており，北欧地域での経済協力には農産物と工業製品での共同市場を期待していた。しかし，北欧各国への農産物の輸出は他のヨーロッパ諸国に比べれば小規模であったため，北欧共同市場で農産物が除外されてもあまり問題にならず，討議においては構想実現に積極的な姿勢であった。ノルウェーは自国が強い漁業や一部の工業製品を対象とした共同市場を形成することには，積極的であった〔Miljan 1977: 95〕。しかし，北欧共同市場構想では水産物は含まれず，ノルウェーが弱い工業製品の分野でのみ，協力構想が進められていた。そのため，交渉の中心であった国の中では，ノルウェーが最も利得が少ない立場となってしまった。スウェーデンは北欧諸国の中では最も強い工業力を持っていたため，工業製品の共同市場創設の実現に最も積極的であった。

フィンランドは北欧での共同市場構想に好意的な態度を示していたが，これは他の北欧諸国との協力関係を断ち切らないようにするという，政治的な意図が強かった。しかし，ソ連との関係から西側と密接な繋がりを持つ北欧協力への参加は難しく，北欧共同市場構想には賛成しながらも，構想にすぐに参加することはできない旨の発言を行っていた。アイスランドは北欧地域での経済協力自体には興味を示していたが，即座に共同市場に参加することは不可能であることを伝えていた〔Anderson 1967: 130〕。経済規模が小さく，工業があまり発展せず漁業が主な産業であったため，提

案されていた経済協力からはほとんど利益が得られず，北欧共同市場構想に積極的に参加する誘因があまりなかったのである。スウェーデンが他の北欧諸国と比べると弱い農業と漁業が共同市場構想から排除されていたことを考えると，この期間の構想はスウェーデンにとって最も利得が多いものであったといえる。1940年代後半に行われた北欧関税同盟構想討議の時と，各国の立場は基本的には変わっていなかったのである。

では，1950年代半ばから後半に北欧地域での経済協力の交渉が進展した理由は何であろうか。言い換えれば1940年代後半とは異なっていた点が，北欧諸国間で経済協力交渉が進展した要因であると考えられる。1950年代半ばに大きく変化した事情には，第一に北欧を取り巻くヨーロッパの状況が挙げられる。この時期は東西関係も比較的安定しており，経済の問題を協力討議の中心にすることができた。また，EECの設立交渉の開始以降は，北欧地域で地域協力体制を整えないことは，北欧各国により不利な状況となっていた〔Haskel 1976: 119〕。1954年から56年半ばまでは，北欧地域での協力以外の選択肢はほとんど存在していなかったため，危機感を持った北欧諸国の間で経済に関する北欧協力の討議が進められたといえる。

そして，1956年以降の北欧諸国を含んだ大欧州自由貿易地域構想，EEC設立の実現，EFTA創設の交渉が，北欧諸国に新しい状況をもたらし，北欧共同市場の設立交渉に大きな影響を与えた。これらのヨーロッパでの動きは，北欧各国の立場の相違を浮き彫りにすると同時に，北欧地域での経済協力内容に関する討議を具体的なものに進展させる要因ともなった。EEC設立に対しては，北欧地域として共通の立場があった。EECという経済ブロックの誕生によって競争が激化することが考えられ，輸出に依存しているが一国で大規模な経済力を持たない北欧諸国にとっては，いくつかの国がまとまって国際社会の中でより強い競争力を持つことが重要となった。そのため，北欧諸国間の協力を本格的に考える必要性が生じ，北欧としての経済協力が模索されたのである。

また，大欧州自由貿易地域やEFTAの創設といった，北欧諸国も含んだより広い範囲でのヨーロッパにおける経済協力の交渉が同時期に行われたことは，ヨーロッパ規模での経済協力に参入するために，北欧地域として

の経済競争力と交渉力を強化する基盤を作るという新しい目的を，北欧地域での経済協力に与えることとなった。その結果，北欧地域外のヨーロッパ諸国との経済協力交渉と並行しながらも，北欧での経済協力に関する討議が活発に行われるようになったのである。

第二の変化として挙げられるのが，ノルウェー政府の態度の変化である。1940年代後半の経済協力討議においては，ノルウェー政府は消極的な姿勢であったが，1950年代半ばからは積極的に討議に参加した。ノルウェーは工業が弱かったことから，工業分野での共同市場設立においては最も利益が少なかった。特にノルウェーの非社会主義政党の代表は，大欧州自由貿易地域創設に先立って北欧共同市場を形成することは，ノルウェーの工業に打撃を与えることになるとして，北欧での共同市場創設に反対の態度を示した〔Wendt 1981: 106〕。

これに対してデンマーク，フィンランド，スウェーデンの代表とともにノルウェーの政府労働党の代表は，大欧州自由貿易地域創設交渉において，北欧諸国で団結したほうが交渉力が強くなり，経済的にも北欧共同市場によって競争力をつけることができるということを理由として，大欧州自由貿易地域のためにも北欧共同市場を先に形成すべきであると主張した。このノルウェー政府の態度変化の背景として，ハスケルは2つの要因を挙げている。ひとつは1940年代後半に比べると，ノルウェーの工業が再興したことである。もうひとつには，大陸ヨーロッパでの経済協力強化の動きと並行して，ノルウェーも参加していたヨーロッパでの経済協力（OEECなど）へのアメリカからの援助が，減少する恐れがあったため，ノルウェーにとって北欧諸国が結束することが，にわかに重要性を帯びたことがある〔Haskel 1976: 108-109〕。こうした背景から，ノルウェー政府は北欧諸国との経済協力を積極的に推進する方策を採るようになったのである[10]。

第三の変化として考えられるのは，北欧会議の討議の場としての活用と，北欧会議議長団の積極的な活動である。北欧共同市場についての討議は1954年および56年から59年の北欧会議の会期で行われ，会期中に討議されなかった年でも常設の経済委員会で議題に上っていた。1956年の北欧会議では，経済協力委員会が調査途中で作成した，北欧共同市場に関する中間

報告書が取り上げられた。北欧会議の議長団は最終的な結論を導き出すことは意図せず，北欧会議の議題に上げることによって，多くの人の関心を惹くことを目的としていたのである〔Solem 1977: 72〕。

1959年5月に開催された経済協力閣僚委員会には北欧会議の議長団も参加し，同年7月のスカンジナビア3カ国の首相会談の際には，直前に議長団が開催地に集合した。そして，EFTA創設の交渉の間も，北欧共同市場の形成実現が可能になるように行動することが，北欧各国政府にとって重要であることを訴えた〔Wendt 1981: 112〕。従来は各国の首相や閣僚を主体とする政府間か，各国政府の任命する代表が主体となる委員会のみが，北欧協力に関する討議や交渉の場であった。しかし，新たに北欧会議が場として，北欧会議の議長団が主体として加わった。その結果，経済協力に関する討議や交渉の場が増加したことに加えて，拘束力はないが協力の推進を求める勧告が採択され，議長団が積極的に政府との接触を図って北欧協力を進める主体となって現れた。

このような変化から経済分野での北欧協力について本格的な討議がなされ，結果として政府間で経済協力のための常設協力組織が設立された。しかし，討議された北欧共同市場の創設は実現に至らなかった。この失敗の要因はどこにあるのだろうか。失敗の背景には，北欧経済協力に対する各国の姿勢の相違があった。特に北欧各国の相違が明らかになったのは，他のヨーロッパ諸国の動きとの関係においてであった（4カ国の経済政策選好は表3-1，表3-2を参照）。

まず各国とEECとの関係であるが，デンマークは1955年には自国の総輸出額の29%が対EEC諸国であったため〔United Nations 1956〕，EECの創設によってEEC加盟国が採ることになる農業保護政策が，増加傾向にあったEEC諸国への輸出に打撃を与えることを恐れていた。ゆえに，北欧での共通関税創設への参加は，デンマークのEEC加盟を妨げるとの意見も出されるようになった〔Wendt 1981: 107〕。ノルウェーはイギリスとの密接な経済関係から，イギリスの加入がなければEECには加盟しない立場であった。スウェーデンは，EECが単に経済協力組織であるだけでなく，政治協力組織に向かうことも視野に入れていたため，自国の中立政策と抵触する

表 3 - 1　北欧 4 カ国政府の経済政策の優先順位　1956〜58年

デンマーク	フィンランド	ノルウェー	スウェーデン
1. 大欧州自由貿易地域と北欧共同市場の両立	1. 北欧共同市場	1. 大欧州自由貿易地域	1. 大欧州自由貿易地域と北欧共同市場の両立
2. 大欧州自由貿易地域		2. 北欧共同市場	2. 大欧州自由貿易地域
3. EEC 加盟		3. 大欧州自由貿易地域と北欧共同市場の両立	3. 北欧共同市場
4. 北欧共同市場		4. EEC 加盟（イギリスと一緒）	
	2. 大欧州自由貿易地域と北欧共同市場の両立	5. EEC 加盟（イギリスなし）	4. EEC 加盟
	3. 大欧州自由貿易地域		
	4. EEC 加盟		

出所：　筆者作成。　　　　　（点線より下は受け入れられない政策）

表 3 - 2　北欧 4 カ国政府の経済政策の優先順位　1959年

デンマーク	フィンランド	ノルウェー	スウェーデン
1. EFTA と北欧共同市場の両立	1. 北欧共同市場	1. EFTA	1. EFTA と北欧共同市場の両立
2. EEC 加盟		2. 北欧共同市場	2. EFTA
3. EFTA		3. EFTA と北欧共同市場の両立	3. 北欧共同市場
4. 北欧共同市場		4. EEC 加盟（イギリスと一緒）	
	2. EFTA と北欧共同市場の両立	5. EEC 加盟（イギリスなし）	4. EEC 加盟
	3. EFTA		
	4. EEC 加盟		

出所：筆者作成。　　　　　（点線より下は受け入れられない政策）

との理由で完全加盟は選択肢にならなかった。フィンランドの EEC 加盟の可能性は，もっと低いものであった。

　大欧州自由貿易地域創設と EFTA 創設の交渉の両方に対する態度にも，共通して各国に違いがあった。これらの北欧諸国を含んだ広範囲なヨーロッパでの経済協力体制については，北欧経済協力とどのように両立させる

ことができるかが大きな論点であった。デンマークとスウェーデンは、最終的な目標をヨーロッパ規模での経済協力に合わせ、ヨーロッパでの経済協力の基盤を作るものとして北欧経済協力を捉え、その早期実現に積極的であった。ノルウェーもヨーロッパ規模での経済協力には好意的な態度を示していたが、ヨーロッパでの協力の前段階として北欧地域での協力を実行することについては、特に野党や工業関係者が二度も協力のための国内調整を強いられることになると考え、北欧での協力に消極的であった。

もうひとつの失敗の理由は、北欧各国が期待する北欧経済協力の内容に相違があったことである。EFTAに関する交渉の中では、オーストリアとスイスが北欧諸国だけでの関税同盟を作ることに対して否定的態度をとったこともあるが、これが決定的な理由であったとはいえないというヴェントの指摘〔Wendt 1981: 112-113〕は妥当であるといえよう。デンマークとスウェーデンにとっては、比較的自国に有利な内容で経済協力の構想が進められていたため、北欧地域としての経済協力に積極的であった。

しかし、他の3カ国は異なった態度を示した。経済協力委員会での討議では、ノルウェーの代表がデンマーク、スウェーデンとの経済競争を危惧し、共同市場の創設から得られる利益が少ないことを強調していた。また、ノルウェーでは、北欧経済協力に積極的であった政府労働党が、最終的な決定権は持っているが少数政権党であったため、反対する国内の野党や利益集団を説得することが不可欠であった。そのため、北欧での経済協力によって自国が明白に利益を得られる見込みを提示する必要があったが、北欧諸国間で進められた構想はそうすることが不可能な内容であった。1950年の時点で協力推進のイニシアチブを取ったのはノルウェーであったが、討議の過程でまたもやデンマークとスウェーデンが最も利益を得るような協力内容に変容してしまったのである。

アイスランドは経済力の弱さから経済協力委員会の実質的な活動に参加しておらず、政府間の討議にもほとんど参加していなかった。フィンランドは外交政策上、大欧州自由貿易地域への参加は不可能であり、自国が参加できる形態の北欧共同市場を形成することが最も重要であった。北欧での経済協力に不参加の場合、他の北欧諸国から経済的に孤立してしまうと

いう危機感があったため,北欧共同市場の形成に対しては好意的であったといえる。しかし,対ソ関係から,西欧諸国との協力を前提とした構想には積極的に関わることはできなかった。

また,国内の政治状況にも違いがあり,デンマーク,スウェーデン,フィンランドの国内では意見の相違は大きくなかったが,前述のようにノルウェーでは政府労働党と非社会主義政党の意見が鋭く対立しており,国内の工業団体の反対も強く,ノルウェーは国内問題から他の北欧諸国と歩調を合わせることが難しかったといえる。

北欧各国間の差異とともに,失敗の他の要因として各国に共通した見解の存在もあった。北欧での経済協力が大欧州自由貿易地域の討議と並行して検討された際には,ヨーロッパでの経済協力交渉の結果を待つために,北欧共同市場に関する討議が延期されるなど,北欧各国にとって北欧での経済協力は最優先のものではなかった。再び北欧諸国を含んだより広範囲なヨーロッパでの経済協力であるEFTAの創設提案が出されると,北欧各国の北欧共同市場形成への期待は結果として減少していった。その理由としては,ハスケルが指摘するように,EFTAの交渉が進んだことによって,北欧経済協力とEFTAに関心が分散したことと,北欧のみでの協力推進によってEFTA設立交渉が決裂してしまう危険を回避する必要性が生じたことがある〔Haskel 1976: 121-125〕。これらによって,各国が北欧経済協力に重点を置く理由が失われてしまったのである。

デンマークは西欧諸国との経済的繋がりが増加しており,スウェーデンはより規模の大きい市場を優先し,ノルウェーも北欧共同市場には特に目立った利益が見出せなかったことから,スカンジナビア3カ国にとって北欧諸国のみで行う経済協力の意義は減少した。アイスランドはもとから経済面での北欧協力にあまり積極的ではなく,フィンランドはEFTAという西欧諸国との繋がりの中で北欧共同市場構想が議論されることになったため,参加が難しくなった。各国の事情は異なっていたが,共通して北欧での共同市場を実現させる積極的な理由がなくなってしまったのである。また,実際の北欧諸国間での貿易額も1940年代後半から大幅に増加することもなく,全北欧諸国の北欧地域内での貿易額は,1950年時点で全体の約

14％，1960年時点で15％に止まっていた〔Miljan 1977: 288-289〕。各国とも，北欧共同市場が実現しても，経済的利益が大幅に増加するとは考えられないと認識していたのであろう。

　1950年代半ばから後半の北欧地域での経済協力は，ヨーロッパにおける動向とノルウェー政府の態度の変化，北欧会議の活用といった要因から地域協力に向けての交渉が進み，かなり具体的な内容まで討議が進んだ。しかし結局，協力の意思はあるものの期待する北欧での経済協力内容に差があり，その差を埋めることはできなかった。また，北欧を含んだヨーロッパでの経済協力の進展から北欧共同市場創設の意欲は薄れ，協力構想は実現に至らなかったのである。

第3節　北欧協力の条約化──ヘルシンキ協定の締結

1.　ヘルシンキ協定締結までの過程

　1953年の北欧会議の設立以降は，それまでばらばらに存在してきた地域協力活動が北欧会議の下にまとめられ，組織的に協力活動が推進されるようになった。本章第1，2節で述べたように，安全保障領域と経済領域における北欧協力推進に向けた活動の場として，北欧会議が活用されるようになったが，それ以外にも法律，文化，社会政策，交通通信等の分野で地域協力推進のための提案が提出され，いくつもの勧告が採択されて実行に移された（表3-3参照）。フィンランドは北欧会議の設立後3年間は参加することができなかったが，法律，文化，社会保障，交通通信等の分野で，北欧会議以外の場での閣僚による会合や常設的な官僚組織を通じて，他の北欧諸国と協力を続けていた[11]。1955年夏に東西関係の緊張がいくらか緩み，フィンランドが北欧会議の構成国となることに対してソ連が反対の意を示さないようになったため，同年9月末にフィンランドは北欧会議への参加の時期が到来したと表明することができた。そして同年10月初めに，フィンランド政府はフィンランド議会に北欧会議への加入を提案した。

　フィンランド政府は参加にあたって，もし北欧会議で従来の慣習に反して軍事問題や，大国間の衝突に対する態度表明に関する討議が行われた場

表3-3 北欧会議勧告と議長団声明で扱われた事項数 1953〜61年

	総数	勧告					勧告				勧告	
		完全遂行	部分遂行	目的達成	合計	全勧告に対する割合(%)	遂行中	調査中	合計	全勧告に対する割合(%)	非遂行	全勧告に対する割合(%)
北欧会議関連問題	6	3	—	1	4	67	1	1	2	33	—	—
法律問題	52	16	9	4	29	56	2	15	17	32	6	12
文化問題	59	12	14	6	32	54	2	9	11	19	16	27
社会政策問題	40	8	6	—	14	35	1	13	14	35	12	30
交通通信問題	57	15	17	4	36	63	4	3	7	12	14	25
経済問題	27	5	3	2	10	37	2	8	10	37	7	26
合計	241	59	49	17	125	52	12	49	61	25	55	23

出所:Nordiska rådet〔1962: 329〕. (1962年現在)

合には,フィンランドはその討議には参加しないという留保を表明した。同年10月末にフィンランド議会で,この留保付きの北欧会議への参加が全会一致で承認された〔Wendt 1981: 37〕。これを受けて同年12月に他の北欧諸国は,フィンランドが完全で平等な参加国として北欧会議の活動に参加可能となるように,北欧会議の規程を修正することを決定した。北欧会議の設立基盤は各国の国内法であり,北欧の地域協力を規定する国際条約は存在しなかったことから,北欧会議に関する各国内の法律が各国の議会において修正された。同年12月末にフィンランドは修正した規程を承認し,1956年から北欧会議の総会に参加した。この規程の修正によってフィンランドだけでなく,各国の共産党も北欧会議に参加するようになり,これ以後,全参加国から共産党の代表が選ばれ,各国の代表団に含まれるようになった。

また,重要でない規程の修正は政府がイニシアチブを取るようにすることが北欧会議から提案され,1957年に再び規程が修正された〔NR 1972b: 19〕。この他,1953年に総会で承認された北欧会議の手続規則も1954年,55年,57年,60年,62年に修正や調整がなされた。その内容は,各国の規程の訳語の調整,北欧会議の議長団の機能,総会での審議手続きに関するも

第3章　北欧会議の活用と北欧協力内容の条約化　103

のであった〔Anderson 1967: 157-167〕。

　北欧会議は北欧各国の議員が主体の組織であったが，政府の積極的な活動参加を求める提案は早い時期から出されていた。設立から3年を経て，北欧会議の議長団は北欧会議における政府の活動強化について各国政府と協議することを望み，1955年10月に議長団と各国政府（首相と他の閣僚）の合同会議を開催した。この会議の後も数年間は大きな進展はなかったが，議長団は各国政府に引き続きより広い範囲の問題を扱い，常設委員会の活動に積極的に参加するよう依頼した。1960年10月初めに議長団の提案で各国政府との合同会議が開催されたが，このとき出席した各国政府の代表は首相のみであった(12)。この合同会議では北欧会議の改革については何の確約も成立しなかったが，北欧会議の活動をより効果的にする作業への協力については同意が得られた〔Anderson 1967: 121〕。これ以降，議長団と各国首相による小人数での会合を，北欧会議の会期前に行うことが慣習となった(13)。政府間協力に消極的であった首相との定期的な会合の設定に成功したことは，北欧会議にとっては政府との協力強化へ向けての前進であった。

　1961年7月にイギリスがEECへの加盟申請を決定すると，北欧での地域協力の状況にも変化が現れた。前節で述べたように，北欧諸国のEECに対する態度は一様ではなく，デンマークとノルウェーがEECに加盟する可能性が出てきた。北欧諸国間の協力を不可能にする危険性を低減するため，北欧会議の議員は北欧諸国間に存在する既存の地域協力合意と，今後の北欧協力の展望を明確に記すことを望んだ。フィンランドのファーゲルホルム，ノルウェーのモー(Moe, Finn)，スウェーデンのオーリン(Ohlin, Bertil)の3名の議員は，上述のような内容の国際条約を北欧5カ国の政府間で締結することを，北欧会議に提案した〔Wallmén 1966: 27〕。北欧協力に関する国際条約の草案の準備は，北欧会議の議長団からの委任によって各国事務局でなされた。そして，1961年11月半ばの北欧会議議長団と北欧各国首相の合同会議に，北欧会議起草の北欧協力条約案が提出された。この合同会議において，各国の首相は草案を検討して，条約の最終的な草案を1962年3月の北欧会議に提出することに合意した。

　1962年3月にフィンランドのヘルシンキで行われた北欧会議の会期に，

条約の政府草案が提出された。この北欧協力条約の政府案は北欧会議の草案に基づいていたが、より語調が弱いものとなっていた。政府の行動を要求した条文が、政府が将来行うべきこととして曖昧な輪郭の指針に置き換えられ、用語も「しなければならない」が「すべきだ」、「したい」、「目指す」といった表現に変更されていた〔Wallmén 1966: 27-28〕。これはデンマークとノルウェーの政府が、あまり強固な条約を締結すると、EECとの加盟交渉に際して問題が生じる可能性が出ることを恐れたためであった。特にデンマークが、この点を強調していた〔Wendt 1981: 40〕。

しかし、議長団の要望を政府が受け入れた面もあった。それは、重要な北欧協力問題に関しては時間的に不可能でない限り、北欧会議は意見を表明する機会を与えられるべきである、という規定を草案に盛り込んだことである。この北欧協力条約の草案は1962年3月23日に北欧会議で承認された後、フィンランド議会で行われた北欧会議10周年のセレモニーの間に北欧5カ国の政府によって調印され、同年7月1日に発効した。この北欧諸国間の地域協力を規定した条約は、締結された場所の名前から「ヘルシンキ協定」(Helsinki Agreement; Helsingforsavtalet) と呼ばれている[14]。

その内容には、政府が北欧諸国間での文化、法律、社会政策、交通通信、経済の分野での協力を維持し、より発展させる努力をすることが明記された。しかし、それまで北欧協力促進のために積極的に活動してきた北欧会議に関しては、協定の中に詳細な規定は置かれなかった。その他の協力内容としては、国際組織や国際会議での共通利益に関する協議、域外国で代表機関を欠いている北欧諸国の国民への援助、途上国への援助の調整、公的統計の調整、域外国の北欧諸国に関する知識の普及への共同努力などが明記された〔Anderson 1967: 174-181〕。

2. ヘルシンキ協定締結の要因分析

1950年代中頃から60年代初めの共同体領域での大きな動きとして、北欧会議の規程の修正とヘルシンキ協定の締結があったが、その背景にはどのようなことがあったのであろうか。まず1955年のフィンランドの北欧会議への加入とそれに基づく規程の修正であるが、対外的な要因としてはソ連

の態度の軟化が挙げられる。それまでソ連は北欧会議について，NATOの回し者であるような発言を行っていたが，1955年7月にジュネーブで行われた4カ国（米・英・仏・ソ）の巨頭会談により東西関係がいくらか好転し，フィンランドの北欧協力参加に対するソ連の態度が軟化したのである。しかし，フィンランドにとっては，軍事問題や大国間の衝突に対する態度決定に関わる討議を北欧会議で行うことは，ソ連の反発を招く危険性が高いことから，これら2つの問題をめぐる討議には参加しないことが，北欧会議参加への前提条件であった。ゆえに，フィンランドは北欧会議に加入する前に，この留保条件を公に表明した。

北欧会議でも，実際にこの2つの議題が取り上げられることは過去にほとんどなかったため，フィンランドの留保条件は大きな障害にはならなかった。1955年の北欧会議規程の修正は，フィンランドの参加に対する事務的な修正であり，実質的な内容の修正を伴うものではなかった。1957年の規程修正や，手続規則の1954年，55年，57年，60年，62年の修正や調整は，実際に北欧会議が活動を行った経験を踏まえて，変更によって活動がより効率的に進められる事項について行われた。特に，議長団の義務や権利，総会での勧告決議の手続規定などが修正されたことによって，後の北欧会議の活動がより円滑に行われるようになった。これらは地域外からの影響ではなく，地域協力の促進のために北欧会議が効率良く機能するように，組織内部から積極的に進められたものであった。

1962年にヘルシンキ協定が締結された背景は，北欧会議の規程や手続規則の修正とは大きく異なっていた。最も大きな影響は，イギリスが1961年7月にEECへの加盟申請を決定したことであった。デンマークはイギリスとともに，同年8月にEECへ正式に加盟を申請した。直ちに両国ともEECとの協議に入り，ノルウェーもEEC加盟に関心を示して1962年5月に加盟申請を行った。スウェーデンは安全保障での中立政策から完全な加盟国となることは不可能であるが，準加盟国という立場でのEECとの協力を望んでいた。フィンランドはソ連との関係から，EECへの加盟は不可能であった。アイスランドは，EECに対して明確な態度を表明していなかった〔Solem 1977: 61〕。北欧諸国間の多くの地域協力組織は何らかの条約に

拠って立つものではなく，北欧会議自体も各国の国内法を基盤として設立された機構であった。ゆえに，EECに対する態度の違いから北欧の地域協力が後退，または消滅の方向へ進むのではないかという不安が各国で高まった。その結果，従来の協力関係が崩壊することを避けるために，国家間で北欧協力の内容を記した条約を締結する提案が，北欧会議の議員から出されたのである。

　政府側としても，北欧協力の内容を明確にする必要性が生じていた。北欧5カ国すべての政府は，いずれかの国がEECに加盟しても，北欧協力を継続していくことを強く要求していたため，EEC側も北欧協力がどのようなものであるかを正確に知ることを望んでいた〔Wendt 1981: 39〕。デンマークとノルウェーにとっては，EECと加盟交渉を行うにあたって，北欧での地域協力を継続しながらEECに加盟してもEECを損なうことはないことを，国際条約として明らかにする必要があった。中立政策を採るフィンランドとスウェーデンにとっては，北欧地域としての繋がりを喪失すると孤立感が強くなる恐れがあったため〔Wallmén 1966: 27〕，国際条約という強固な形で，北欧の地域協力を位置づけることが重要になった。理由に相違はあるものの，イギリスのEEC加盟申請に影響を受け，他のヨーロッパ諸国に北欧協力の内容を明確に提示するために，北欧協力に関する国際条約を結ぶことが，にわかに北欧各国の政府にとって必要になったのである。

　他の地域外からの影響は，ソ連の再びの態度変化である。1955年の夏から暫くは，ソ連の北欧諸国に対する敵対感は比較的少なかったといえるが，1961年にソ連の北欧諸国への態度に大きな変化が見られた。1961年11月の北欧会議議長団と北欧各国政府の合同会議開催の時期に，デンマークとノルウェーが西ドイツとの軍事的協力関係を強化しているとの理由で，ソ連がフィンランドに圧力をかけ，デンマーク，ノルウェー，そしてスウェーデンに向けても批判的な態度をとり始めた。第1節で述べたように，ソ連が北欧諸国に持ち始めた敵対感を減少させるために，宣言による北欧非核兵器地帯化構想がフィンランド大統領から提案されたが，これは内容討議の対象にならなかった。ソ連に有利となる北欧非核兵器地帯を創設するこ

とはできないが，西ヨーロッパとは一線を画して北欧地域として結束しているとの印象を，ソ連に与える必要が北欧諸国にはあった。ソ連への対応という側面からも，北欧の地域協力を国際条約という形にして明確に示すことに，各国が前向きな姿勢を示したのである。北欧各国は対ソ関係の点では，北欧協力に関する条約を結ぶことに，一致して重要性を認めていたと考えられる。

　ヘルシンキ協定締結を実現に導いた北欧地域内の要因としては，1961年に北欧会議で北欧非核兵器地帯化構想が議題となり，北欧会議で討議すべき問題であるかどうかが問題になったことがある。北欧会議の規程では具体的な協力対象分野が示されておらず，北欧諸国間（2カ国以上）の協力に関わるすべての問題は討議対象となる可能性があった。しかし，フィンランドの加入によって，軍事問題と大国間の衝突に対する態度表明についての討議は，事実上取り扱われないことになった。慣習上は取り扱わない問題があるにもかかわらず，規程には何も規定されていなかったため，北欧会議で取り扱う問題を明確にする必要が出てきたのである。ゆえに，北欧諸国間の地域協力の内容を規定したヘルシンキ協定では，除外する問題という形では明記しなかったものの，協力内容として法律，文化，社会政策，交通通信，経済の5つの分野を具体的に挙げた。フィンランドが留保した問題に関しては，北欧諸国間で公式に協力する意思はないことを示したのである。

　他の地域内での要因は，北欧会議と各国政府の関係であった。北欧会議は超国家的機関ではないため各国の政府に対して拘束力を持っておらず，政府が勧告に従わないこともあった。ゆえに，北欧会議は議会間の組織としてだけではなく，行政的な性格を加えた政府間組織としても機能するよう努力を始めた〔Anderson 1967: 120〕。北欧会議議長団の呼びかけに反応して，北欧各国間でも北欧会議への協力に向けた動きが起こった。1960年10月初めの各国首相と北欧会議議長団の合同会議の1週間前に，フィンランド首相のスクセライネン（Sukselainen, Väinö Johannes）が，国内に北欧会議に関する閣僚委員会を設置し，合同会議後にはフィンランドの動きに応えて，ノルウェーとスウェーデンが行政部内にコンタクト・マンを指名

した。デンマークは特に具体的な行動は起こさず，北欧諸国間の問題はこれまでのように首相を通して行うとの意思を示した[15]。このように政府間で協力を密接にする方向に少しずつ進み，条約締結の環境が徐々に整い始めていたといえる。また，北欧協会は条約締結が提案された当初から提案支持の姿勢を示し，大衆の支持を増加させるために積極的に活動した〔Solem 1977: 64〕。その活動が実際にどの程度影響を及ぼしたかは定かではないが，草の根レベルでのネットワークを持ち，活動範囲が広い北欧協会が行動を起こしたということは指摘できよう。北欧会議以外でも，北欧協力をより効率的に進める試みへの支援や支持が存在していたのである。

　ヘルシンキ協定に関する討議過程の特徴としては，議長団と各国政府が北欧会議と各国政府の関係強化に対してほぼ反対の態度を示していたことがある。一般的に北欧会議は政府とのより緊密な関係を望んでいたのに対し，各国政府は現状維持か急激な変更は望まないという姿勢であった。また，北欧会議から各国政府へ出された北欧会議改革の要求は特定の事柄に関してであったが，それに対する政府側の回答は一般的で緩慢なものであった〔Anderson 1967: 121〕。

　各国政府の態度の相違としては，フィンランドが比較的積極的であり，ノルウェーとスウェーデンがそれに続いていた。デンマークはEEC加盟に最も積極的であり，実際にEECとの協議に入っていたため，EEC構成国に加盟を妨げるような印象を与えたくないという事情があった。ゆえに，北欧会議と政府の関係を現状より緊密にすることには消極的であった。それまで北欧での地域協力に積極的な姿勢を示していたデンマークが，初めて協力関係の強化に消極的な姿勢を示したのである。全体的には，各国政府は北欧会議が要求したほどの関係の変化を望まなかったため，北欧会議が起草した条約案に対して各国政府とも原則的には賛成したものの，実際の条約の政府案は北欧会議の草案よりも表現が穏健なものとなったのである。

　その結果として，ヘルシンキ協定は特に新しい国家の義務や北欧会議の権利を制定したものではなく，現状を「協定」という形で整理して明確に記したものとなった。しかし，重要な北欧協力問題に関しては時間的に不

可能でない限り，北欧会議は意見を表明する機会を与えられるべきであることが協定に盛り込まれた点では，北欧会議の北欧協力促進における役割を示すことはできたといえよう。協定は全体的には将来の協力推進への意思を表明する性格を持ち，精神的，道義的な拘束力があると考えられる。[16]北欧会議の作成した草案とは異なった部分もあり，同会議にとっては完全に満足のいく内容ではなかったが，北欧の地域協力を広げる，新しい価値のある意思の表れとして歓迎された〔Wendt 1981: 41〕。

　ヘルシンキ協定の締結後，議員からの北欧会議への提案や北欧会議による勧告において，ヘルシンキ協定が根拠としてしばしば活用された。最初の北欧会議の規程では除外される議題はなかったことを考えると，北欧会議の活動範囲が狭まったともいえるが，実情を考えると大きな修正ではなく，北欧での地域協力を明確に地域内外に示す役割を果たしたといえよう。

第4節　北欧国連待機軍の創設

1．北欧国連待機軍創設までの過程

　北欧地域の軍事面での協力として1950年代半ばから60年代半ば間での期間に出された提案としては，第1節で述べた北欧非核兵器地帯化構想があったが，それ以外にも軍事分野での地域協力の提案があった。その提案は北欧各国や北欧地域の安全保障に直結するものではなく，国連の平和維持活動（PKO）での協力に関するものであった。デンマーク，フィンランド，ノルウェー，スウェーデンの4カ国は，「PKO」という概念がまだ存在しなかった時期に開始された国連パレスチナ停戦監視機関（UNTSO 1948年～），インド・パキスタン国連軍事監視団（UNMOGIP 1949年～）に要員を派遣していた。そして，1956年11月にスエズ動乱に対して派遣され，PKOの先例となった第一次国連緊急軍（UNEFⅠ）にも，4カ国は兵員を派遣した。デンマークとフィンランドは，1958年のレバノン国連監視団（UNOGIL）にも人員を派遣した。

　UNEFへの要員派遣に際して，デンマークとノルウェーから，デンマーク，ノルウェー，スウェーデンの3カ国による合同派遣軍創設の提案が出

されたが，これはスウェーデンの反対によって実現には至らなかった〔Pedersen 1967: 41〕。1958年9月には，デンマーク，ノルウェー，スウェーデンの3カ国の外相会議において国連待機軍設置に関する問題が取り上げられ，3カ国による常設の国連待機軍の設置の可能性について検討された〔Haekkerup 1964: 676〕。しかし，その提案が直ちに実現されることはなかった。

3カ国による国連待機軍創設の具体化への一歩は，1958年秋の国連総会でスウェーデン人のハマーショルド（Hammarskjöld, Dag Hjalmar A. C.）国連事務総長が，各国と国連の取決めによって，各国内に国連平和維持活動のための兵員や資材の待機体制を設置することを提案した時に始まった。この提案は，1956年11月に派遣された国連緊急軍（UNEF）に関する報告書として，事務総長が国連総会に提出した「研究摘要」の中に含まれていた。国連総会ではこの報告書に対して特別な措置をとる決定はなされなかったが，ハマーショルド国連事務総長は1959年6月にUNEFに参加した諸国に書簡を送付して待機軍創設についての意見を求め，特に北欧諸国に対してこの問題に関して北欧諸国間で非公式協議を行うことを要望した〔香西 1991: 426-427〕。これを受けて1960年9月に開催されたデンマーク，ノルウェー，スウェーデン3カ国の国防相会議で，将来の国連からのPKO要員派遣要請に北欧諸国が速やかに応えられるようにするための事前措置について，討議することが決定された。

1961年から63年の間に3カ国の間で数回に互って国防相会議が行われ，国連事務総長との連絡が保たれながら，北欧で国連待機軍を創設する構想が具体化されていった。1961年3月の国防相会議では，3カ国共同で待機軍制度を検討することが決定され，国連に提供できる要員の種類についての討議が行われた〔香西 1991: 428〕。同年12月の国防相会議では，3カ国の代表で構成される作業部会が設けられ，待機軍の具体的な内容を詰める任務が与えられた。作業部会は1962年3月の3カ国の国防相会議に，待機軍の基本的性格を内容とした草案を提出し，翌4月の3カ国の国防相会議で待機軍の設置を各国政府に提案することとなった。

1963年6月には北欧会議議長団が，待機軍創設は「北欧協力に関する原

則の問題」として考えられなければならず，ヘルシンキ協定の下において北欧会議は見解を表明する機会を与えられるべきだ，という内容の書簡を3カ国政府に送付した〔NR 1972b: 611〕。同年10月にはフィンランドも作業部会に代表を送り，他の北欧3カ国とともに国連待機軍を設置することとなった。1964年初頭に待機軍の名称が，「北欧国連待機軍」(Nordic U.N. Stand - by Force; Nordiska beredskapsstyrkor till FN: s förfogande (NORD-BERFN)) と決定され，構想の中では4カ国が個別に国連待機軍を設置するのではなく，緊密な協力の下に共同計画を練る合同部隊を構成することが想定された。しかし，構成部隊は各国がそれぞれ組織し，派遣員を出す必要条件の存在の判断は各国に委ねられ，国連軍，監視団への参加が4カ国合同，または1カ国から3カ国でも可能な構想となっていた（待機軍の編成については図3－1を参照。）

　北欧会議議長団からの書簡への返答として，各国政府は1964年の北欧会議の会期に，討議中の国連待機軍構想に関する報告書を提出した。北欧会議での公式討議の叩き台となったのは，スウェーデンの議員が提出した提案であった。その内容は，北欧国連待機軍を設置する計画を緊密な北欧協力の下で実現することを，各国政府に勧告するものであった〔Wendt 1981: 370〕。しかし，既に関係4カ国は原則的に特別な編成での待機軍の設置に合意していたことから，国連待機軍の問題を取り扱っていた北欧会議の経済委員会は，新しい形の協力が進行しているため勧告を出す必要はないと提案し，総会でこの提案が可決された〔NR 1972b: 611〕。そして，1964年春に自国軍を持たないアイスランドを除く北欧4カ国で，北欧国連待機軍設置のための国内法の手続きが取られた。

2.　北欧国連待機軍創設成功の要因分析

　UNEF参加時には実現しなかった，国連活動への軍事要員派遣に関する北欧諸国間の協力が，1960年から急速に実現に向かった要因には，何があったのであろうか。まず大きな影響としては，国連の動きを挙げることができる。スウェーデン人のハマーショルド国連事務総長が，各国での国連待機軍の設置を国連に提案したことにより，世界各国での待機軍の設置が

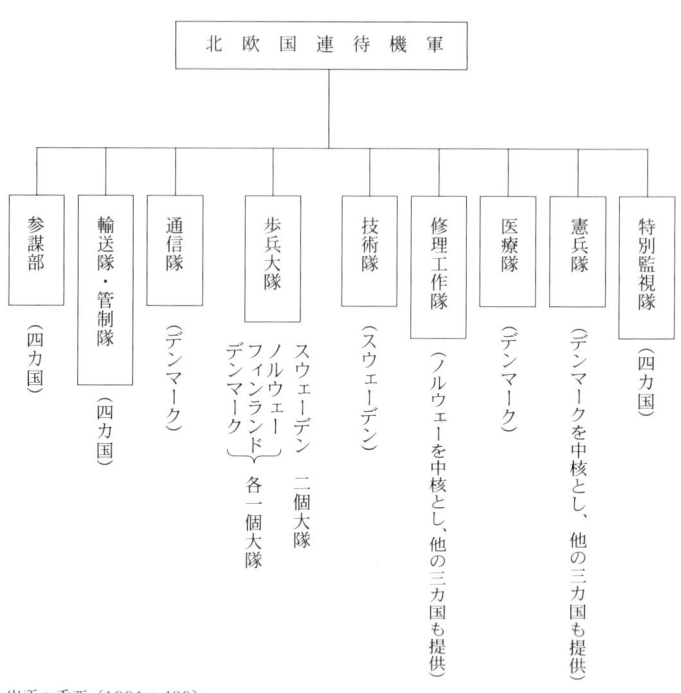

図 3 - 1　北欧国連待機軍の編成（計画）(1964年)

```
                    北 欧 国 連 待 機 軍
  ┌──────┬──────┬──────┬──────┬──────┬──────┬──────┬──────┬──────┐
 参謀部  輸送隊・ 通信隊 歩兵大隊 技術隊 修理工作隊 医療隊 憲兵隊 特別監視隊
       管制隊
 (四カ国) (四カ国) (デンマーク) スウェーデン (スウェーデン) (ノルウェーを (デンマーク) (デンマークを (四カ国)
                          二個大隊            中核とし、            中核とし、
                          ノルウェー          他の三カ国            他の三カ国
                          フィンランド        も提供)              も提供)
                          デンマーク
                          各一個大隊
```

出所：香西〔1991：429〕．

長期的な目標となった。また，直接事務総長が北欧諸国に待機軍設置に関する協議を要請したことが，北欧諸国間で討議を開始する契機になったといえる。香西はデンマーク，ノルウェー，スウェーデンの3カ国は，「かねてUNEFへの参加の経験から，将来の国連活動に備えて何らかの準備をする必要を認めていたのであるが，事務総長の要請に接してようやく行動を開始した」と述べている〔香西 1991: 427〕。また，1961年からハマーショルドの後任として国連事務総長となったウ・タント（U Thant, Sithu）も，北欧での国連待機軍創設に対して積極的な評価を表明した。国連事務総長からの働きかけや評価が，北欧諸国間の協力推進に弾みをつけたといえる。

北欧地域内の協力促進要因としては，国連待機軍の創設に関して北欧4

カ国に共通した利益が存在していたことがあった。4カ国とも中小国であるため，自分たちの国の存在をアピールする場として，また平和構築を推進する機関として国連に期待を持っており，北欧諸国が世界で果たす役割は一致しているとの認識があった。また，中小国である自国が紛争に巻き込まれて潰されないためにも，平和の実現を現実的に目指すとともに，世界平和に向けてのイニシアチブをとる国家という印象を，他の国々に与えたいとの願望もあったといえよう。国連待機軍の設置に関しては，北欧4カ国とも数々の平和維持活動への参加経験から，待機軍を創設する国内的な基礎は整っていた。世界の中で国連が平和維持活動を行うことに意義を見出している点でも，北欧各国に共通の認識があったと考えられる。また，国連での活動において，戦後から1960年までに数多くの共同行動をとっていたことから，国連の枠内での北欧協力に対する抵抗感が各国ともに少なかった。

　これらの共通認識はUNEFへの要員派遣当時から変化していないと考えられるが，1960年から急速に国連待機軍創設に関する討議が進展し，実現に向かった要因としては，提案された国連待機軍の内容自体が大きく変化したことがある。UNEF参加の際にデンマークとノルウェーから出された提案の内容は，3カ国による合同派遣軍の創設であった。デンマークとノルウェーでは合同軍の価値を認める政治的同意があり，軍もこの提案を了承する意思があった。それに対して，スウェーデンは中立政策を採っていたため，NATO加盟国の指揮下に自国の兵員を配置する合同軍の創設は，受け入れられるものではなかった〔Pedersen 1967: 41〕。

　提案に対する3カ国の態度の不一致から，UNEF参加時の協力案はスウェーデンによって拒否され，実現には至らなかった。デンマークとノルウェー2カ国だけでは軍事力が弱いため，2カ国での合同派遣軍の創設は考えられなかったのであろう。1960年から討議された提案は，共同計画の下に北欧諸国で国連待機軍を創設することを目指すものであったが，その構想において構成部隊は各国がそれぞれ組織する形であった。また，派遣員を出す必要条件が存在しているかどうかの判断は各国が最終決定権を保持し，国連の活動への参加は4カ国合同だけではなく，1カ国単独および2

カ国以上でも行うことが可能な協力形態であった。UNEF 時の提案よりも各国の権限が明確に残されており，すべての国が受け入れられる内容となったのである。

　北欧国連待機軍に関する討議は，ほとんどすべて政府レベルと作業部会で行われたが，北欧会議の議長団は政府に書簡を送付し，北欧会議総会での議題にもなった。北欧会議は北欧国連待機軍の創設を，北欧会議の経済委員会の報道官であったモーの発言にあるように，「待機軍は明らかに非常に高い度合いで統合されており，各国からの個別の部隊だけでなく，北欧合同待機軍を形成するのに十分である。北欧国連待機軍は，北欧会議に対してさえも見本となるような，北欧協力の例である」と見ていた〔Wendt 1981: 370〕。各国政府が自国の権限を超国家的組織に委譲することを嫌うため，政府間で討議されていた構想は各国の権限を侵食しないような形態での協力になっていたが，北欧会議は国家の枠組みを越えた合同待機軍に近づくことを期待していた。各国政府と北欧会議の間には期待する地域協力の形態に差があり，結局，北欧会議からの勧告という形はとられなかった。しかし，国家により大きい自律性を認めた政府の提案が具体的な討議の対象となったことによって，結果として実現に至ったのである。

　1960年からの国連待機軍設置の計画に関しては，北欧4カ国内で激しい論争もなく政府の決定が下された。これは，国連の活動や世界の中での自国の立場に対する認識と，国連待機軍創設提案の内容に対する評価が，北欧各国間で一致していたためと考えられる。しかし，各国の間に期待する協力内容についてまったく相違がなかったわけではない。UNEF 参加時と同様に，デンマークとノルウェーはともに NATO 加盟国であり，密接な軍事協力関係があったため，合同で国連の活動に軍事要員を派遣することに対する抵抗は少なかった。しかし，スウェーデンは中立政策を採っていたことから，国連の指揮下ではなく NATO 加盟国との合同の指揮下に，自国の軍事要員を置くことは受け入れられなかった。フィンランドも中立政策を採っていたことに加えて，隣国のソ連との関係から，NATO 加盟国との合同組織に参加することは不可能であった。アイスランドは自国の軍隊を保有していないため，兵員を要する活動には参加できなかった。このよう

な各国の違いから，まずデンマーク，ノルウェー，スウェーデンの3カ国によって各国の権限を残した形で北欧国連待機軍の構想が討議され，固められた構想を見てフィンランドが参加可能と判断して計画に加わるという経過を辿ったのである。

設立された北欧国連待機軍は当初の計画通りには進まず，後には国連待機軍に対する各国の見解は変化した〔香西 1991: 431〕。しかし，実際には北欧国連待機軍の制度は各国の緊密な連絡の下で運用され，共同での訓練が行われている。また，共同計画の下で国連待機軍を運用することから，4カ国の国防相が半年に1回，国連待機軍に関する問題について討議するために会合を持つようになった。会合の準備のために，「国連軍事問題北欧合同委員会」(Joint Nordic Committee for Military UN Matters; NORDSAMFN) が創設された。

北欧国連待機軍は，それまでに北欧地域で成功した協力体制と同じように，既に存在していた協力関係を土台として，超国家的組織を設立せず，各国が最終的な決定権を保持したままの形をとって実現するに至ったといえる。第二次世界大戦後，北欧諸国は国連での活動において継続的に協力を行っていたが，国連待機軍を共同で制度化し編成したことによって，「北欧」というアイデンティティが，より明確な形で表されたのである。

小括

1. 北欧会議の活躍と各国政府の協力提案への対応

1950年代半ばから60年代半ばまでの北欧での地域協力には，どのような特徴が見出せるだろうか。すべての地域協力の試みに共通して1940年代半ばから50年代半ばの期間と大きく異なった点は，北欧会議が本格的に活動を開始し，特に議長団が北欧協力を積極的に推進する主体としての役割を担い始めたことである。上に見た4つの地域協力提案では，最終的な決定は各国政府間の討議で下されたが，北欧会議も提案の討議の場として活用された。そして，北欧会議の議長団は自らのイニシアチブで各国政府との会合を開催し，各国政府に書簡を送付するなど，北欧での地域協力を推進

する新たな主体として精力的に活動した。しかし，各国の利害の相違を代表し最終的な決定権を握る政府と，北欧会議の目指す地域協力の形態には差異があった。「北欧」という地域としての協力に関しては北欧会議も各国政府も異論はなかったが，北欧会議は北欧地域全体の利益の増大を最優先に考えたのに対し，各国政府は自国の利益を最大にすることを常に志向した。その結果，北欧会議と各国政府の目指す協力内容の差を埋めることは難しく，結局は各国政府が自国の利害を考えて許容できる範囲での地域協力のみが，実現に至ることができた。

　北欧会議と各国政府の間には期待する北欧協力の内容に相違が存在したが，北欧各国の提案への態度にも相変わらず差異があった。デンマーク政府は北欧非核兵器地帯化構想には消極的であり，北欧共同市場創設案に対しても，他のヨーロッパ諸国間における経済協力の動向と自国との関係が最優先の問題で，北欧での地域協力は二の次であった。また，1950年代半ばまでは，他の北欧諸国に比べると共同体領域での協力には積極的であったが，ヘルシンキ協定の締結では初めて最も消極的な姿勢を示した。北欧国連待機軍の創設には比較的積極的であったが，これは自国に不利になる要素が少なかったためと考えられる。経済や共同体の領域での北欧協力の提案に対しては，西欧諸国の動向との関係を重視したことから積極性が薄れ，軍事に関する協力案についてはNATOの枠組みと両立するかどうかが重要な問題になっていたのである。

　フィンランドは北欧地域での協力への意欲はあるが，ソ連の反応が最も重要な問題であった。フィンランド大統領からの積極的な非核兵器地帯化の提案も，自国の対ソ関係を好転させる目的が強く，北欧会議への参加の実現もソ連の態度の軟化によって可能となった。経済領域での地域協力についても，北欧地域での協力には積極的に参加したいが，西側との協力に繋がる形態の場合には参加できない状況にあった。ヘルシンキ協定の締結に対しては，西側諸国とは一線を画す「北欧」での地域協力をソ連に明示する役割を果たすことを期待して，比較的積極的な姿勢を示した。北欧国連待機軍についても，各国の自律性を守りNATO加盟国の指揮下に入らないことが明らかになってから，参加を決定した。

アイスランドは自国の軍隊を持たず経済規模も小さかったため,軍事や経済分野に関わる地域協力への積極的な参加はなかった。ヘルシンキ協定への参加は,北欧地域での孤立を避けるために,他の北欧諸国と歩調を合わせることが目的であったと考えられる。ノルウェーは軍事に関する地域協力に関してはNATOの枠内で考える必要があったため,デンマークと同じ態度であった。経済分野での地域協力に対しては1950年代初めまでとは異なり,政府は北欧協力の推進を支持するようになったが,野党と国内産業の多くは反対の立場であり,国内に大きな対立があった。ヘルシンキ協定に関してはデンマークと異なり,EEC諸国との経済協力が最優先という立場ではなかったため,それほど消極的ではなかった。

 スウェーデンは,条約や宣言による北欧非核兵器地帯化構想に対しては,ソ連が参加対象外になっていたことから消極的であった。また,中立政策を採っていたためNATOとの深い繋がりは望まず,NATO加盟国の指揮下に入るような合同国連派遣軍への参加は受け入れられなかった。しかし,EECへの完全加盟は考えていなかったことから,経済分野の協力では北欧での地域協力に比較的高い優先順位をつけていた。そして,デンマークとノルウェーが他のヨーロッパ諸国に接近してスウェーデンが孤立することを恐れ,ヘルシンキ協定の締結には比較的積極的な姿勢を見せた。1950年代後半から60年代半ばの期間でも,提案によってどの国が積極的または消極的かが異なり,北欧諸国の北欧協力に対する態度は決して一様ではなかったのである。

2. 各協力領域での協力提案・討議の特徴

 この時期の各協力領域における北欧協力提案とその結果の特徴であるが,1940年代後半のスカンジナビア防衛同盟の提案以来暫く,安全保障に関する北欧での地域協力提案は出されなかった。北欧諸国がNATO加盟国と中立政策国に分裂し,北欧で防衛同盟を創設することはもはや不可能になっていたからである。1960年代初めには,米ソ間での戦略兵器開発競争やしばしば起こる両国間の対立,そしてソ連のフィンランドへの介入危機などから,北欧地域の非核兵器地帯化構想が提案されたが,この時期には軍事

問題は1940年代の後半ほど重要な焦点にならなかった。東西の間に挟まれている北欧諸国は，各国のNATOやソ連との関係の違いから，フィンランドを除く各国政府は非核兵器地帯化の提案に積極的な姿勢を見せなかった。そのため，実質的には北欧地域は非核兵器地帯であったにもかかわらず，北欧会議での提案やフィンランド大統領からの提案は具体的な討議に入ることなく，短期間で終了した。

それとは対照的に，経済協力に関する問題は調査範囲が縮小されながらも，1948年に創設された合同委員会の活動が続けられていた。北欧会議も何度も勧告を出し，1950年代半ばには共同市場創設という形で地域協力を進める機運が高まった。しかし，1956年からはヨーロッパ全体で大欧州自由貿易地域構想に関する討議が開始され，1959年にはEFTAの設立が本格的に協議されるなど，北欧諸国を含んだヨーロッパにおける経済協力の討議が，北欧諸国のみでの経済協力の討議と同時進行していた。また，1957年にはEEC設立の条約が締結され，翌年にはEECが発足した。

これらのヨーロッパでの動きから，北欧地域としての経済協力は他のヨーロッパ諸国との繋がりの中で考えられるようになり，北欧諸国のみでの経済協力は最優先課題にならなかった。それまでになく北欧地域としての経済協力が注目されたものの，ヨーロッパでの経済協力の動向からの影響が大きく，その中で北欧の地域経済協力は意義が薄れてしまったのである。長期に及ぶ討議の結果，北欧各国が北欧経済協力に期待する内容には相違が存在することも明らかになり，共同市場構想は実現しなかった。しかし，これで経済協力推進の道がすべて断たれたわけではなく，閣僚や高級官僚で構成される経済協力組織が政府間で設置され，北欧会議も政府に対して協力推進継続の勧告を行い，北欧会議内に委員会を設置した。こうして，次の経済協力への基礎が残された。

共同体領域では，ヘルシンキ協定が締結されたことが最大の出来事であった。協定締結実現の直接の契機となったのは，デンマークとノルウェーのEEC加盟への動きであった。両国の動向によって，北欧地域での協力推進に対する不安が沸き起こり，地域外の国家にも北欧協力の内容を示すことが必要になったのである。これは，イギリスのEEC加盟申請からデンマ

ークとノルウェーが大きな影響を受けた結果であったといえる。また、北欧諸国が西側諸国に接近したと感じてソ連が敵対感を表し始めたことも、北欧協力の国際条約化を進める契機となった。ヘルシンキ協定締結についても、地域外からの影響が大きかったといえる。

しかし、北欧協力の条約化の背景としては、北欧非核兵器地帯化構想が北欧会議で取り扱う議題として適切かどうかが問題になったことや、安全保障、大国に対する外交政策および経済以外の分野では、北欧地域としての協力が着実に進められていたこともあった。北欧諸国間の協力はどの分野を対象としているのかを、地域外の国家に明らかにするとともに、北欧諸国間でも協力内容を明確にして、より協力を促進する基盤を作る意図があったといえる。このような地域内外の両方の要因から、ヘルシンキ協定は短期間で締結されたと考えられる。

安全保障と共同体の両領域にまたがる地域協力として考えられるのが、北欧国連待機軍の設置である。国連の平和維持活動は北欧諸国の安全保障に直接的な影響は与えないが、各国の軍隊が関わるという点で安全保障領域に含まれ、地域としての一体感を高める役割を持つことから共同体領域にも入ると考えられる。国連の平和維持活動における北欧諸国間の協力に関しては、1956年にデンマークとノルウェーから合同派遣軍の提案があったが実現しなかった。しかし、1960年からの北欧国連待機軍設置の討議は、国連事務総長からの打診という地域外からの刺激を受け、協力内容自体は各国の決定権を完全に残す形態となり、政府間の討議で短期間のうちに構想の実現が合意された。この背景には、各国とも過去に国連の平和維持活動に積極的に参加していたため、協力推進に向けて足並みが揃っていたことがある。つまり、共同体領域で成功した地域協力と同様に、早期に実現できるだけの下地が既に出来上がっていたことが、成功の背景としてあったといえる。

3. 3つの協力領域間の関係

では、1950年代半ばから60年代半ばまでの期間の、3つの協力領域における地域協力の関係はどのようなものであったのだろうか。以前に地域協

力の提案が活発に行われた1940年代後半とは異なり，安全保障に関する地域協力は最優先課題にはならず，経済協力の問題が中心となった。しかし，経済領域での当面の地域協力は実現せず，EECに加盟する国が北欧諸国の中から出る可能性が高まったため，共同体領域での地域協力を明文化し，強化する方向に動くこととなった。また，北欧会議に安全保障領域の問題である非核兵器地帯化構想が提案されたことによって，北欧協力の内容を明確にする必要性が生じた。

協力領域間関係から見ると，この時期に経済問題が北欧協力の議論の中心になりえた背景として，安全保障分野での地域協力が大きな論点にならなかったことが考えられる。つまり，安全保障領域での地域協力討議が，経済領域での地域協力討議の活性化を妨げることがなかったといえる。共同体領域での地域協力が促進された背景としては，安全保障領域では各国の政策が異なり，協力体制を公式に形作る地域協力提案の討議が進まなかったことに加えて，経済領域でも北欧諸国間の分裂の危機が存在していたことがあった。つまり，共同体領域での協力提案討議は，安全保障と経済の両協力領域における討議の動向から，地域協力を促進させる影響を受けていたと考えられる。

安全保障と共同体の両領域に入る北欧国連待機軍に関しては，各国の認識で共通の安全保障政策を採るというより，世界の中で「北欧」地域としての共通のアイデンティティを形にして示す側面が強かったと考えられる。また，国連待機軍の共同訓練や訓練施設の分担などは，北欧地域内での協力を緊密化，効率化する役割も大きく，軍事的要素も有していたが，どちらかというと共同体領域に入る特徴を多く持っていたといえる。それまでに成功実績のある共同体領域の特徴を多く持つ協力形態が想定されたため，協力推進に対する抵抗も少なくなり，北欧国連待機軍の設置は短期間で実現されたのであろう。

1940年代後半から50年代前半の時期と異なり，地域協力討議の焦点は経済問題に移ったが，経済領域での協力は実現に至らなかった。その失敗自体が共同体領域の地域協力提案を成功に導いたわけではないが，その後のデンマークとノルウェーのEEC加盟申請がもたらした北欧協力の後退や

消滅への危機認識が，共同体領域の地域協力を推進する契機となった。しかし，共同体領域は安全保障や経済の協力領域から一方的に影響を受けていたのではなく，共同体領域でとられていた地域協力を成功へと導く協力方法が，軍事に関わる分野での地域協力にも広がるなど，共同体領域での協力成果が他の領域に含まれる協力を促進する背景のひとつとなったといえる。

(1) 北欧会議には政治問題を専門に扱う委員会は設置されていなかったため，政治的性質を持つ問題は経済委員会で討議されていた。
(2) 詳しくはAnderson〔1967: 99〕を参照。
(3) 詳しくは大島〔1984a: 41-55〕，佐藤〔1984: 92-94〕を参照。なお，デンマーク領グリーンランドには例外として，アメリカ軍のレーダー基地が設置されていた。
(4) ウンデーンの提案は「ウンデーン・プラン」とも呼ばれ，核保有国間に核実験禁止条約の締結を促すことを目指して，非核保有国で核兵器を開発，取得，備蓄しないことを約束した「非核クラブ」を形成することを提案した。詳しくはBrodin〔1966: 18-20〕を参照。
(5) 「北欧均衡」の考え方から各国の非核兵器地帯構想の拒否を分析した研究には，百瀬〔1984a: 2-14〕がある。
(6) 詳しくはWendt〔1959: 167-171〕を参照。
(7) 他に，European Free Trade Area, Wide Free Trade Area, Free Trade Areaと呼ばれることもあった。
(8) 1955年時点で，スカンジナビア3カ国の全輸出額に対する，①対EEC諸国輸出額割合と，②対イギリス輸出額割合は以下の通りである。
　　　デンマーク　：①29%　②33%　　ノルウェー：①24%　②22%
　　　スウェーデン：①32%　②20%　　〔Miljan 1977: 290-297〕
(9) 対象となった品目は，すべての工業原料，工業用半製品，大部分の完成工業製品であり，除外されたのは，農産物，水産物，半完成工業製品，保護対象の消費財であった〔Wendt 1981: 109〕。
(10) ノルウェー国内の利益集団，野党の動きについてはHaskel〔1976: 112-115〕を参照。
(11) 北欧諸国間での閣僚，官僚間の協力についてはSundelius〔1978〕を参照。

(12) アイスランドは首相ではなく,社会保障・漁業大臣が参加した。
(13) アンダーソンは,1956年から議長団と各国外相による会期後の会合は存在しており,1957年からは各国のすべての大臣が参加できる会期末の会合になっていたため,大きな改革ではなかったが,北欧会議の改革を拒否したことに対する代償として,政府が合意したものであると分析している〔Anderson 1967: 121〕。
(14) 正式名称は,「デンマーク,フィンランド,アイスランド,ノルウェー,スウェーデン間の協力協定」(Agreement of Cooperation between Denmark, Finland, Iceland, Norway and Sweden; Samarbetsöverenskommelse mellan Danmark, Finland, Island, Norge och Sverige)。「ヘルシンキ条約」(Treaty of Helsinki) と呼ばれることもある。
(15) これはあまりにも密接な北欧諸国との繋がりが,EEC加盟の阻害要因となることを恐れたからであった〔Anderson 1967: 122〕。
(16) 北欧会議のノルウェー代表議員であったリュング (Lyng, John Daniel) (1963年に首相就任) は,この協定は「生み出された背景や歴史的状況から見ると特に,この種の他の宣言と同様に道義的な拘束となる」と発言していた〔Wendt 1981: 41〕。

第4章　経済協力討議の進展・
　　　挫折と北欧閣僚会議の創設
―― 1960年代半ばから1970年代初め――

　本章では，1960年代半ばから1970年代初めの期間に提案，または実現された北欧の地域協力を分析する。この時期には安全保障領域に関する協力提案はなかったため，提案が出されなかった背景を考察することとする。経済領域に関しては，1968年から70年のNORDEK（北欧経済連合）構想を考察する。共同体領域については，1971年の修正ヘルシンキ協定の締結と北欧閣僚会議の設立を分析し，個別分野での地域協力の条約化として1968年の発展途上国における合同援助計画運営に関する協定（オスロ協定），1971年の北欧文化協力協定，1972年の北欧交通通信協力協定の締結をそれぞれ考察し，3つの協定の締結における共通点を探る。最後に，この時期の全体的な特徴とともに，各国の態度の相違，3つの協力領域における地域協力の特徴，3つの協力領域間の関係を分析する。

第1節　安全保障領域での地域協力の停滞

　1960年代後半から70年代初頭までは，安全保障領域での北欧地域としての協力提案は全くなかった。その理由として考えられるのは，東西間の緊張緩和である。1940年代後半の防衛同盟構想や，1960年代初めから中頃にかけての非核兵器地帯設立提案といった，以前に出された安全保障領域での地域協力提案の背景には，東西間の対立があった。しかし，1960年代後半には東西間で対話が進展し，東西関係の緊張が和らいでいた。1960年代半ばからはデタントの路線が緩やかに始まり，1968年7月には国連の決議

に基づいて核拡散防止条約（NPT）が締結された（1970年3月発効）。米ソ間でも対話への動きが進み，1969年10月に SALT（戦略兵器制限交渉）が始まった。1972年5月には米ソ間で SALT‐I（戦略攻撃兵器制限暫定協定）と弾道弾迎撃ミサイル（ABM）制限条約が調印され（両条約とも同年10月発効），戦略兵器の現状を量的に凍結することに成功した。北欧諸国の中では，特にフィンランドが東西間の交渉において大きな役割を果たした。フィンランドは，SALT‐Iで予備交渉および本交渉の場を提供し，1970年代になって欧州安全保障協力会議（CSCE）の開催に東西両陣営の一応の合意が得られると，準備会議や外相会議などのホスト国として活躍した。

1960年代前半は東西間の緊張が極度に高まったことから，フィンランドはソ連からの圧力を恐れて，ソ連の行動に先手を打つ形で北欧地域として非核兵器地帯化宣言を行うことを提唱していた。しかし，1960年代後半には東西間の緊張関係が緩み，非核兵器地帯設立の提案を出す必要性が低減していたのである。また1960年代前半には，北欧会議で各国の共産系議員が共同で2回北欧非核兵器地帯化構想を提案したが，いずれも北欧会議で実質的な討議に入ることはできず，初めは団結していた共産系の議員の結束も次第に弱まっていった。1960年代前半に精力的に活動していたフィンランド大統領にも，北欧会議の共産系の議員にも，1960年代後半には，北欧地域の安全保障に関する提案を緊急に発議しなければならない理由は存在せず，非核兵器地帯化の提案を積極的に行う主体はなかったのである。

第2節　NORDEK（北欧経済連合）設立への進展と挫折

1. NORDEK 構想の提案と討議過程

1950年代末に北欧共同市場構想が挫折した後，1960年5月にスカンジナビア3カ国は他のヨーロッパ4カ国と EFTA を形成し，1961年にはフィンランドが FIN‐FFTA 連合協定を結び，準加盟国として EFTA に参加した（正式加盟は1986年[1]）。アイスランドは，1970年3月に EFTA 加盟を果たした。しかし，1961年にはデンマークとノルウェーが EEC への加盟申請を決

定し,スウェーデンもEECに条件付き加盟か連合を求めたが,フィンランドとアイスランドには加盟の意思は見られず,北欧諸国間で対EEC政策に差異が現れていた。イギリスのEEC加盟をフランスが拒否したため,デンマークとノルウェーのEEC加盟は実現しなかったが,1967年に再びイギリスとともに,デンマークとノルウェーはEC(欧州共同体)に加盟申請し,スウェーデンも中立維持を前提にEC加盟を模索した。しかし今回も,同年末のフランスによるイギリス加盟拒否から,2カ国のEC加盟は実現に至らなかった。1961年から67年までは,北欧5カ国は各国個別の判断でEEC/ECとの関係を決定し,スカンジナビア3カ国は程度の差はあるがEEC/ECとの繋がりの強化を目指し,アイスランドとフィンランドはEEC/ECとの関係強化は行わないという態度をとっていた。

1960年代後半から70年までの北欧における地域協力提案の中で,最も活発に討議されたのは,経済分野での協力であった。この時期の北欧地域での経済協力に大きな影響を及ぼしたのは,ECの動向であった。EC加盟の実現可能性が低下したことから,にわかに北欧での地域経済協力に対する関心が高まったのである。今回のイニシアチブはデンマークが取った。1968年2月の北欧会議通常会期においてデンマークのバウンスゴー(Baunsgaard, Hilmar) 首相が,北欧地域での経済協力の拡大を提唱し,この問題を北欧各国の首相,外相,北欧協力大臣の間で討議することを提案した。この突然の提案は北欧会議で取り上げられ,提案の4日後に各国政府に対して,北欧地域での経済協力に関する調査の拡大を要求する勧告が採択された。そして,同年4月末にデンマーク首相の提案でアイスランドを除く北欧4カ国の首相会談が,北欧会議の議長団および経済委員会と合同で開催された。同会談では北欧での経済協力体制の創設について討議が行われ,5つの基本原則が合意された。

具体的な作業としては,10分野での経済協力に関する調査と,必要な機関・制度の設置を含んだ地域協力拡大に向けた提案の作成が決定された。緊密な経済協力の可能性を調査する委員会の創設が合意され,1968年6月に翌年1月1日までに中間報告書を提出することを任務とする,「北欧政府官僚委員会」(Nordic Committee of Senior Officers; Nordiska ämbetsman nakommittén)（以下では官僚委員会と略）が設立された。この委員会では4カ国の代表によって構成される9つの作業部会が設置され，1人を長とするのではなく各国代表の高級官僚4人がそれぞれ責任を負うことになった〔Wiklund 1970: 313〕。1968年10月末に開催された北欧各国の首相と北欧会議議長団の合同会議において，官僚委員会の活動日程と北欧会議の作業への参加が討議され，1969年1月15日までに官僚委員会が報告書を北欧会議の議長団と経済委員会に提出することが合意された。デンマークの首相および社会民主党の北欧会議議員とノルウェー労働党の議員は，協力推進を速いテンポで行うことの重要性を強調していたが，フィンランド政府は速すぎるペースに対して唯一警告を発していた〔Wendt 1981: 128〕。

　1969年1月3日に官僚委員会は，NORDEK（北欧経済連合）と名付けた北欧経済協力構想に関する中間報告書を完成させた。短期間の討議で作成された報告書であったが，報告内容には10分野での協力に関する分析，それに対する具体的な長・短期間の提案，機関・制度の計画が記されており，調査対象の製品のうち85％で共通関税の設定に合意が成立していた。しかし，残りの25％（EFTA域外からの輸入）では共通関税についての合意に達しておらず，他の北欧諸国内での起業権に関しても意見が分かれていた〔Wendt 1981: 127〕。農業政策，漁業政策，協力の基金と制度についての問題も，意見の一致をみなかった。これらの問題については4カ国の利害の差が大きく，調整可能な状況ではなかったのである。

　中間報告書は，1969年1月半ばから2月の間に三度開催された北欧4カ国首相会談で討議された。1回目の1969年1月半ばの会談では各国を拘束する公式決定は行わなかったが，報告書自体は評価し，2月半ばの会談に向けて追加の情報を要求した。2回目の北欧首相会談は，他の大臣と北欧会議の議長団および経済委員会と合同で，2月初めに開催された。この会合では，官僚委員会は1969年7月15日までに最終報告書を作成し，可能であれば条約草案も同日までに作成することが決定された。2月半ばに行われた3回目の首相会談では，農業に関する技術的な問題の討議が中心となり，実質的な決定は何もなされなかった。1969年3月初めに開催された北欧会議通常会期の一般討議でも，NORDEK構想が中心の議題となった。

会期では，拡大した北欧経済協力は可能である，調査は拡大されるべきである，官僚委員会は NORDEK 設立条約の草案を含んだ北欧経済連合創設の提案の策定を続けるべきである，という合意が成立した。そして，北欧4カ国の政府に対して，1969年7月15日までに経済協力提案を提出することを促す勧告が採択された〔NR 1972b: 544〕。

1969年7月17日に官僚委員会の最終報告書が公表され，NORDEK 条約の草案では，各章で協力の目的と実現のための手続きが明確に示された。しかし，各章の条項の具体的な内容は完全ではなく，枠組みの提示に止まっていた〔Wendt 1981: 129〕。内容をめぐっては，スウェーデンと他の3カ国の間で原料と半完成品に対する共通関税の実施について意見が分かれており，他にも農業政策，漁業政策，経済協力機関・制度の調整に関して，合意が達成できていなかった。合意に至らなかった理由は，これらの問題での4カ国の主張の相違であった。官僚委員会での討議では全体的として，デンマークが協力の問題点を補完する提案を出し，フィンランドは最も穏健な態度をとっていたが，ノルウェーは漁業問題に対して戦略的にさまざまな態度をとり，スウェーデンは合同基金への出資の前提条件として完全な関税同盟を要求し，いくつかの問題では強硬な姿勢を示していた〔Wiklund 1970: 317〕。

1969年秋には，北欧協力に関する問題が官僚による計画の段階から政府間の討議へと進み，再び北欧4カ国による首相会談が頻繁に開催された。同年11月3日にはスウェーデン首相の呼び掛けで首相会談が開催され，官僚委員会の報告書は討議継続の叩き台として十分である旨が言及され，1970年2月初旬の北欧会議通常会期までに問題解決に努力することが合意された。また，北欧会議会期に向けて各国が首相を長とする政府代表団を形成し，2月までの間に11月末，12月半ば，1月半ばの3回，政府代表団の会合を行うことが決定された。1969年11月末の会合では，スウェーデンが農業分野でデンマークの要求を受け入れたことから，かなり交渉が進展した。しかし，討議において中心問題であった財政，関税同盟，漁業政策については，ノルウェーが消極的な態度を示した〔Wiklund 1970: 318〕。

北欧4カ国間での NORDEK に関する交渉は，官僚委員会や首相会談を

通じていくつかの問題を残しながらも進められたが，1969年12月になるとECの動向に変化が現れ，北欧での経済協力の討議に影響を及ぼした。1969年12月1〜2日に行われたハーグでのEC 6カ国首脳会談で，ドゴール（de Gaulle, Charls）退陣後にフランス大統領となったポンピドゥー（Pompidou, Georges）が，イギリスのEC加盟に対して拒否権を行使しないことを示唆した。それまでデンマークとノルウェーは，イギリスがECに加盟不可能なうちは自国の加盟も不可能と考え，北欧での地域経済協力の討議を進めていたが，フランスのイギリスに対する態度が軟化したことでEC加盟の可能性がにわかに高まったのである。

　この状況の下で，北欧での地域経済協力の討議に対して最も敏感な反応を示したのは，フィンランドであった。フィンランド政府は同年12月5日の声明で，12月半ばにフィンランドで開催予定であった首相会談を取り消すことを予告なしに発表した。フィンランド首相のコイヴィスト（Koivisto, Mauno）は12月8日のテレビインタビューで，北欧4カ国の経済協力に関する討議の延期理由として，フィンランド国内選挙とECの状況を挙げた。しかし，翌日の記者会見では，地域外からの圧力が討議の延期の原因であることを，首相と外相が否定した〔Wiklund 1970: 318〕。結局，スウェーデン首相の調停によって，12月12日から13日にヘルシンキで首相会談が開催され，官僚委員会レベルでの討議の継続は決定されたが，フィンランド首相は1970年3月のフィンランド国内選挙が終わるまでは，フィンランドは既存の予定に拘束されないことを主張した。

　ヘルシンキでの首相会談の数日前にデンマークの報道官は，デンマーク，ノルウェー，スウェーデンで構成し，後にフィンランドが加入することを予定した，SKANDEKという新たな経済協力の提案を公表していた。しかし，この提案はノルウェーとスウェーデンの反対によって立ち消えとなり，北欧地域での経済協力はNORDEKのみが具体的構想として残った。フィンランドの態度変化によって，NORDEKに関しては新しい日程の作成が必要となったが，構想に関する討議自体がとりやめになることはなかった。

　1970年1月の半ばに，フィンランドは新たな行動を起こした。フィンランド政府はNORDEKの交渉の継続に変更はなく，その遂行のために必要

な手段をとるが，留保条件があることを声明として発表したのである。それは，NORDEKの交渉中またはNORDEK条約の発効前に，北欧諸国のうち1カ国でもECと公式交渉を始めた場合，フィンランドにはNORDEKに関する交渉や条約実施に向けた措置をとることを中止する権利がある，というものであった。また，NORDEKの条約には，NORDEK形成後に構成国のうち1カ国でもECに加盟した際には，他の締約国はNORDEK実施のための措置を停止できるという条項を含むべきだ，との主張を示した。フィンランドの声明に対して他の3カ国は，フィンランドが交渉継続の準備を行っていることに満足していることを表明し，フィンランドの条件は受け入れられた〔Wiklund 1970: 319〕。

フィンランドの態度変化はあったが，各国首相と緊密な接触を保ちながら官僚委員会の活動は続き，最終的な討議によって1970年2月4日には未解決であった問題について合意が成立し，追加報告書が作成された。この時点で唯一解決されていない問題は，フィンランドが留保を示した3つの基金（一般，漁業，農業）への資本の配分であった。同月7日からの北欧会議の通常会期では，1969年7月17日と70年2月4日の官僚委員会の2つの報告書という形で，NORDEK条約の草案が提出され，北欧での経済協力の問題が中心的な議題となった。

その中でも，NORDEKに対する北欧会議の位置づけが討議の焦点となった。北欧会議はアイスランドを除く4カ国の政府に，北欧会議の会期終了までに条約の批准が可能となるよう，協力提案を各国の議会にできるだけ迅速に提出することを勧告した〔NR 1972b: 545〕。そして，NORDEKでの北欧会議の位置づけは，1968年1月に活動を開始していた北欧機構委員会（本章第3節参照）のガイドラインに基づいて解決されるべきであるとの提案が出された〔NR 1970a: 1〕。

1970年2月20日に官僚委員会から北欧会議にNORDEKに関する提案が提出され，会期中にNORDEK創設についての合意が成立し，最終討議の日程が作成された。予定では1970年3月7日までに政府間の最終討議を終了させ，同日に各国首相がNORDEK条約に署名，同年4月初めまでに各国議会で批准し，1971年1月1日に条約発効，同日NORDEKの機関が活動を

開始し，1972年1月1日に第一段階の関税同盟が始まる，というスケジュールとなった。そして，1970年2月半ばにNORDEKに関しての最終的な首相会談が，フィンランド外相の出席の下で開催された。フィンランド外相は，NORDEK構想に対して決定を下すのは選挙後の新しい議会と政府であるとのことから，実施日程の作成に懐疑的な意見を表明した。そして，同年2月23日にフィンランド政府は，条約への署名は官僚委員会が完全な条約草案を完成するまで延期されるべきだとの決定を下した〔Wiklund 1970: 319-320〕。

官僚委員会の作業では，1970年2月7日に基金に対するフィンランドの留保が取り除かれ，同年3月初めに用語の調整などが行われてNORDEKの条約草案が作成された。条約前文には最初の首相会談で合意された5つの基本原則のうちの4つが記され，条文は制度，経済政策，関税と貿易政策，農業政策，漁業政策，財政配分，一般条項から構成された。[5]経済協力は2つの段階に分けられ，第一段階は工業製品の対外共通関税の設定と農産物の地域内での貿易の拡大，第二段階では農産物と水産物の共同市場の設立が予定された。協力内容は，①税金，財政，融資，外為政策の統合，②北欧地域内での資本移動の自由化と発展途上国への資本移動での共通政策の確立，③北欧共同労働市場の行政の吸収，④北欧地域内での起業権と専門サービス供給の権利，⑤教育政策の統合，であった。[6]

協力のための制度・機関としては閣僚会議，常設政府官僚委員会，常設事務局を中心機関として設置し，決定は閣僚会議の全会一致によることになった。その他の機関としては9つの協力委員会，諮問委員会が設置されることになった（図4－1参照）。この構想では超国家的な意思決定機関の創設は想定されておらず，最終的な決定権はあくまでも各国が握っていた。特徴としては，EFTAの枠内での協力を前提としており，外交政策や安全保障政策には影響を与えないことが明言され，ECとの関係には踏み込んでいなかった。第二次世界大戦後ではこれが三度目の地域経済協力の提案であったが，それまでで最も進んだ形の協力制度の設立に合意することができ，最も実現に近づいた。また，アイスランドはこの時点では参加予定国ではなかったが，アイスランドの加入にも門戸を開くものとなっていた。

図4-1　NORDEK構想での制度・機構

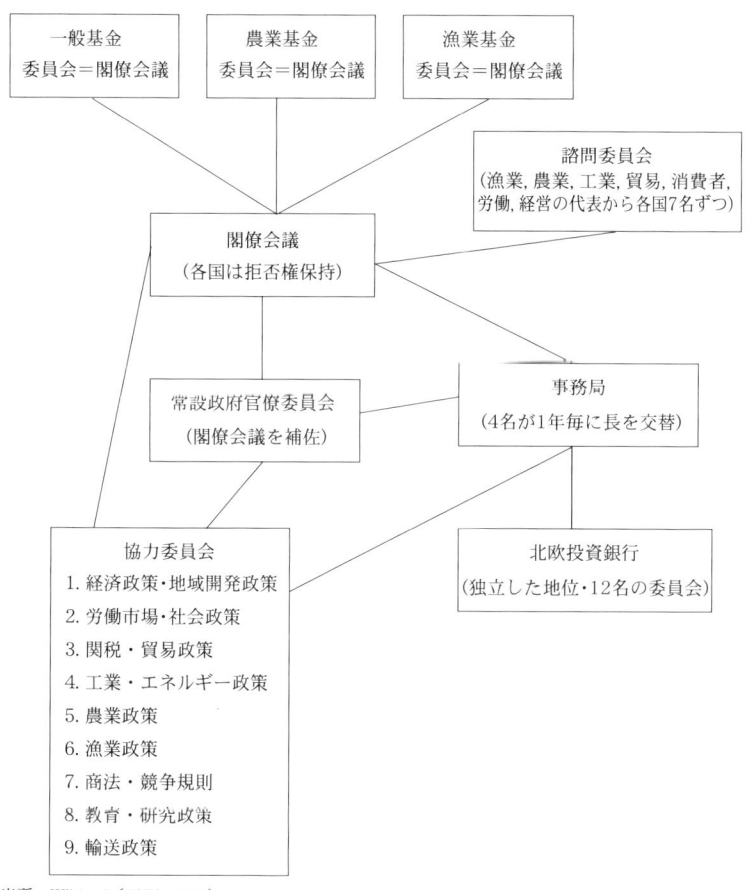

```
┌─────────────┐  ┌─────────────┐  ┌─────────────┐
│  一般基金    │  │  農業基金    │  │  漁業基金    │
│委員会=閣僚会議│  │委員会=閣僚会議│  │委員会=閣僚会議│
└─────────────┘  └─────────────┘  └─────────────┘
                                    ┌──────────────────────────┐
                                    │     諮問委員会           │
                                    │(漁業,農業,工業,貿易,消費者,│
                                    │ 労働,経営の代表から各国7名ずつ)│
                                    └──────────────────────────┘
          ┌─────────────────┐
          │    閣僚会議      │
          │(各国は拒否権保持) │
          └─────────────────┘

    ┌──────────────────┐      ┌──────────────────┐
    │ 常設政府官僚委員会 │      │     事務局       │
    │ (閣僚会議を補佐)   │      │(4名が1年毎に長を交替)│
    └──────────────────┘      └──────────────────┘

    ┌──────────────────┐      ┌──────────────────┐
    │    協力委員会    │      │   北欧投資銀行    │
    │1.経済政策・地域開発政策│      │(独立した地位・12名の委員会)│
    │2.労働市場・社会政策│      └──────────────────┘
    │3.関税・貿易政策   │
    │4.工業・エネルギー政策│
    │5.農業政策        │
    │6.漁業政策        │
    │7.商法・競争規則   │
    │8.教育・研究政策   │
    │9.輸送政策        │
    └──────────────────┘
```

出所：Wiklund〔1970：321〕.

　条約本文が完成し，あとは調印するだけとなったが条約調印予定日前日の1970年3月6日に，フィンランド政府は再びフィンランド国内選挙後への署名の延期を要求した。そして，同年3月24日にフィンランド首相がNORDEK創設の条約に調印しないことを通告し，選挙後の同年4月6日に開催されたフィンランド議会において，この決定がフィンランド大統領

ケッコネンの演説によって再確認された。これは他の北欧諸国にとっては，非常に深い失望となった。結局，NORDEK は実現の寸前で挫折することとなった。ケッコネンは NORDEK 構想による調査結果の基本的な方針に沿って，部門別に北欧地域での協力を強化することを提案したが，この提案は他の北欧諸国に拒否された。

しかし，1970年8月初めに開催された北欧首相会談では，北欧諸国を含んだヨーロッパ規模での市場発展と並行して，北欧での地域経済協力も継続，強化する必要があることが強調された〔Wendt 1981: 137〕。1970年末までの EC との一連の交渉や会議においても，直接加盟交渉を行っていない北欧諸国も参加するなど，北欧諸国間の密接な繋がりが継続された。1971年2月の北欧会議通常会期では，NORDEK 構想不成立の事実が確認され，北欧諸国と EC の関係と将来の北欧での地域協力が主要な議題として討議された。

デンマーク議員のノルゴー（Nørgaard, Ivar）元外相は，NORDEK 条約の内容を生かしてスカンジナビア3カ国で SKANDEK を最初に形成し，後にフィンランドが加入して FINN-SKANDEK を作ることを提案した。しかし，この提案はフィンランド外相によって拒否され，スウェーデン外相も3カ国での協力は，北欧地域に分裂と孤立の要素をもたらすことになり，北欧協力を弱化するだけであるとして，提案を拒否した。しかし，NORDEK のような経済協力が完全に否定されたわけではなく，地域協力の強化と発展を徐々に進めて，再び NORDEK のような協力を目指すことに対する期待は残った。この会期では，今後の北欧での経済協力は，北欧閣僚会議（詳しくは本章第3節参照）の下で作業を行う形にすることが勧告された。

2. NORDEK 構想討議の進展と実現失敗の要因分析

1940年代の後半から70年代初めまでに，北欧で経済協力構想は三度討議されたが，最も実現に近づいたのは1968年から討議された NORDEK 構想であった。当時アイスランドを除く他の4カ国は EFTA に参加し，その枠内で協力を行っていた。経済分野で北欧協力を目指した要因には，どのよ

うなことがあったのであろうか。

デンマークからの北欧経済協力推進の提案は、他の北欧諸国が予想していなかった突然のものであった。デンマークから提案が出された背景には、まずイギリスのEC加盟に対するフランスの拒否が大きな要因としてあった。1962年に続いて、1967年にもフランスのドゴール大統領がイギリスのEC加盟を拒否する態度を示したため、イギリスとそれに追随したデンマークとノルウェーのEC加盟も実現せず、当分はこの3カ国のEC加盟の可能性は低いものであることが明らかになった。そのためデンマーク首相は、EC加盟の実現を待つ間に、北欧での経済協力の拡大の可能性を考えるべきであると主張し、提案を出したのである〔Wiklund 1970: 311〕。デンマーク外相のヘケルップ（Hækkerup, Per）は、北欧諸国に門戸を開いた将来のヨーロッパ規模での経済統合に備えて、北欧地域で経済協力を進めるべきだとの見解を示した〔Miljan 1977: 103〕。

このようなEC拡大の行き詰まりに加えて、EFTAが行き詰まった時の保険という意味合いも、北欧地域での経済協力の提案が出された背景にあったと考えられる。[7] EFTAは北欧各国に利得をもたらしたが、工業製品のみが対象であったため、デンマークは輸出で重要な位置を占める農産物の輸出拡大を期待できる経済協力を望んでいた。また、EFTAにおいて初めはイギリスの市場が北欧諸国にとって重要であったが、徐々にイギリスとの貿易増加率は停滞し、代わりに大陸ヨーロッパ諸国との貿易が重要になっていた〔Haskel 1976: 126-127〕。

同時に、北欧地域内での貿易もEFTAの枠組みの中で増加していた（表4-1参照）。デンマークの提案は突然であり、他の4カ国は1950年代末の北欧経済協力の失敗も記憶にあったため、初めは驚きをもって提案に反応し、特にノルウェーは慎重な態度を示した。しかし、提案の2カ月後にアイスランドを除く首相会談で、経済協力に関する5つの基本原則が合意されたことからも、北欧諸国間での経済協力の強化に対して、北欧4カ国は積極的な評価を与えるようになっていたと考えられる。従来の経済協力提案とは異なり、NORDEK構想は各国の経済利益集団からも広範な支持を得ていた〔Wiklund 1970: 323-327〕。ニールソンは1960年代後半の経済協

表4-1 北欧諸国間貿易の傾向 1959〜68年

	全輸入における北欧諸国間の割合（％）		全輸出における北欧諸国間の割合（％）	
	1959	1968	1959	1968
デンマーク	14.3	22.0	17.3	24.7
フィンランド	12.3	19.7	6.6	16.7
ノルウェー	21.2	27.7	17.6	24.1
スウェーデン	8.3	16.3	19.7	24.6

出所：Nielsson〔1971: 176〕．

討議の発展の理由として，北欧諸国間に存在していた歴史的，イデオロギー的な繋がりと，市場機会拡大による商業利益の両方が結びついたことを挙げている〔Nielsson 1971: 176-177〕。

つまり，1940年代後半および50年代半ばから後半にかけて討議された2つの経済協力提案と比べると，1960年代後半には北欧諸国間での経済協力の強化で得られる実際の利益が増大したと各国に認識されるようになり，NORDEK の討議が前向きに進められたと考えられる。また，1960年代後半の時期には，実務的な北欧協力において多くの成果が上がっていることが一般の人々にも認識されるようになり，北欧諸国民間の関係は非常に良好であった。ゆえに，北欧地域での経済協力の強化の提案に対して，大規模な工業，農業団体から強固な反対の声が上がる心配が少なくなっていた〔Wendt 1981: 135-136〕。実際の経済的利益獲得の見込みと，実務面での北欧協力の定着という背景から，デンマークが経済協力提案を出す素地が整い，他の北欧諸国も積極的に提案を受け入れて討議を進めることができたのである。

NORDEK の討議過程には，どのような特徴が存在したのであろうか。第一の特徴としては，1950年代後半の北欧共同市場構想の討議時とは異なり，北欧会議とともに各国政府も NORDEK の設立に積極的であったことが挙げられる。具体的な作業を進め，決定を下す政府が積極的であったため，政府間や委員会での NORDEK 構想の内容に関する討議において，比較的短期間で各国間の譲歩や妥協が成立し，条約調印の寸前までに2年間という短い期間で進むことができたのである。

第二の特徴として指摘できるのは，北欧会議と各国政府の関係の緊密化である。討議の中心はあくまでも政府間であり，決定のイニシアチブは政府が握っていた。実際に条約の中で予定された NORDEK の意思決定機関も，各国の閣僚によって構成される閣僚会議であり，全会一致による決定という各国それぞれが拒否権を持つ性格の組織であった。超国家的組織は想定されず，最終決定権はあくまでも各国政府が保持する制度であった。しかし，各国の首相間で頻繁に会談が行われるなど政府自体も提案に対して積極的な態度を示し，北欧会議も NORDEK 創設に向けた動きに積極的に参加し，NORDEK において北欧会議が積極的な役割を果たすことを望んだ。北欧会議の議員は，各国政府以上に NORDEK の創設に積極的であった。EC と NORDEK の関係に対しては，議員の間で代表する国によって選好に違いはあったが，総じて NORDEK の設立に対しては非常に積極的であった。(9) ゆえに，北欧会議の議員の支持を背景に，北欧会議議長団が各国首相との合同会議を開催し，北欧会議の場で NORDEK 構想が討議され，3 回に互って各国政府に協力の推進が勧告された。

　第三の特徴としては，世論の支持がある。北欧での地域協力に対して一般的に各国の国民は好意的な態度を示していたが，NORDEK に関する討議が行われている間，特に中間報告書が提出され具体的な討議に入った 1969 年初めからは，北欧地域での協力に好意的な世論が強くなっていた〔Wendt 1981: 135-136〕。討議過程でこれらの特徴を持ったことから，NORDEK に関する討議は短期間で条約締結の準備まで進むことができたのである。この討議過程の特徴がすなわち，条約締結直前にまで到達しえた要因であるといえよう。

　デンマークから北欧経済協力構想の提案が出された時には驚きがあったものの，各国政府は早期に提案についての話し合いの場を持ち，NORDEK に関する討議は各国政府間を中心として比較的順調に進められた。しかし，イギリスの EC 加盟に対するフランスの態度軟化によって，結局は条約締結直前で挫折した。最終的に NORDEK の不成立を決定したのは各国政府であることを考えると，NORDEK 構想に関する討議における各国政府の態度の相違に，失敗の原因を見出すことができるであろう。頻繁に行われ

た政府間の討議で叩き台となった報告書は官僚委員会で討議，作成されたが，政府と委員会での各国代表委員の立場に違いはなかったと考えられるため，両者を分けずに構想に対する各国の基本的な態度の違いを考察したい。
(10)

アイスランドを除く他の北欧4カ国はNORDEKの実現に積極的であったが，北欧での経済協力の位置づけ，特にECとの関係でのNORDEKの優先順位は各国で異なっていた（各国のNORDEKとECとの関係についての選好は表4-2を参照）。デンマークは北欧での経済協力を積極的に提案したが，最優先の対外経済政策はEC加盟であった。デンマークの行った提案自体，北欧での地域協力の促進を第一の目標としたというより，ECへの加盟が暫くは不可能な状況であったため，EFTAの枠内では拡大不可能な経済協力分野を，EC加盟までは北欧地域での経済協力で補う目的が強かったと考えられる。デンマークにとってのNORDEKは，EC加盟を待つ間に自国経済の発展を目指す手段としての意味合いが大きく，ECおよび広範なヨーロッパ市場へのステップという位置づけであった。ゆえに，ECとの関係を悪化させる協力内容や，ECへの加盟に障害となる協力形態は，絶対に受け入れられない立場であった。

フィンランドは政治的にも経済的にも他の北欧諸国との関係強化を望んでいたため，NORDEK創設自体には賛成であり，討議への参加にも積極

表4-2 北欧4カ国政府の経済政策の優先順位 1968〜70年：NORDEKのECとの関係

デンマーク	フィンランド	ノルウェー	スウェーデン
1. ECへの橋渡し	1. ECに対抗するブロック	1. ECへの橋渡し	1. ECとの矛盾なし（直接関係もせず）
2. ECへの加盟を妨げない	2. ECとの矛盾なし（直接関係もせず）	2. ECへの加盟を妨げない	2. ECに対抗するブロック
3. ECとの矛盾なし（直接関係もせず）		3. ECとの矛盾なし（直接関係もせず）	3. ECへの橋渡し
4. ECに対抗するブロック		4. ECに対抗するブロック	
	3. ECへの加盟を妨げない		4. ECへの加盟を妨げない
	4. ECへの橋渡し		

出所：Ueland〔1975：5〕を参考に筆者作成。 （点線より下は関心がない関係か受け入れられない関係）

であった。しかし，北欧地域で急速に経済協力体制を構築することに対しては，慎重な対応を見せた。ソ連との関係から，北欧経済協力構想とECの関係が極めて重要な問題であり，ECとの関係強化に繋がる協力提案については否定的な態度であった。

　アイスランドは経済規模が小さいため，北欧での新たな経済協力には消極的であった。また，EFTAへの加盟が当面の重要課題であったことから，NORDEKに関する具体的な討議にはほとんど参加していなかった。しかし，アイスランドにNORDEKに加入する意思が全くなかったわけではなかった。他の4カ国は，アイスランドがNORDEKに技術的な問題がなく加入できるように条約草案を作成しており，1969年12月には5カ国でアイスランド工業化基金を設立することを決定していた〔Wendt 1981: 133〕。アイスランドは，将来に条件が整えば，NORDEKに参加する意思は持っていたといえよう。

　ノルウェー政府にとっては，対外経済政策で最も望ましいのはイギリスとともにECに加盟することであったが，当分加盟は不可能であることが明らかになったため，北欧での経済協力に関心を持つようになった。しかし，国内ではNORDEKの実現に対して意見が一致しておらず，デンマークやフィンランドと比べると国内の対立は大きかった。NORDEK構想の討議には積極的に参加していたが，北欧での経済協力によって自国の産業が損害を被る形にならないよう，注意を払いながら討議を行う姿勢であった。ノルウェーにとっては，国内の反対派を説得するためにも，NORDEKが明らかに自国に利益をもたらす協力内容となることが重要であった。

　スウェーデンはこの時期，それまでになく北欧地域での経済協力の推進に積極的であった。国内でもNORDEKに反対する意見はほとんど存在しなかった。この理由としては，デンマークとノルウェーがEC加盟を実現した時に，中立政策からECへの加盟は難しいスウェーデンが孤立するのを避けるという目的があった。北欧グループを作ることによって，自国の安全保障面での中立政策と経済面でのECとの良好な関係をうまく両立させるという，政治的効果をNORDEKに期待したのである。[11]北欧での経済協力では関税同盟創設が最重要目標であり，その目標達成のために積極的

に討議に参加し，NORDEK 設立の日程に関して最も楽観的であった。

　4 カ国とも北欧地域での経済協力には好意的であったが，EC との関係については特に各国の選好に相違が存在していた。急速に進められた構想具体化作業においては，1969年末までは EC の状況に変化も見られず，各国の差は問題とならなかった。しかし，フランスの態度の変化によってイギリスの EC 加盟の可能性がにわかに高まったことから，1970年初めからは EC と北欧各国の関係が大きな問題となった。フィンランド政府は，地域外の状況は北欧 4 カ国の首相会談を取り消した理由ではないと主張していたが，EC における変化がフィンランドに及ぼした影響は大きかったと考えられる。フィンランドはソ連との関係から EC と積極的な繋がりを持つことはできなかったのに対して，他の 3 カ国は EC と密接な関係を持つことを望み，特にデンマークとノルウェーは加盟を目指す立場であった。後に EC との関係を深める可能性の高い NORDEK への参加は，フィンランドにとっては受け入れられなかったのである。

　NORDEK は，東西関係においてデンマークとノルウェーを，中立政策の方向に動かす最初の段階と捉えることもできたが，逆にフィンランドとスウェーデンをより西側志向の政策に移行させる最初の段階と捉えることもできた。特に，EC との関係強化や EC への加盟と両立が可能な形態の NORDEK に参加することは，ソ連からは EC に加盟する第一歩と見られることを意味していた〔Nielsson 1971: 178〕。ソ連は EC を NATO の勢力範囲を経済的に拡大する組織と見なしていた。そのため，フィンランドは EC の状況の変化に対して，初めは NORDEK の交渉の速度を落とすことを要求し，留保条件を提示するなどの態度をとった。そして後にデンマークとノルウェーが EC 加盟を再び目指す姿勢を見せ始めると，フィンランドは NORDEK 条約を調印しないことを決定し，完全に NORDEK への参加を拒否したのである。

　NORDEK 構想が行き詰まると，SKANDEK や FINN-SKANDEK の設立がデンマークから提案されたが，結局は討議対象にならなかった。これらは，フィンランドとスウェーデンにとっては互いを政治的な意味で孤立させる要素となるため，受け入れられるものではなかった。NORDEK の討

議においては，北欧各国が北欧経済協力に好意的な姿勢を示していたことに加えて，北欧諸国間の経済政策選好の相違が表面化しないですむ状況がヨーロッパに存在していたため，実現の寸前まで短期間で到達できた。しかし，ECの動向の変化により再び北欧4カ国の差が浮き彫りとなり，結局，北欧地域としての強固な経済協力体制を創設することはできなかったのである。

第3節　修正ヘルシンキ協定の締結と北欧閣僚会議の創設

1．ヘルシンキ協定の修正と北欧閣僚会議創設までの過程

北欧会議の努力により1962年にヘルシンキ協定が締結され，北欧会議において北欧協力がより積極的に促進されるようになったが（1962〜70年の北欧会議の活動については，表4-3を参照），北欧会議の中では討議過程や手続規則に対して議員の不満が高まっていた。不満は会期の中で扱うには多すぎる議員提案の数，多量な文書に対するものであり，会期での討議を密度の濃いものにするために手続を変更することが望まれていた。それを受けて1964年の北欧会議会期では，手続規則の条項の修正を実験的に行

表4-3　北欧会議勧告と議長団声明で扱われた事項数　1962〜70年

		勧告					勧告				勧告	
	総数	完全遂行	部分遂行	目的達成	合計	全勧告に対する割合(%)	遂行中	調査中	合計	全勧告に対する割合(%)	非遂行	全勧告に対する割合(%)
北欧会議関連問題	16	9	0	4	13	81	0	0	0	0	3	19
法律問題	69	28	18	15	61	88	1	6	7	10	1	2
文化問題	150	43	15	33	91	61	5	31	36	24	23	15
社会政策問題	75	23	0	17	39	52	2	24	26	35	10	13
交通通信問題	88	25	0	30	55	62	3	26	29	33	4	5
経済問題	64	13	2	20	35	55	0	3	3	5	26	40
合計	461	141	35	119	294	64	11	90	101	22	67	14

出所：筆者作成。

うことが決定された〔Wendt 1981: 42〕。それまでは会期でのみ取り扱われていた協力提案が，北欧会議の活動を円滑に進めるために，1年を通して常設委員会で討議されることとなった。他にも，常設委員会での討議が完了し，会期で決定を下すほどに機が熟した時に初めて提案を北欧会議会期の議題に上げるよう，手続が変更された。

また，北欧会議の勧告に対する政府の声明についても，会期内での表明は最小限に止め，残りは常設委員会で会期外に取り扱うことになった。北欧会議会期で取り扱う事項を減らすため，会期と会期の間に行われる常設委員会の会議で多くの仕事が進むように，手続が変更されたのである。1966年には，北欧会議の議長団が設置した北欧会議の機能分析を任務とした作業グループからの提案によって，規則修正を伴わずに手続の変更が行われた。同時に作業グループは，それまでに規程や手続規則を修正せずに行われたさまざまな面での実際の手続過程の変更や，北欧会議および議長団が新たに獲得していた権限を，規程や手続規則に明記する必要があることを主張した〔Wendt 1981: 42-43〕。また1960年代半ばからは，北欧会議における北欧5カ国政府の活動の消極性を不満とし，各国政府のより積極的なイニシアチブを望む声が高まっていた。[12]

北欧会議の議員の不満の高まりに対して，議長団は1967年3月の北欧会議会期で，北欧会議の規程と手続規則の全般的な修正を提案した。同年10月初めの各国政府の長と北欧会議議長団の会議でこの問題は討議され，議長団のイニシアチブで議長団と各国首相が合同で任命する調査委員会（10名で構成）の設置が決定された。この委員会は，北欧会議の過去の活動，他の形態での北欧協力の可能性を調査し，北欧会議の規程と手続規則の修正案を提出することが任務とされた。そして，フィンランド元首相のファーゲルホルムを委員長とした「北欧機構委員会」(Nordic Organization Committee; Nordiska organisationskommittén)（以下では機構委員会と略）が1968年1月に活動を開始し，同年10月に開催された各国首相と北欧会議議長団による合同会議に，中間報告書を提出した。報告書では，北欧協力では広範な権限を持つ政府間の常設機関が欠如していることが指摘され，調整，計画，イニシアチブの機能を持ち，北欧会議と各国政府の接触機関となる

「北欧閣僚委員会」の設置が提案された〔Wendt 1981: 44〕。

　他方で，1968年4月下旬に開催された北欧会議の議長団および経済委員会と各国首相合同の会議において，NORDEK創設の可能性を検討する北欧政府官僚委員会の設置が決定され，同年6月からこの官僚委員会において，北欧地域での新たな経済協力制度創設に向けての調査が開始された。1969年1月と7月に官僚委員会が提出した報告書では，NORDEKの制度として，既存の北欧協力組織とは性格の異なるかなり広範な権限を持つ機構の設置が要求されていた。しかし，構想具体化の作業を行っていた政府の官僚は，NORDEKと北欧会議がどのような関係になるのかについては触れていなかった。

　これに対して，北欧会議議長団は1969年11月の各国首相との合同会議で，機構委員会が同年10月20日に作成していたNORDEKと北欧会議に関する報告書を提出し，NORDEKの中で北欧会議が議会機能を果たすべきであると各国首相を説得した。そして，NORDEKの機構についても，機構委員会で具体的な内容を討議することが合意された。その結果，機構委員会の任務は，NORDEKの機構に関する提案作成，北欧文化協力の機構に関する提案作成，1962年のヘルシンキ協定の修正案作成，の3つにより明確に定義された〔NOC 1970: 4〕。機構委員会は前年10月に提出した中間報告書の内容を数多く修正することになったが，これを機に北欧での地域協力組織を広範で内容豊かなものに発展させる提案の作成を進めた。

　1969年11月以降は，北欧会議の組織改革とNORDEKが切り離せないものとして論じられるようになった。NORDEK条約の草案では，閣僚会議，政府官僚委員会，事務局の3つの機関の設置が提案されていたため，機構委員会は北欧会議に関わる事項のみを対象とする北欧閣僚委員会を設置するという初めの構想を捨てた。機構委員会は，1969年11月24日に北欧文化協力に関する機構についての報告書（本章第4節参照），同年12月10日に北欧会議改革と「北欧閣僚会議」（Nordic Council of Ministers; Nordiska ministerrådet）設置に関する報告書を，各国政府と北欧会議議長団に提出した。北欧会議の改革とヘルシンキ協定の修正に関する最も重要な提案は，12月10日の報告書でなされた。その中では，政府レベルでのあらゆる形態の北

142

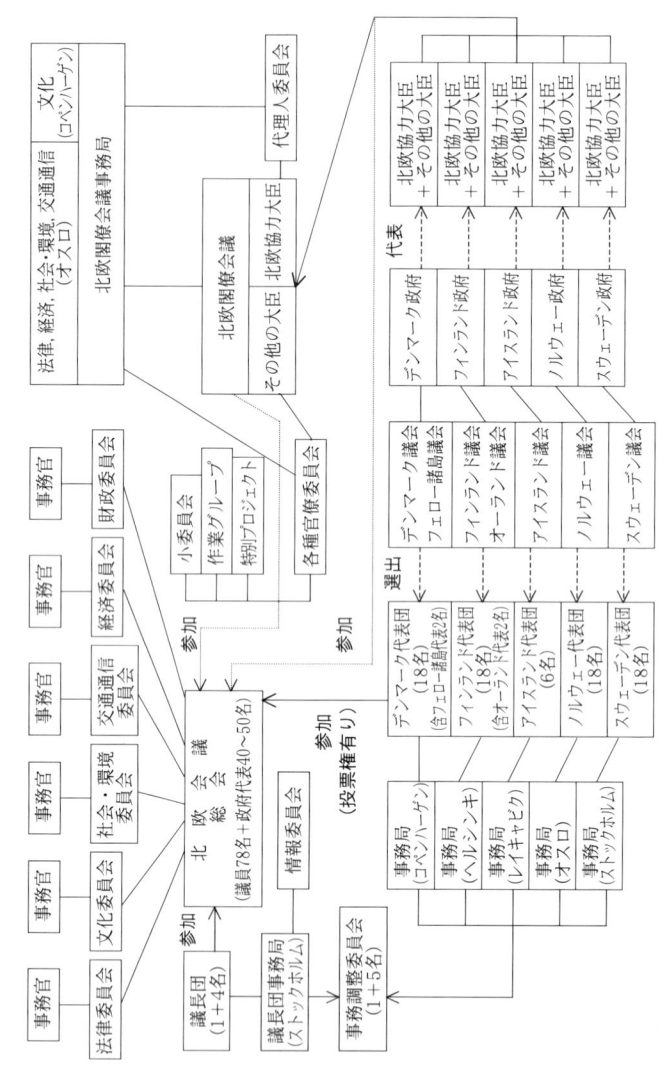

図4－2　北欧会議と北欧閣僚会議の組織図（1977年）

出所：Solem［1977：34］を参考に筆者作成。

欧協力に責任を持つ北欧閣僚会議を設置することと，修正された北欧会議規程もヘルシンキ協定の中に含めることが提案された。報告書で提案された協定の修正で一番大きな変化は，北欧閣僚会議の創設であった（北欧会議，北欧閣僚会議，事務局などの組織図は図4-2を参照）。従来の北欧各国の政府間協力は非公式会議によるものであったが，初めて安全保障を除く北欧協力の全分野を含む公式の政府間協力機構が設立されることが，具体的な提案となったのである。

　機構の構成員としては，北欧各国が北欧協力問題に責任を持つ「北欧協力大臣」を1名指名し，その大臣が北欧閣僚会議の活動で中心的な役割を果たすことが提案された[13]。重要な事項を取り扱う場合には北欧協力大臣だりでなく，他の大臣も北欧閣僚会議の構成員として活動することが可能な形態が想定された。そこでは，北欧協力大臣のみ，北欧協力大臣と他の大臣の混合，他の大臣のみ，の3つの構成形態で活動が行えることとなった。北欧閣僚会議における決定は各国1票の投票で下され，手続事項については多数決で決定され，実質事項は全会一致によってのみ提案が可決されることとなった。そして，北欧閣僚会議の最も重要な権限は，取り扱われる事項に関係する各国代表による全会一致の決定は，各国を拘束することであった（棄権は影響せず）[14]。

　しかし，これは各国が拒否権を保持していることを意味しており，憲法で議会の承認が必要と規定されている事項では，議会での承認が得られるまではその国は決定に拘束されないという原則もあった。機構委員会の報告書の中でも，北欧閣僚会議は決して超国家的な意思決定機関ではないことが明記されており〔NSO 1969: 50〕，北欧閣僚会議の創設目的は，あくまでも従来の北欧会議の活動経験から，地域協力実現のための作業が遅れ気味であった政府側の手続を簡略化することであった。また，北欧協力大臣は各国政府間の協力問題と同時に，北欧閣僚会議と北欧会議の間の協力にも責任を負うことが任務とされた。北欧閣僚会議の他の義務や権利としては，年次報告書を北欧会議に提出すること，北欧会議の勧告や声明が同閣僚会議に通知されうること，北欧会議の勧告に声明を発表できること，などが提案された〔NSO 1969: 50-51〕。

北欧会議自体もヘルシンキ協定の修正に伴って，性格が変化することになった。修正された協定の中に含まれる北欧会議に関する条文には，既存の規程だけでなく，北欧会議のNORDEKへの関与に伴って必然的に生じる新たな権限に関する条項も加えられることになった。北欧会議は設立以来，諮問，勧告機関として活動してきたが，修正協定では北欧会議以外の特定機関の構成員の選任権や，他の特定の協力機関に対する一定の監督機能を行使する権限が与えられた〔NSO 1969: 37〕。1967年から各国首相と北欧会議議長団の間の非公式合意によって認められ，質疑時間を利用して行われていた北欧会議による各国政府への勧告，陳述，声明についても，北欧会議の権利として修正協定の中に明文化された。他にも，北欧閣僚会議がその活動と計画について年次報告を北欧会議に提出する義務の規定が提案されるなど，北欧会議により広範な監督権が付与された〔NSO 1969: 47-50〕。

　北欧会議の議長団の権限も，大幅に変更されることとなった。NORDEK設立後には，北欧会議において従来よりも迅速で柔軟な意思決定過程が必要となるため，北欧会議議長団がより大きな権限を持つ必要が出てくると考えられた。ゆえに，議長団には特別会期の召集権と，委員会の提案に対して勧告の性格を持つ声明を出す権限を与えることが想定された〔NSO 1969: 41,45-46〕。また，北欧会議自体にはそれまで常設的な事務局は存在していなかったため，北欧会議の活動を迅速かつ円滑に進めるために，「議長団事務局」（Presidium Secretariat; Presidiesekretariat）が設置されることとなった。同時に，議長団事務総長と各国代表団の事務局長から構成される「事務調整委員会」（Board of Secretaries; Sekreterarkollegiet）を設置することが提案された〔NSO 1969: 43-45〕。これらの議長団に関する組織改革により，北欧会議における議長団の中央事務局としての機能の強化が図られた。機構委員会はその他にも，北欧会議の手続規則の修正に関する提案もいくつか行った。[15]

　機構委員会が提出したヘルシンキ協定の修正案は各国政府に受理され，1970年2月初めの北欧会議通常会期でNORDEK条約とともに承認された。機構委員会は，NORDEKに関係する部分での北欧会議への新たな権限の

付与は，ヘルシンキ協定の原則的な修正とは別に行われるため，2つの条約は別個に実施可能であると主張した〔Wendt 1981: 47〕。NORDEK条約は結局不成立に終わったが，修正ヘルシンキ協定は1971年2月13日にコペンハーゲンにおいて5カ国政府によって調印され，同年7月1日に新しい手続規則とともに発効した。北欧閣僚会議は同年夏から活動を開始し，7月1日に暫定的な事務局が設置された。そして1973年7月1日からは，文化分野を除く協力すべてを対象とする，常設の北欧閣僚会議事務局が活動を開始した。他にも新たな機関として，北欧閣僚会議を補佐する役割を果たす，「代理人委員会」(Committee of Deputies; Ställföreträdarkommittén) と各種の「官僚委員会」(Senior Officials' Committees; Ämbetsmannakommittéer) が設置された。

2. ヘルシンキ協定の修正と北欧閣僚会議創設の要因分析

　上に見てきたように，1960年代後半から70年代初めには，既に成果が蓄積されてきた分野での北欧協力がそれまでで最も組織化され，政府間での協力体制が整えられることになった。では，北欧会議の改革，ヘルシンキ協定の修正，および北欧閣僚会議の創設が北欧会議から提案された背景には，どのようなことがあったのであろうか。まず背景のひとつとして考えられるのが，北欧会議の15年近い活動の中で明らかになってきた，効率面で不十分な北欧会議の手続過程と，拠って立つ基盤の弱さへの不満の高まりがあげられる。特に1960年代に入ってからは北欧会議で多くの提案が扱われ，安全保障と経済を除いた分野で数多くの地域協力が実行されるようになっていた。北欧会議が北欧での地域協力で大きな役割を果たしている状況から，北欧会議の機能と活動をより充実させるよう，組織や規則を改善する要請が高まっていたのである。

　特に，実際に提案を実行に移す作業を行う各国政府の活動があまり効率的でなかったことから，各国政府と北欧会議の活動の関係を密にしながら，政府間協力を強化する必要があった。ヴェントは，1967年に北欧会議議長団が各国首相に，北欧会議に関する調査委員会を合同で設置する提案を行った主な理由は，北欧会議の枠内における政府の積極的な活動を促すこと

であったことは確実であると指摘している〔Wendt 1981: 44〕。北欧会議を中心とした地域協力を，より効率的に行う方法を検討する必要性があったことから，北欧会議から北欧会議の規程と手続規則の修正提案が出されたのである。

　北欧会議議長団と各国首相が合同で創設した北欧機構委員会での討議過程では，当初予定していた北欧会議の規程と手続規則の修正作業に，ヘルシンキ協定の修正と北欧閣僚会議の創設が加えられた。北欧協力の基盤と制度に大規模な修正をもたらした要因には，NORDEK と一体となって北欧会議の組織改革が討議されたことがあった。1962年のヘルシンキ協定には含まれていなかった北欧会議に関する詳細な規定を，協定の中に入れることが提案されたのは，NORDEK が条約による制度として創設されると，各国の国内法が基盤である北欧会議の地位が弱まる危険性があると，機構委員会が判断したことが背景にあった。

　また，北欧会議がNORDEKで創設される機構に関する討議を指揮，監督したことから，北欧会議の議員は，北欧協力に関する意思決定に対して，北欧会議は大きな影響を与えることができるとの認識を強めた〔Wendt 1981: 47〕。NORDEK に伴って設立される閣僚会議などの新しい機構に関する条項がヘルシンキ協定に含まれるのなら，当然北欧会議に関する規則も同協定に含まれるべきであるという議論がなされ〔Wendt 1981: 45〕，北欧会議に関する細かい規定が修正ヘルシンキ協定に含まれることになったのである。

　最も重要な改革となった北欧閣僚会議の創設は，各国政府の北欧協力へのより大きな貢献を望む北欧会議からの声と，NORDEK を実際に管理する常設機構設立の必要性の２つが結びついた結果であったといえる。NORDEK 創設と連関させて議論が行われたことによって，北欧協力における北欧会議の制度や機関の拡大および強化が実現したのである。ヘルシンキ協定もそれまでの漠然とした内容から，北欧での地域協力に関する一般的な条項に加えて，中心的な制度や機関の基本規則を含む，北欧協力での最高位の協定へと性格が変化した。1962年の協定を廃止して全く新しい協定を締結するのではなく，既存の協定の修正という形をとったのは，協

定締結後の地域協力活動の積み重ねの上に，状況の変化に対応した規定を追加するとの意図があったからであろう。

政府が NORDEK の討議に集中していたため，ヘルシンキ協定の修正と北欧会議の改革の作業はほとんど機構委員会のみで行われたが，1960年代後半には北欧会議と各国政府との間に対立は存在せず，協力して作業を進めて提案の実現を目指す環境であった。イニシアチブは北欧会議の議長団がとっていたが，1967年の各国首相との合同会議で北欧会議に関する調査委員会の設置が早々に決定されるなど，政府もそれまでに比べて前向きの姿勢であったといえる。北欧各国間でも対立は起こらず，特に NORDEK とともに討議されるようになってからは，短期間に具体的な内容の報告書が作成され，修正を要求されることもなく各国政府と北欧会議に受け入れられた。そして，1970年 3 月に NORDEK が成立しないことが確定的になると，NORDEK の機構に関する条項を削除した協定案が作成され，修正ヘルシンキ協定として1971年 2 月に 5 カ国政府によって調印された。

1960年代半ばに存在していた北欧各国政府間の常設閣僚協力組織は，1960年に活動を開始した北欧経済協力閣僚委員会と，1961年に設立された発展途上国援助調整のための北欧閣僚委員会（本章第 4 節参照）の 2 つのみであったことを考えると，北欧での地域協力全般を包摂する政府間協力組織の創設は，北欧協力にとって大きな前進であったといえる。また，北欧協力の内容と制度の詳細を規定した協定の締結も，協力体制が強化されたことを示している。ヴェントは，防衛同盟創設の失敗が北欧会議の設立を促したのと同様に，NORDEK の失敗と北欧各国の EC に対する態度の相違が，北欧協力に関する政府レベルでの常設機関を創設する動機を生んだと述べているが〔Wendt 1981: 77〕，仮に NORDEK 創設が成功し，またデンマークとノルウェーが EC への加盟申請を行わなかったとしても，北欧閣僚会議の設置と修正協定の締結は実現していたと考えられる。

NORDEK の失敗や EC からの影響ではなく，北欧会議内部からの改革の要求と NORDEK と密接に関係した討議の過程が，北欧閣僚会議の設立，修正ヘルシンキ協定締結，および北欧会議改革の最も大きな要因であったといえる。法律，文化，社会政策，交通通信の各分野での協力実績をもつ北

欧会議の組織改革提案が，それまでで最も組織化された経済協力構想であったNORDEKと同時に討議されたことで，結果としてさまざまな面で協力体制の強化が進んだのである。

第4節　個別分野の地域協力の条約化

1. 発展途上国における合同援助計画運営に関する協定 （オスロ協定）締結までの過程

　発展途上国への北欧諸国の援助は，第二次世界大戦後，国連の多数国間合意の下で進められるとともに，各国別の2カ国間合意によっても行われていた。途上国援助での北欧地域としての協力は北欧会議の設立以前から開始されており，主に国連総会前の北欧各国外相による会議で討議されていた。北欧会議の設立以降は，各国の外交問題に関係する途上国援助の問題を北欧会議で討議すべきかどうかとの問題から，初めは北欧会議が独自の行動をとることはなかった。しかし，1950年代後半からアフリカで新しい国家が多数独立し始めると，新興国家への援助に対する世論の支持が上昇するとともに，途上国への援助は国際政治においても重要な課題となり，北欧諸国が合同で援助を行う方向へ進んだ〔Wendt 1981: 380〕。

　朝鮮戦争において医療援助を行ったスカンジナビア3カ国は，1956年に合同で韓国にスカンジナビア医療学校を創設することに合意し，その後17年間共同管理を行った。協力の実績から北欧会議でも途上国援助の問題を取り扱う機運が高まり，1960年10月の北欧各国首相と北欧会議議長団の会議では，翌年の北欧会議通常会期で途上国援助での協力を中心問題のひとつとして取り上げることが決定された。

　1961年春の北欧会議の通常会期で，途上国援助における北欧諸国間の協力に関する問題が取り上げられ，各国の閣僚に対して，開発援助を調整するための閣僚委員会の創設を自国政府に打診することを求める勧告が採択された〔NR 1972b: 606〕。北欧会議は，途上国援助は国連の多数国間活動の枠組みの中で多くの部分が遂行されており，国連の中で北欧各国が共通政策を選択していく形をとるのが自然であるが，教育や技術援助などでは各

国が単独で行うより，北欧諸国が共同で遂行するほうが有益であると考えていた〔Wendt 1981: 381〕。

こうした動きを受けて，1961年春にはデンマーク，フィンランド，ノルウェー，スウェーデン各国の政府によって「発展途上国援助調整のための北欧閣僚委員会」(Nordic Ministerial Committee for Co-ordination of Development Assistance; Nordiska ministerkommittén för samordning av hjälpen till utvecklingsländerna)（以下では途上国援助閣僚委員会と略）が創設された。1962年に締結されたヘルシンキ協定にも，締結国は有益で可能なときには，途上国への援助および途上国との協力活動を調整すべきであることが記され，実際に組織的な協力が進められていった。

1963年のタンガイーカ（現タンザニア）への合同援助計画の実施にあたって，この途上国援助閣僚委員会によって，各国2名の委員で構成される「北欧管理委員会」(Nordic Board of Management) が設置された。北欧管理委員会では各国それぞれが1票を持ち，決定は多数決でなされることとなった。北欧行政事務員が指揮をとる事務局がストックホルムに設置され，スウェーデンの開発援助組織が実際の運営任務責任を負うこととなった。途上国現地での援助計画運営や現地での援助に従事する人員の採用も，「北欧」という基礎の上で行われた。1966年には北欧会議からの勧告もあり〔NR 1972b: 606-607〕，途上国援助閣僚委員会でケニアでの北欧合同協力計画やその他のいくつかの提案が採択された〔Wendt 1981: 382〕。

途上国援助閣僚委員会による活動が遂行され，その成果が積み重なったことから，北欧諸国間で途上国援助に関する協定を締結する機運が高まった。そして，アイスランドを除く北欧4カ国政府は1968年7月18日に，「発展途上国における北欧合同援助計画運営に関する協定」を締結した[17]。この協定は通称「オスロ協定」と呼ばれている。協定によって，途上国援助閣僚委員会は明確に北欧諸国合同で行う途上国援助の最高権威となり，新規の合同計画の提案やその原則の決定に責任を持ち，政府に代わって計画の予算を決定する権限が与えられた。途上国援助閣僚委員会の下には，北欧管理委員会に代わって「北欧合同行政委員会」(Joint Nordic Executive Board) が設置され，一般的にすべての計画の遂行に責任を持つことになっ

た。この委員会は各国政府が任命する各国2名の開発援助問題の代表から構成され，各国が1票ずつ保持する形は北欧管理委員会と同様であったが，決定は多数決でなく全会一致となった。

オスロ協定の下で途上国援助における協力制度が整えられたが，1971年の修正ヘルシンキ協定締結によって北欧閣僚会議が設置されると，途上国援助閣僚委員会は解散し，1971年からはその機能は北欧閣僚会議を構成する各国の北欧協力大臣に委譲された。しかし，1968年のオスロ協定の修正は行われず，1973年にはアイスランドが協定に参加し，北欧5カ国で途上国援助の協力が組織的に行われることとなった。

2. 北欧文化協力協定締結までの過程

北欧においての地域協力では，文化の分野での協力が最も大きな成果を上げているといわれている。[18] 第二次世界大戦後の文化分野での北欧協力は，1946年秋の北欧議会間代表会議において，文化問題に関する常設北欧協力機関の創設が提案されたことに始まった。提案は数カ月後の北欧教育大臣会議で検討され，文化協力組織設置を各国政府に勧告することで合意が成立した。そして，政府が任命する各国2名の代表で構成される「北欧文化諮問コミッション」(Nordic Cultural Commission; Nordiska kulturkommissionen (NKK))が設立され，1947年6月にデンマーク，ノルウェー，スウェーデンの代表とフィンランドのオブザーバーによって，第1回の会合が持たれた。1948年に開催された3回目の会合からはフィンランドとアイスランドの代表が正式参加し，北欧5カ国すべてが揃った北欧文化諮問コミッションが完成した。

北欧文化諮問コミッションに関する規程において，この機構は各国政府が合同で設置し，文化協力に関してイニシアチブを取り，調査を行い，北欧各国政府に勧告を行う機関であることが明記された〔Lyche 1974: 48〕。1953年に内部に常設組織として文化委員会を持つ北欧会議が活動を開始すると，同年に北欧会議は文化諮問コミッションに対して，文化委員会の活動と重複しないよう，文化委員会の調査機関となることと，部門別に活動することを勧告した〔NR 1972b: 139〕。

北欧会議の勧告を受けて，1954年に北欧文化諮問コミッションの組織改革が行われ，高等教育・研究部門，教育部門，芸術・成人教育部門の3部門に分かれて活動を行い，少なくとも年1回は北欧文化諮問コミッションの本会議期間中に，3部門が合同の会合を持つことになった。また各国の北欧文化諮問コミッションへの代表団は，2名の国会議員と1名の教育省の高級官僚によって構成されることになった。改革された北欧文化諮問コミッションで新しい規程も作成されたが，北欧会議の規程よりも公的，法的な性格は薄かった〔Lyche 1974: 50-51〕。北欧会議との関係では，北欧会議の会期で取り上げられている問題に関するものについては，北欧文化諮問コミッションの年次報告書を各国政府を通じて，北欧会議に提出するという形が取られた。リーシェは，北欧会議と北欧文化諮問コミッションは，非常に建設的な方法で相互補完の関係にあったと評価している〔Lyche 1974: 51-52〕。

　新しい体制の北欧文化諮問コミッションの下では，特に海洋生物の研究などで協力成果が積み重ねられた。しかし，調査と各国政府への勧告機関という権限しか持たなかったことから，提案の実現までには各国の議会や行政での手続きが必要であった。そのため，提案の実現には長い時間がかかることも多く，1960年代になると活動は概して非能率的なものになっていた〔Wallmén 1966: 42〕。1962年の北欧会議において，北欧文化諮問コミッションの問題が取り上げられ，北欧会議は北欧文化諮問コミッションに対して，活動の効率化を図る作業規則作成のために，各国の関係各省と接触を持つよう提案した。

　北欧会議での討議においては，北欧文化諮問コミッションは各国内および北欧地域の文化政策にとって効果的な機関となるべきであり，北欧文化諮問コミッションにより大きな権限を与えることが望ましいとの主張が展開された〔Wallmén 1966: 42〕。これを受けて，1963年に各国政府は事務局の強化と，構成員の増員によって，北欧文化諮問コミッションの活動効率を向上させることを決定した。各国の代表団には，3部門に関係する省庁で責任ある立場に就いている官僚3名が参加し，官僚によって構成される作業委員会の設置が提案された。各国政府による提案に基づいて組織改革

が行われ，1964年1月1日から新組織が活動を開始した。他にも1966年には，北欧協会による提案に端を発して1955年以来北欧会議で討議され続け，1965年に勧告が採択された「北欧文化基金」(Nordic Cultural Fund; Nordiska kulturfonden) が創設されるなど，文化の分野での協力は強化されていった。しかし，北欧文化諮問コミッションの活動は期待したようには進まず，より根本的な組織改革が望まれるようになった〔Wendt 1981: 293〕。

　北欧会議の要求により，文化分野での北欧協力の組織改革は，1968年に活動を開始した北欧機構委員会で，NORDEK の機構創設および北欧会議の改革とともに，検討されることになった。そして，1969年11月24日の機構委員会の報告書で，創設される北欧閣僚会議の中で各国の教育大臣が集う閣僚会議を，北欧地域での文化協力の中心組織とすることが提案された。また，北欧閣僚会議の活動準備を行い，北欧会議から与えられた任務を遂行する官僚委員会（各国1名の代表で構成）と，北欧としての事務局の設置が同時に提案された〔NSO 1969: 21-28〕。

　1970年2月に開催された北欧会議通常会期において，機構委員会の提案に基づいた文化協力に関する協定を1972年1月1日までに締結することが，各国政府に勧告された〔NR 1972b: 140〕。2カ月後の1970年4月には北欧5カ国の教育大臣が，北欧文化協力協定の草案作成と，他の文化協力組織強化の提案を行う作業グループ（各国2名の代表で構成）を任命した。同年12月に作業グループから各国政府に，北欧文化協力の目的，活動範囲，組織形態，北欧合同文化財政を内容とする報告書が提出された。

　報告書をもとに1971年の北欧会議会期において，北欧文化協力の目的，活動範囲，組織形態，北欧合同文化財政を内容とする文化協力協定草案が，北欧各国政府から提出された。北欧会議は自身も協力に参加するという条件を提示して，各国政府が準備した北欧文化協力協定の草案を採択した〔NR 1988: 90〕。各国政府はこの北欧会議の出した条件を受け入れ，1971年3月15日に北欧文化協力に関する協定に調印し，1972年1月1日に協定が発効した。[19]そして，北欧閣僚会議と官僚委員会にアドバイスを与え，長期計画，新計画を立案する勧告委員会（教育，研究，その他の文化活動の3つ）が創設され，勧告委員会と北欧文化基金の事務局も兼ねる北欧文化協

力事務局が，コペンハーゲンに設置された。文化協力に関する協定には，文化協力は北欧会議と協力して行うことが規定され，北欧会議には予算編成準備に関与する権限も与えられ，北欧会議が文化協力の面で大きな影響力を持つことになった〔Wendt 1981: 294〕。北欧文化協力協定の発効に伴って，1947年から活動を続けてきた北欧文化諮問コミッションは1971年12月に解散した。このように，1972年に文化分野での北欧協力のための組織，制度が大幅に変更，整理され，それまでよりも効率的に協力が行われるようになった。

3. 北欧交通通信協力協定締結までの過程

交通に関する北欧諸国間の協力は，第二次世界大戦前から民間レベルと政府レベルで進められ，多くの実績を上げていた。第二次世界大戦後は1951年に設置された自由交通通信等のための北欧議会委員会が1956年まで活動し，北欧地域内での交通および通信分野での協力を促進する努力を行った。1953年に北欧会議が活動を開始し，1956年に北欧会議の中に常設の交通通信委員会が設置されると，交通通信委員会を中心として交通と通信に関する協力が積極的に進められるようになり，北欧会議で交通通信協力に関するさまざま勧告が採択された。交通通信委員会は，共通交通政策に関する一般的な条件の調査の準備を進め，1968年には調査のための特別作業グループを設置した〔NR 1972b: 429〕。1969年には調査結果として，北欧おける交通状況の現状分析と，有用な共同交通機関の提案を内容とした「NORDTRANS」報告書，1970年には「NORDTRANSへの意見」報告書が出された。

特定分野での協力組織の設立としては，1955年に北欧会議から交通立法に関する定期的接触機関の設置が勧告されたことを受けて，1960年にアイスランドを除く北欧4カ国政府によって「北欧道路交通委員会」（Nordic Roads Committee; Nordiska Vägtrafikkommittén）が設置された。この委員会は1968年に共通道路規則に関する報告書を提出し，提案はスカンジナビア3カ国に受け入れられた。1966年には，交通への多額の投資の経済的効率を高めるために，「北欧交通経済研究委員会」（Nordic Committee on Transport Economic Research; Nordiska kommittén för transportekonomisk forskning（NKTF））が設置された。同年には増加傾向にあった交通事故の減少を目的として，「北欧交通安全研究委員会」（Nordic Committee on Road Safety Research; Nordiska kommittén för trafiksäkerhetsforskning）も設置された。

　北欧会議からの勧告やさまざまな北欧での交通協力の動きから，それまで車両が左側通行であったスウェーデンが1967年に右側通行に変更し，陸続きの3カ国はすべて右側通行に統一された。1971年には「北欧交通安全協議会」（Nordic Road Safety Council; Nordiska trafiksäkerhetsrådet）が創設され，北欧5カ国で自動車でのシートベルト着用義務，オートバイでのヘルメット着用義務が導入され，飲酒運転に対する取締りや罰則基準の統一が行われた〔Wendt 1981: 188〕。

　1971年の北欧会議会期では，交通通信委員会の設置した特別作業グループが作成した2つの報告書に基づいて，北欧5カ国政府に対して交通通信協力協定の締結に関する勧告が採択された。これを受けて，1972年11月6日に交通通信分野での協力に関する協定が締結され，1973年3月1日に発効した。[20]この協定の目的は，協調と協力および，当局，組織，企業間での活動分野の分業を通じて北欧の交通通信を合理化し，能率を改善することであった。1972年には北欧閣僚会議によって交通通信に関する官僚委員会が設置され，地域協力がより迅速に行われる体制となった。協定の締結によって交通通信分野での協力はより強化され，官僚委員会は北欧会議からの勧告や自身のイニシアチブによって，この後多くの地域協力計画を進めた。

4.　3協定の成立過程の特徴の共通点

　1960年代後半から70年代初めの期間に集中して，個別分野で3つの地域協力協定が締結されたが，この背景にはどのようなことがあったのであろうか。3分野とも北欧各国が第二次世界大戦後間もない時期から既に協力を始めていたため，1960年代後半までには実務面での多くの成果が蓄積されており，協力することが有益であるとの認識が各国にあったと考えられる。

また，この3つの分野では協力組織の創設などの面で，各国政府が中心となった協力もかなり進んでおり，協定締結に対する違和感も少なかったといえる。ゆえに，既存組織の改革とともに，協力内容の明確化によるより効率的な協力の促進が目指され，協定が締結されたのである。

　この時期に協定を結ぶ契機となった他の大きな要因は，NORDEK設立の議論の進展である。NORDEKは条約を基礎として創設される予定であったことから，各分野での北欧協力に有効である特別規程も，討議中であった経済分野におけるNORDEK条約と同様に，別個の協定という形にすることが望ましいとされたのである〔Wendt 1981: 45〕。特に文化分野の地域協力機構の改組に関しては，NORDEKの討議と同時に行われた。交通通信分野はNORDEKと直接の関係はなかったが，調査活動は同時期に進められた。NORDEKの交渉が分野ごとの協定締結の契機のひとつにはなったが，NORDEKの失敗から他分野の協力強化が注目されて3分野での協定締結が実現したのではなく，あくまでも同時に進行していたか，NORDEK提案以前に協定締結に向けての討議が行われていた。成果を積み重ねてきた分野での北欧協力を維持し，改善していく意思が各国に継続して存在していたのである。

　3つの分野での協力進展における共通点は，協定締結までの過程にも見られる。いずれの分野も北欧会議が各国政府に協力の強化や協定の締結を勧告し，それを受けてさまざまな面での協力が進展し，協定締結へと進んだ。協定草案作成の作業期間中も，3協定とも締結に対して強硬な反対姿勢を示す政府はなく，草案作成から協定締結まで比較的短期間に円滑に進んだ。地理的，財政的な理由からアイスランドが積極的に参加していなかった分野では，協力提案の対象国は初めから5カ国すべてではなかったが，参加可能になってからアイスランドが加わった。協定で規定された協力形態にも共通点があり，3分野とも意思決定機関では各国1票の投票で全会一致をもって決定が下され，超国家的な機関は存在していない。また，3分野とも1971年以降は北欧閣僚会議の下で協力が促進されることになったため，協力形態は似通ったものとなった。

　1960年代から70年代初めにかけては，それまでに進められてきた地域協

力体制の整理と強化が行われたことから，1970年前後に3つの分野で北欧5カ国での協定が成立し，協定を基盤としたこれまでで最も組織化された協力体制が構築されたといえる。その結果として，1970年代以降の共同体領域での文化，社会保障，交通通信，発展途上国援助での協力は，より効率的に行われ，多くの実務的な協力が実現していったのである。[21]

小括

1. 協力討議の短期間での進展と協力範囲の拡大

1960年代後半から70年代初めの北欧における地域協力の全体的な特徴としていえることは，協力提案は経済と共同体領域の事柄に関するもののみであり，協力提案があったものについてはすべて実現，または実現の直前まで進んだということである。両領域における協力提案では，それまでで最も地域協力の組織化，条約化への機運が高まり，その結果として実際に協力体制が強化，整理された。

協力体制確立の要因のひとつには，北欧会議と各国政府の間に存在していた北欧協力に期待する内容に関しての差が縮小したことが挙げられる。1950年代後半から60年代半ばの時期には，北欧会議は北欧協力を積極的に促進することに熱心であったのに対して，各国政府は地域外の国家との関係を考慮して消極的な態度であった。それが1960年代後半には，ヨーロッパの動向からの影響によって，各国政府が経済領域での北欧協力を積極的に進めることに意欲を示すようになり，北欧会議からの他分野での地域協力強化に関する勧告に対しても，比較的迅速に対応した。その理由としては，協力体制の確立，強化の機が熟していたことが考えられる。1960年代後半までに実績を上げてきた，共同体領域（特に北欧会議の下で行われた法律，文化，社会政策，交通通信分野）での北欧協力の成果が，各国政府によって実感され，協力制度を確固たる基盤の上に確立することの意義がこの時期に認識されたといえよう。

他の協力促進要因としては，協力提案が数年の間に集中して討議され，相乗効果で協力体制が整えられたことがある。これほど同時期に並行して，

さまざまな分野で北欧協力の強化を目指す提案が討議されたことは，かつてなかったといえよう。討議過程においてそれまでの時期と比べて各国政府間の対立が少なかったため，提案の実現段階に短期間で至ることができたのである。

しかし，北欧各国の間にまったく態度の相違がなかったわけではない。特に経済領域においては，各国政府の政策優先順位の間に決定的な差異があった。1960年代以前は，北欧地域のみで経済協力を行うか，それともより広範なヨーロッパ規模の協力への参加を優先するかという点と，北欧地域での協力の中で自国がどれだけの利益を得られるかという点が，討議の中心であった。しかし1960年代後半における最も重要な問題は，ECと北欧地域の間での経済協力の関係であった。ECが政治的な統合体を目指す方向に進み始めていたことから，EC加盟を希望するデンマークおよびノルウェー政府と，EC加盟の可能性が低いフィンランド，スウェーデンの間には大きな立場の違いがあった。特にフィンランドにとっては，ECとの関係強化や，北欧での経済連合が完成された後に構成国がECに加盟する協力体制は，絶対に受け入れられないものであった。

他方，デンマークとノルウェーの政府にとっては，EC加盟こそが最も望ましい政策であり，北欧地域のみでの協力はEC加盟までの繋ぎであった。デンマークとノルウェーがECに加盟できる可能性が低かった段階では，各国の差異が表面化せず北欧経済協力に関する討議が進行し，比較的スムーズに条約草案作成までの作業が進んだ。しかし，条約締結直前にECの状況が変化して2カ国のEC加盟への道が開けたため，4カ国の相違が浮き彫りになり，結局北欧での経済協力体制の構築は失敗したのである。対照的に，共同体領域での地域協力の強化に関しては，北欧各国政府の間に大きな意見の相違は見られず，協定締結までの作業は迅速に進んだ。さまざまな分野での北欧協力促進に向けた討議の中には，アイスランドが初めからは積極的に参加していないものが多かった。しかし，共同体領域の分野で進められた地域協力に後に参加していることを考えると，協力に反対の態度を示していたのではなく，経済的な問題などで条件が整えばすぐに参加する意思を持っていたと考えられる。

2. 各協力領域での協力提案・討議の特徴

3つの協力領域それぞれにおける，この時期の地域協力提案の特徴は，世界的にデタント，軍縮の流れの中にあったため，安全保障領域の問題に関しては大きな地域協力提案がなかったことである。他方，経済領域での北欧地域としての協力提案は，第二次世界大戦後では最も注目を浴び，最も制度化された協力体制を目指す内容を持ち，最も実現に近づいた。各国とも北欧経済協力を進める強い意欲があったため，短期間で討議が進み実現直前まで到達できた。

この背景としては，地域内で北欧協力促進への機運が高揚したことに加えて，ヨーロッパから非常に大きな影響を受けたことがある。北欧地域での経済協力をデンマークが提案する契機となったのも，提案の実現を阻んだのも，ECの動向であった。北欧各国政府の態度に差異が生じる論点は1960年代半ばまでとは異なったものの，結局ヨーロッパに対する姿勢に根本的な変化はなく，ヨーロッパ（特にEC）の動向が，一層各国が対外経済政策を決定する際の重要な要素になった。

1960年代後半から70年代初めの期間における経済領域での地域協力の他の大きな特徴は，フィンランドが政府間の討議に実質的に参加したことである。フィンランドの参加が提案実現の失敗を招く原因になったとも考えられるが，1960年代初めまでの北欧地域としての経済協力討議の中心がスカンジナビア3国であったことを考えると，大きな変化だったといえる。最終的には北欧地域としての強固な経済協力の実現には至らなかったが，北欧諸国間での経済協力促進のための組織が創設されるなど，一定の成果は残された。

共同体領域では，これまでで最も地域協力体制の組織化が進み，協力活動や組織の基盤となる協定が締結された。既存の協力組織である北欧会議は権限を増大させ，その中の組織が強化され，手続規則がより効率的に作業が行えるように改正された。協力活動が効率的に行われるように組織が改革され，特に北欧閣僚会議の創設によって，北欧会議と各国政府の関係の緊密化に成功した。また，さまざまな協力分野を包摂した政府間組織を

持たなかった北欧協力が，北欧閣僚会議の下に各種の官僚委員会が設置されたことによって，各国政府が構成するひとつの組織の下にまとめられた。

ヘルシンキ協定の修正においては，新設された北欧閣僚会議とともに，それまで一条項の中で触れられていただけの北欧会議が，その具体的な組織形態や活動内容を条文の中で明文化されることとなった。そして，北欧会議は安全保障を除くすべての地域協力分野を，その監督範囲とする組織として位置づけられることになった。同時に，1960年代後半から70年代初めの時期に，北欧協力を推進する組織がさまざまな分野で形成され，短期間に個別分野で協力協定が政府間で締結された。1960年代半ばまでの時期と変わらない特徴としては，初めは参加可能な国だけで地域協力を開始したことがある。1960年代後半から70年代初めの協定締結においても，当初アイスランドが参加不可能でも先に4カ国で進め，後にアイスランドが参加して最終的に5カ国での地域協力体制を確立する形をとり，協力関係を深めていった。

3. 3つの協力領域間の関係

1960年代後半から70年代前半の時期における3つの協力領域の関係としては，東西関係がデタントの時期であったため安全保障は中心問題とならず，経済，共同体の領域における地域協力が討議の中心となったことが，特徴として挙げられる。特に経済領域での地域協力については，安全保障に関する急迫した問題が北欧地域でも存在しなかったため，各国政府の注目を集めることができたといえる。安全保障と経済の関係でもうひとつ重要なのが，北欧地域経済協力の推進において，北欧各国の外交・防衛政策との繋がりを考慮することが不可欠の要素になったことである。初めてフィンランドが北欧経済協力構想の討議過程に実際に参加したことから，北欧での経済協力構想と政治的志向を持ち始めていたECの関係が重要問題になり，北欧地域での経済協力の問題を安全保障領域と切り離して考えることはできなくなった。経済協力の提案に関する意思決定において，安全保障の問題が大きな要素として作用していたため，各国政府で統一した北欧経済協力を進めることは不可能になったのである。

共同体領域では，既存の地域協力体制に対する不満が大きくなり，北欧協力を推進する組織を改革する機運が高まっていたことに加え，同時期に経済領域での北欧協力体制の確立が政府間討議の中心となっていたことから，大きな影響を受けた。政府中心の組織化を目指した経済協力の提案とともに北欧会議の組織改革が検討されたため，結果として，迅速な決定を可能にする各国政府を巻き込んだ組織を設置し，北欧会議の機能自体も効率化することができた。また，条約を基盤とした経済協力機構の創設が予定されていたことが，共同体領域で複数の協定を締結する契機ともなった。つまり，経済領域における強固な北欧協力機構の創設を目指した提案の討議と，共同体領域における協力体制の改革の討議が同じ枠組みの中で行われたことが，共同体領域の協力体制が最も整理され，強化される結果をもたらしたといえる。

しかし，経済領域での北欧協力に関する討議が共同体領域での協力に対して，一方的に影響を及ぼしていたわけではない。1960年代後半までの共同体領域での協力実績も，経済領域での協力提案に影響を及ぼしていた。1950年代末に北欧共同市場構想が失敗したにもかかわらず，1960年代後半から再び北欧諸国の間で経済協力に関する討議が進められた背景には，北欧会議の下で行われた，法律，文化，社会政策，交通通信分野といった，共同体領域での地域協力実績が北欧の人々に認識され，北欧での地域協力に対して好意的な環境が出来上がっていたことがあった。共同体領域での協力実績が，他の領域での協力を進める要因のひとつになっていたのである。

また，共同体領域はそれまでは地域協力の大規模な組織化や強化の要請はあっても単独では進まず，他の領域からの影響が契機となって初めて実際に討議が行われ，実現に至るという経過を辿ることが多かった。しかし，1960年代後半には，他の領域からの刺激を待たずして自律的に組織改革が進められるようになった。その上，NORDEK構想の討議過程では，北欧会議や機構委員会が，共同体領域で確立していた既存の地域協力体制とNORDEKの連携を積極的に主張し，NORDEKの機構をめぐる提案作成に深く関与することになった。また，既に成果を積み重ねていた文化，交通

通信，途上国への援助といった協力分野での更なる協力促進も，着実に発展した。他の協力領域での地域協力提案に比べて受動的な性格の強かった共同体領域における地域協力が，1960年代後半から70年代初めの時期を境としてそれ以降，北欧協力の中心的な協力領域として，積極的に強化されていったのである。

(1) EFTAの原加盟国は，イギリス，デンマーク，ノルウェー，スウェーデン，オーストリア，スイス，ポルトガルの7カ国であった。
(2) ニールソンはこの提案は北欧会議で好意的な反応を得たと述べているが〔Nielsson 1971: 173-174〕，アンドレーンとヴェントはかなり懐疑的な反応であったと述べている〔Andrén and Möller 1990: 168; Wendt 1981: 126〕。
(3) 5つの基本原則は以下の通りである。①協力は4カ国の拡大ヨーロッパ市場への参加と協力を容易にするものである，②協力は途上国に配慮して途上国との貿易関係を発展させるものである，③協力は既に存在している国際的義務と衝突しないものである，④外交政策と安全保障政策には影響を与えない，⑤協力は各4カ国に対する利益と不利益を釣り合わせるために遂行されなければならない〔Wiklund 1970: 311, 320〕。
(4) ニールソンはこの北欧会議での合意を，計画の段階での進展を加速させたものと位置づけており〔Nielsson 1971: 174〕，ヴェントもデンマーク提案時に見られた懐疑と留保は，この北欧会議の会期でほとんど完全に，可能な限りの速度での調査と討議の継続への期待に変わったと見ている〔Wendt 1981: 127〕。
(5) 詳しくはWiklund〔1970: 320-323〕を参照。
(6) 詳しい内容はNielsson〔1971: 175〕を参照。
(7) 例えば，1968年5月にデンマーク通産大臣のアナセン（Andersen, P. Nyboe）は，EFTA内での大幅な経済協力拡大の可能性は限られていることを認識しなければならないと述べている〔Amstrup and Sørensen 1975: 22〕。
(8) ハスケルは，北欧での経済協力構想を提案する要因は多かったが，EFTAの成果が既にあったため，期待できる利得は少なかったと分析しているが〔Haskel 1976: 127〕，北欧内での貿易の増加を考えると，より地域内の経済関係を緊密にし，EFTAの対象外の製品を構想に入れるこ

とで得られる利益があったと考えられる。
(9) 詳しくは Ueland〔1975: 3-8〕を参照。
(10) 各国内の政党間の意見の相違については Wiklund〔1970: 327-336〕,Ueland〔1975: 8 -19〕を参照。
(11) スウェーデンの態度変化の分析は,Haskel〔1976: 125-128〕を参照。
(12) 政府からの提案が少ない,行政手続が非常に遅いということが指摘されていた〔Wendt 1981: 44〕。
(13) 特別にポストを設けている国と他の大臣が兼任している国がある。
(14) 一般的にはテーマに関係する閣僚が参加する北欧閣僚会議において調整がなされ,意見が一致したときに北欧協力大臣のみで構成される北欧閣僚会議が開催され,拘束力のある決定が下される〔石渡 1991: 20〕。
(15) 詳しくは NSO〔1969: 47〕参照。
(16) 北欧協力大臣を補佐する各国 1 名の官僚によって構成された。
(17) 正式名称は,"Agreement between Denmark, Finland, Norway and Sweden concerning the Administration of Joint Nordic Assistance Project in the Developing Countries".
(18) 文化分野の協力には,研究,教育,その他の一般的活動(芸術・報道・スポーツなど)の 3 つの分野が含まれている。1972年までに設立された文化の分野での地域協力機関については Lyche〔1974〕を参照。
(19) 正式名称は,"Agreement between Denmark, Finland, Iceland, Norway and Sweden concerning Cultural Cooperation".
(20) 正式名称は,"Agreement between Denmark, Finland, Iceland, Norway and Sweden concerning Co-operation in the Field of Transport and Communications".
(21) 社会保障面での協力に関しては,既に1955年に協定が結ばれており,他の 3 つの分野と同様に北欧閣僚会議の下で組織化された協力体制が構築された。

第5章　結論と展望

　第2章から第4章まで，第二次世界大戦後から1970年代初めまでの期間における北欧での地域協力の試みを，3つの期間（1945年～1950年代半ば，1950代半ば～1960年代半ば，1960年代半ば～1970年代初め）と3つの協力領域（安全保障，経済，共同体）という枠組みを通してみてきた。各協力提案については，地域的・国際的な背景，提出主体，内容（対象国・主体，形態），北欧協力以外の選択肢の有無，討議での北欧5カ国の態度，北欧会議との関係，提案の結果，を分析視角として考察した。その結果，北欧協力の特徴としてどのようなことが明らかになったのであろうか。本章では結論として，各期間の特徴，各協力領域の特徴，3協力領域間の関係を分析し，北欧における地域協力には，どのような志向性の変遷が特徴としてみられるのかを考察する。最後に，北欧協力についてのまとめと今後の展望を述べることとする。

第1節　3つの期間における北欧協力の特徴

　各章で各期間の北欧協力の特徴を考察したが，ここでもう一度まとめてみたい。第二次世界大戦後から1950年代半ばまでの北欧協力の特徴としては，本格的な地域協力が開始され，協力提案自体は3つの協力領域でほぼ同時に出されたが，安全保障が最優先であったことが挙げられる。しかし結局，安全保障領域での地域協力は実現せず，経済領域での協力も停滞したことから，共同体領域での協力推進の機運が高まる結果となった。安全

保障と経済領域での地域協力の不成功が契機となり，過去にさまざまな分野（法律，文化，社会政策，交通通信等）で協力成果が蓄積されていた共同体領域で，それらの分野の北欧協力を包括的に活動対象とする議員間協力組織としての北欧会議が創設されたのである。第二次世界大戦後，時をおかず共同体領域では複数の協力提案が出されていたが，同じ領域内でも細かい分野を対象にしたものほど，後回しにされる傾向にあった。しかし，重要な協力提案に関する討議が終了するとすぐに協力に向けての作業が進められ，細かい分野での地域協力が迅速に実現された。

1950年代半ばから60年代半ばまでの期間は，経済領域での協力提案が北欧協力に関する討議の中心となった。しかし，他のヨーロッパ諸国と北欧諸国の経済的な繋がりの増加から，各国の北欧経済協力に対する評価との位置づけには大きな相違が存在し，地域協力提案の実現には至らなかった。結果として，対外経済政策での北欧地域の分裂危機と，1960年代前半に提唱された安全保障に関する協力提案の取り扱いの問題が，共同体領域での地域協力を明示する必要性を認識させる契機となり，北欧協力の内容を記した協定を各国政府間で締結することに成功した。

また他方では，軍事面にも関わるが共同体領域に含まれる特徴を多く持つ分野で，地域協力が実現した。共同体領域での協力成果が，安全保障領域にも含まれる分野での北欧協力を促す要因となり，共同体領域で成功した地域協力と同様の過程を辿って実現に至った。1953年からは，活動を開始した北欧会議が討議の場として活用され，北欧会議自体も勧告や議長団の活動を通して，積極的に北欧での地域協力（特に経済および共同体領域での協力）の推進を目指す主体となった。しかし，地域協力に積極的な北欧会議に対して各国政府は自国の利益を最優先し，両者が北欧協力に期待する内容の間には大きな相違が存在し，北欧会議が望むようには協力強化は進まなかった。

1960年代半ばから70年代初めの期間においては，安全保障領域に関する協力提案は提出されず，北欧協力の成果を積み重ねていた北欧会議の組織改革の必要性から，まず共同体領域での協力体制強化への機運が高まり，討議が開始された（1953～70年の北欧会議の活動については，付録3を参

第5章 結論と展望　165

図5-1　安全保障，経済，共同体領域での協力成果の推移 1945〜72年

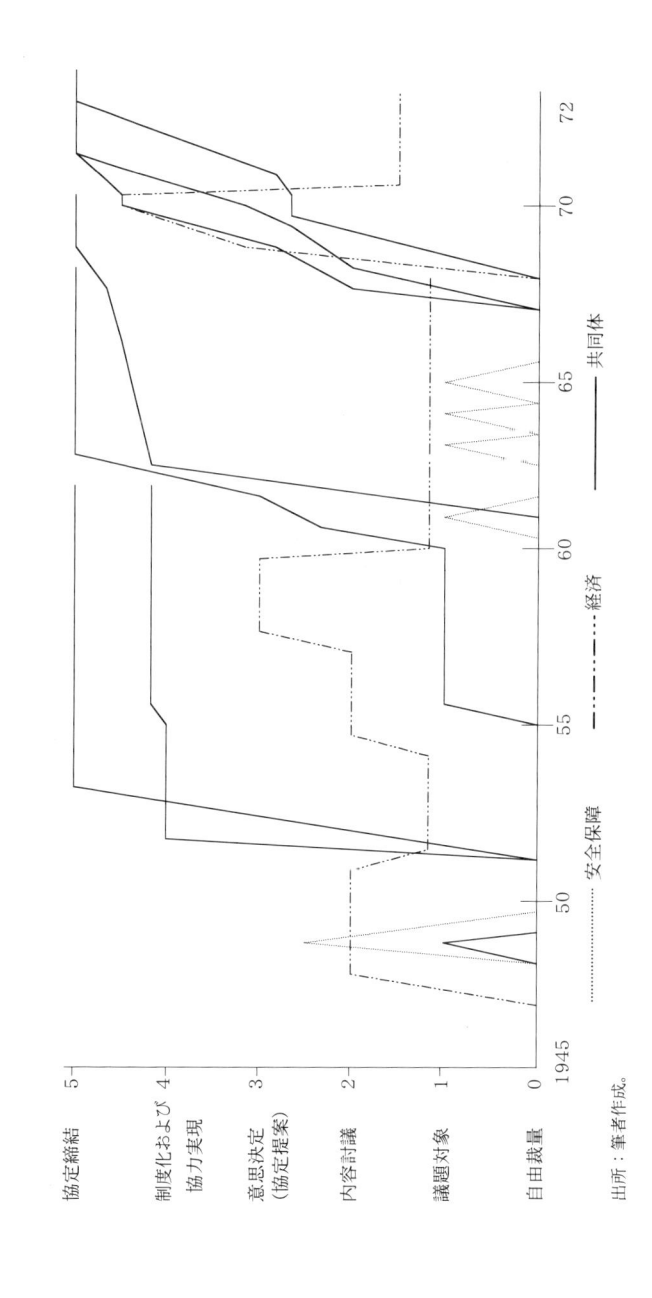

縦軸	
5	協定締結
4	制度化および協力実現
3	意思決定（協定提案）
2	内容討議
1	議題対象
0	自由裁量

横軸：1945, 50, 55, 60, 65, 70, 72

凡例：……… 安全保障　—・—・— 経済　——— 共同体

出所：筆者作成。

照)。討議開始後まもなく，それまでで最も具体的で強固な北欧諸国間での協力関係を想定した経済協力構想が提案され，構想実現に向けての討議が進展した。そして，経済領域での協力組織の創設と共同体領域での協力組織強化が，一体のものとして同時に討議された。最大の関心は経済領域での地域協力であったが，経済領域と共同体領域での討議が相互に影響を与え合い，相乗効果で両領域における協力を強化する方向へ進んだ。

　結局は，北欧での地域経済協力構想と将来的に政治統合を目指すECとの関係が問題となり，各国が採っていた安全保障政策が分裂していたことから，経済領域での北欧協力構想は失敗に終わった。しかし，共同体領域での北欧協力を強化する提案に関しては，北欧会議と各国政府の間に存在していた態度の差が縮小し，両者とも協力強化に積極的であった。ゆえに，経済領域での協力討議と同時進行していた共同体領域の北欧協力で，協力体制の整理，強化に成功し，政府間組織である北欧閣僚会議が創設され，複数分野で個別の協定が締結された。1970年代半ば以降は，共同体領域での協力が北欧協力の中心となった。

　3つの期間を通しての変化としては，図5-1で示したように，安全保障領域における地域協力に対する意欲と協力成果は年を経るごとに縮小したが，対照的に経済領域と共同体領域では協力意欲が高まり，協力討議が活発になったことが指摘できる。特に共同体領域では多くの場合，協力の制度化や協定締結に到達し，成果を積み重ねた。結果として1970年代初めには，北欧での地域協力は共同体領域で最も進展しているという，特徴を持つようになったのである。

第2節　3つの協力領域における北欧協力の特徴

1. 安全保障領域における地域協力

　3つの期間それぞれにおいて，3つの協力領域を個別に考察したことで明らかになったのは，3領域それぞれにおける地域協力の進展，停滞の過程である。まず安全保障領域であるが，図5-2で示した過程で協力提案，討議が行われ，北欧としての地域協力の進展は見られなかった。安全保障

第5章 結論と展望　167

図5-2　安全保障領域での地域協力過程

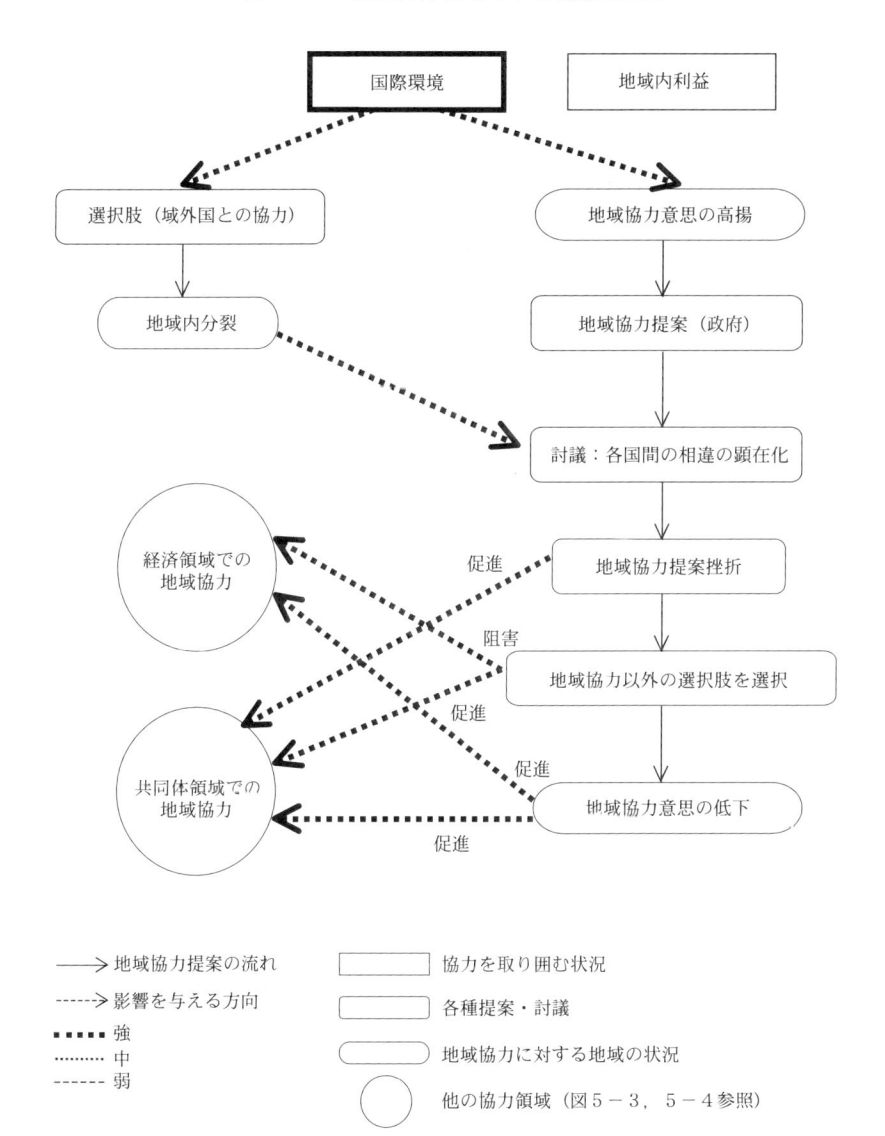

```
         ┌──────────┐           ┌──────────┐
         │ 国際環境  │           │ 地域内利益│
         └──────────┘           └──────────┘
           ↙      ↘                  ↓
┌──────────────────┐        ┌──────────────────┐
│選択肢(域外国との協力)│        │ 地域協力意思の高揚│
└──────────────────┘        └──────────────────┘
           ↓                         ↓
    ┌──────────┐              ┌──────────────┐
    │ 地域内分裂│              │地域協力提案(政府)│
    └──────────┘              └──────────────┘
             ╲                       ↓
              ╲              ┌────────────────────┐
               ╲             │討議:各国間の相違の顕在化│
                ╲            └────────────────────┘
                 ↘                   ↓
  ┌──────┐              ┌──────────────┐
  │経済領域での│◀─── 促進 ──│ 地域協力提案挫折│
  │ 地域協力 │              └──────────────┘
  └──────┘      阻害              ↓
              ◀────────┐  ┌──────────────────┐
  ┌──────┐    促進    │  │地域協力以外の選択肢を選択│
  │共同体領域での│◀────────┘  └──────────────────┘
  │ 地域協力 │    促進              ↓
  └──────┘◀──────────  ┌──────────────┐
              促進          │ 地域協力意思の低下│
                           └──────────────┘
```

凡例:
──▶ 地域協力提案の流れ
┄┄▶ 影響を与える方向
▪▪▪▪ 強
‥‥‥ 中
------ 弱

▭ 協力を取り囲む状況
▭ 各種提案・討議
▭ 地域協力に対する地域の状況
◯ 他の協力領域(図5-3、5-4参照)

出所：筆者作成。

領域における地域協力討議の特徴は，地域外からの影響が非常に大きい点である。これは北欧諸国が中小国であることに加えて，地理的に東西両陣営の間に挟まれている状況から考えてみても，国際環境からの影響を受けやすいことは想像に難くない。北欧での安全保障に関する地域協力提案は多くの場合，国際環境の下での自国の立場が地域外の動向から影響を受けたことに反応して，自国の対外的安全保障政策を有利にするために提唱された。ゆえに，北欧地域としての利益を第一に考えたものではなく，実際に協力によって地域として得られる利得は必ずしも大きいとはいえなかった。

　安全保障領域において地域協力を提案した主体は，最終的な政策決定権を持つ政府であることが多かった。提案の討議においても中心主体は政府であり，北欧会議が果たす役割は小さかった。また，地域協力提案の討議の際には，北欧諸国間での協力以外の選択肢が地域外の国から提示されていた。各国政府の間には北欧協力に期待する内容に大きな相違があり，北欧協力以外の政策も選択肢として存在していたことから，北欧地域での協力が各国の最優先の選択肢にはなりえなかった。

　その結果，北欧での協力提案は失敗に終わり，各国が個別に他の選択肢を選び，別々の安全保障政策を採っていくこととなった。そして，その別々に選択した政策が，その後に各国が自国の安全保障政策を考える上での基礎となった。そのため，再び国際環境が変化して地域外からの影響を受けたときに，自国の対外的安全保障政策を有利にするために北欧での地域協力提案を出すことが多く，再び同じ過程を辿るというサイクルを繰り返した。地域外からの影響は，北欧地域での協力を提案する契機になったが，同時に北欧諸国間を分裂させる原因にもなっていた。

　他の特徴としては，実際の討議は比較的短期間で結論に到達し，北欧での地域協力が実現に至ることはなかった点が挙げられる。1940年代後半に北欧地域としての協力内容をめぐって北欧諸国が分裂し，その後各国が別々の安全保障政策を採ったことから地域協力の提案内容自体も徐々に縮小し，1960年代半ば以降1970年代初めまでは協力提案すら出されなくなった。

2. 経済領域における地域協力

　次に経済領域での協力であるが，図5－3に示した過程で，協力の提案，討議が行われた。経済領域での地域協力案の提起も，地域外の動向からの影響が最も大きい要因であった。安全保障領域と異なる点は，北欧地域での協力によって，実際に各国が地域内で利益を得ることが可能であったことである。地域外の動向から，北欧地域での協力の促進が地域外の国との交渉において有利に働くと考えられるか，あるいは実際に地域内で経済的利益が得られる見込みが認識されたときに，北欧地域での経済協力提案が政府や北欧会議から出された。ただし，北欧諸国のみでの協力は市場規模が小さいことから，他のヨーロッパ諸国との関係が各国にとって非常に重要であった。

　第二次世界大戦後は，他のヨーロッパ諸国の間でも経済協力推進の動きが活発であり，北欧での経済協力が提唱された時には，常に他のヨーロッパ諸国も含んだ経済協力構想があり，北欧協力以外の選択肢が存在していた。北欧地域での経済協力に関する討議は，各国政府間や北欧会議の場で他の選択肢の検討と同時に行われ，結果として各国政府が期待する北欧での経済協力内容に相違があったことから，北欧諸国のみでの協力以外の選択肢が選ばれた。その際には，提案で参加対象となっていた国が1カ国でも参加不可能になると，北欧協力提案自体が選択対象外になってしまうという特徴があった。他のヨーロッパ諸国との緊密な経済関係から，北欧地域での協力は必ずしも北欧各国が最優先する選択肢にはならず，より広範囲の協力構想がまず前提とされ，その上で北欧地域経済協力が考えられていたといえる。

　しかし，北欧地域としての協力提案が挫折したからといって，すべてが振り出しに戻ったのではなく，必ず協力の継続が各国間で合意された。その合意によって地域協力組織の創設や地道な調査活動などが実行に移され，それが地域経済協力によって得られる地域内での利益の認識に繋がり，再び地域外の動向から影響を受けたときに，北欧地域での経済協力が提案されていった。そして再び，他のヨーロッパ諸国との協力関係強化の選択肢とともに討議されるというサイクルを繰り返した。地域外の動向からの影

図5－3　経済領域での地域協力過程

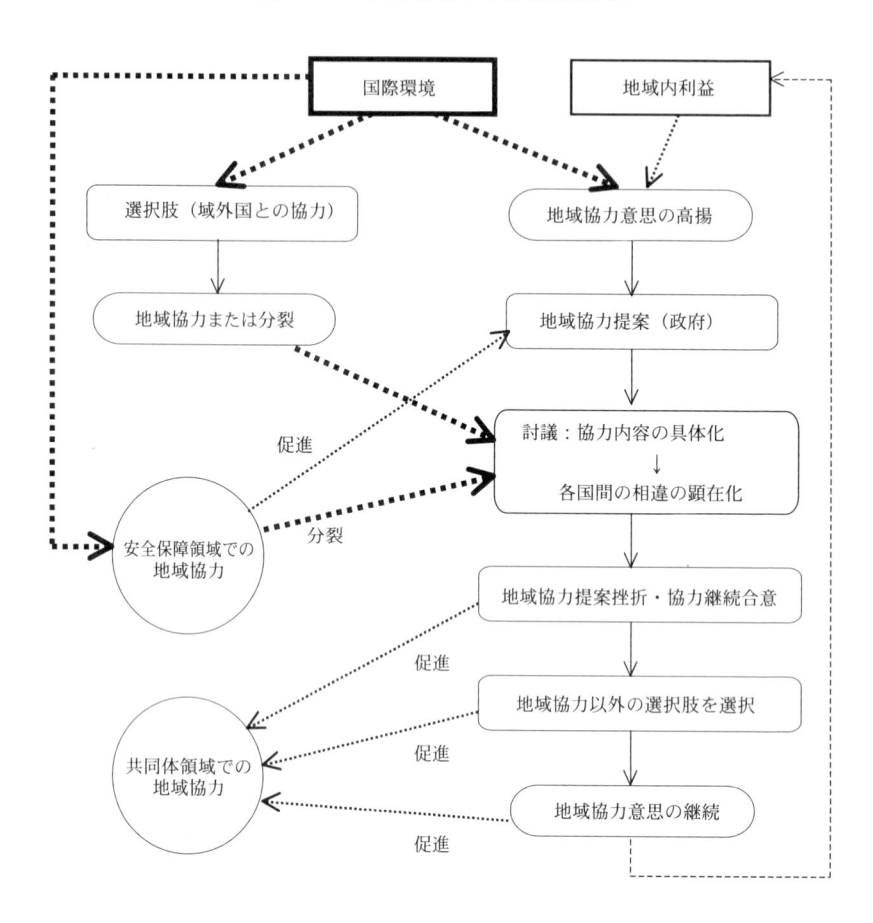

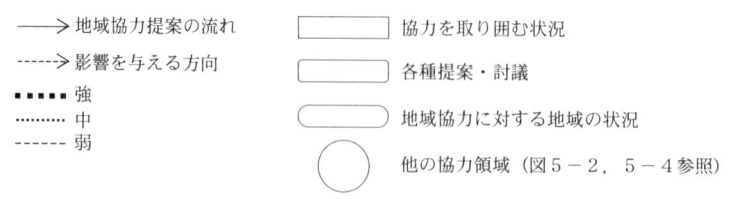

```
                    ┌─────────┐       ┌─────────┐
                    │ 国際環境 │       │地域内利益│
                    └────┬────┘       └────┬────┘
           ┌─────────────┤                 │
           │             ↓                 ↓
           │   ┌──────────────────┐  ┌──────────────────┐
           │   │選択肢（域外国との協力）│  │地域協力意思の高揚│
           │   └────────┬─────────┘  └────────┬─────────┘
           │            ↓                     ↓
           │   ┌──────────────────┐  ┌──────────────────┐
           │   │地域協力または分裂│  │地域協力提案（政府）│
           │   └────────┬─────────┘  └────────┬─────────┘
           │                                  ↓
           │         促進              ┌──────────────────┐
           │                           │討議：協力内容の具体化│
           │         分裂              │         ↓          │
           │  ┌────────────┐           │  各国間の相違の顕在化│
           └─→│安全保障領域での│         └────────┬─────────┘
              │  地域協力    │                   ↓
              └────────────┘           ┌──────────────────┐
                                       │地域協力提案挫折・協力継続合意│
                                       └────────┬─────────┘
                      促進                      ↓
                                       ┌──────────────────┐
              ┌────────────┐           │地域協力以外の選択肢を選択│
              │共同体領域での│           └────────┬─────────┘
              │  地域協力    │  促進              ↓
              └────────────┘           ┌──────────────────┐
                      促進             │地域協力意思の継続│
                                       └──────────────────┘
```

──→　地域協力提案の流れ　　　☐　協力を取り囲む状況
┄┄→　影響を与える方向　　　　▱　各種提案・討議
■■■　強　　　　　　　　　　◯　地域協力に対する地域の状況
┄┄┄　中　　　　　　　　　　◯　他の協力領域（図5－2，5－4参照）
－－－　弱

出所：筆者作成。

響は，北欧地域での経済協力に関する提案，討議を促進する要因になったが，逆に挫折させる要因にもなった。3つの期間を通しての変化の特徴としては，地域外（特に他のヨーロッパ諸国における経済協力討議）からの影響が年を経るごとに徐々に大きくなったが，同時に北欧としての協力で得られる地域内での各国の経済的利益も，実際に増加したことがある。構想の討議に比較的長い期間を費やしながら，北欧での経済協力提案の内容は範囲，強度ともに徐々に拡大し，1960年代後半の条約による経済連合構想が最も組織化された協力を目指す提案となった。しかし，結局この構想もヨーロッパの動向から影響を受けて，実現には至らなかった。

3. 共同体領域における地域協力

最後に共同体領域であるが，図5-4で示した過程で協力が強化されていった。先述した2つの協力領域と大きく異なる点は，地域外からの影響を安全保障・経済の領域を通して間接的な形でも受けていたことである。また，第二次世界大戦前から協力が進められており，北欧での地域協力によって得られる地域内での利益が，各国に認識されていた。第二次世界大戦後も，共同体領域での地域協力はさまざまな分野で継続して行われ，成果を蓄積し，協力強化を望む声もしばしば出された。北欧会議の活動開始後は，地域協力の提案や討議は北欧会議のイニシアチブで進められ，北欧会議からの勧告に政府が反応を示す形となった。

政府を巻き込んだ大規模な協力組織・体制の創設や，大きな変革，さまざまな協力分野を同時に含んだ協定締結の実現には，他の協力領域における北欧協力の動向が協力促進への刺激として働いた。他の協力領域において，地域外からの影響によって北欧地域が分裂の危機に直面したこと，あるいは地域協力強化が目指されたことが，共同体領域での協力の進展に重大な影響を与えたといえる。しかし，他の協力領域での討議が非常に重要である場合には，共同体領域での協力提案は討議対象としての優先順位を下げられてしまう側面もあった。

地域協力提案の討議の際には，協力体制のあり方に関して北欧各国間で意見の相違が存在したこともあったが，協力強化に結びつく他の協力領域

図5-4 共同体領域での地域協力過程

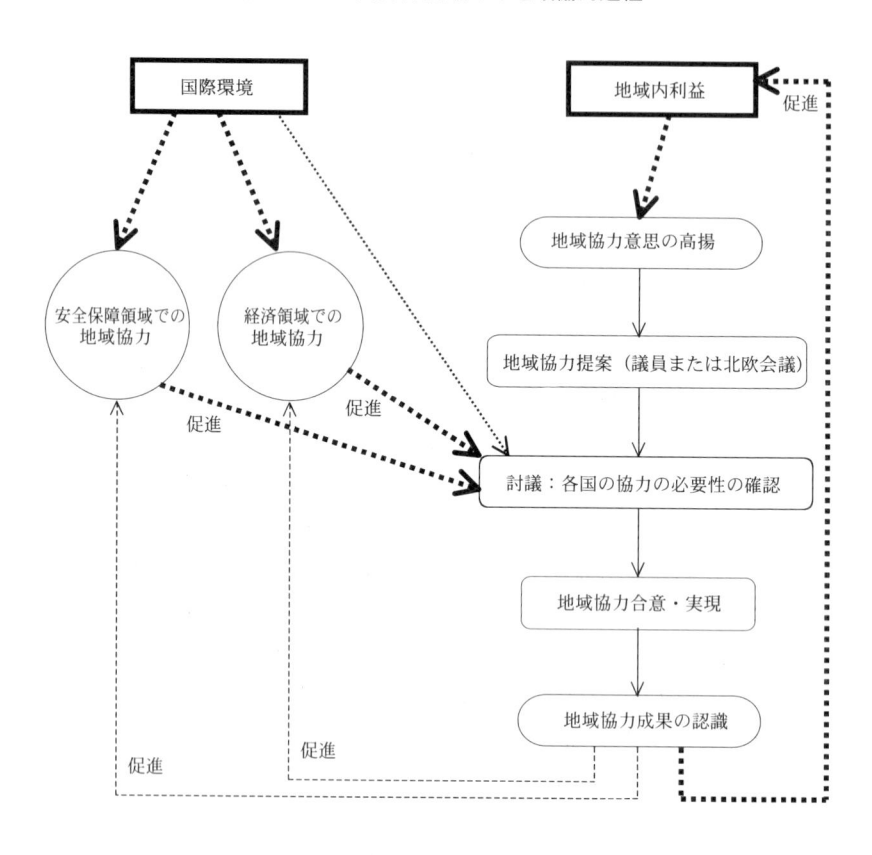

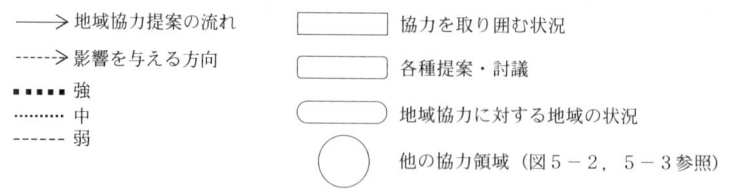

凡例:
──→ 地域協力提案の流れ
----→ 影響を与える方向
▪▪▪▪ 強
……… 中
------ 弱

□ 協力を取り囲む状況
▭ 各種提案・討議
⬭ 地域協力に対する地域の状況
◯ 他の協力領域(図5-2, 5-3参照)

出所:筆者作成。

からの影響や,既存の共同体領域での協力成果から,北欧協力の体制や組織の強化に意義を見出す点では各国が一致していた。また他の2つの協力

領域と異なり，共同体領域では北欧での地域協力以外の選択肢となるような他国との協力提案が存在せず，北欧地域での地域協力提案のみが討議対象であった。提案で参加対象となっていた国の中で参加不可能となった国が出ても，まず参加可能な国だけで開始し，残った国は後から参加可能になった時点で加入するという形態が取られた。

　以上のような特徴から，共同体領域での北欧協力組織・体制の設立や改革の提案は，内容の討議に入ると比較的短期間で合意が成立し，実行に移された。その成果が北欧協力によって地域内で得られる利得の蓄積と認識に繋がり，再び地域外の動向からの影響が他の協力領域を通じて伝わった時に，共同体領域での北欧協力強化の提案が注目され，同じプロセスで協力実現に到達した。3つの期間を通じては，協力対象主体が議員から政府へと移行しながら，協力提案の内容も徐々に組織化，強化の方向に進むという変化が起こった。1960年代後半以降は，他の協力領域から地域協力促進要因となる刺激がなくとも，自律的に地域協力の多様化と強化が促進されていった。

4．3協力領域における共通点

　3つの協力領域での地域協力提案，討議を同じ分析視角から考察したことによって，3領域での地域協力に共通した面も明らかになったといえる。提案の対象国は2カ国から5カ国までさまざまであったが，5カ国すべてが対象でないからといって，必ずしも提案対象以外の国を排除していたわけではなかった。提案された協力に参加でき得る国すべてが参加することが北欧諸国にとって最も望ましいため，最終的な協力体制としては5カ国すべての参加を目標としていた提案が多かった。また，各国とも3つの協力領域すべてにおいて，北欧協力を進める意思はあった。提案は北欧5カ国政府や北欧会議から出されていたが，どの主体が提案を出したかは提案実現の成否には関係しなかったと考えられる。

　協力提案に関する討議においては，各国間の意見の相違はどの領域でも多くの場合存在していた。地域協力を進めること自体に異論はなかったが，期待する協力内容には北欧諸国間に違いがあった。全般的に積極的であっ

たのはデンマークとスウェーデンであり、ノルウェーは経済、軍事分野で弱く地域外の国家との協力が死活問題であったため、初めの時期には北欧での地域協力に消極的な姿勢を示すことが多かった。フィンランドは北欧諸国間の協力に参加したくとも、ソ連との関係からなかなか積極的に北欧協力構想の討議に関わることができなかった。アイスランドは距離的、経済的、軍事的問題から、北欧協力に関する討議に初めから積極的に加わることが少なかった。どの国も自国が利益を得られない地域協力には、当然消極的であったといえる。しかし、最終的にどこの国が協力提案の内容に反対したのかは、提案の成否を決定する主要因ではなかった。

各国政府と北欧会議の関係は、初めは両者の間で北欧協力に期待する内容に大きな差が存在したが、1970年代に近づくにつれて徐々に差が埋まったといえる。提案討議中の国際環境は、地域協力討議の促進、停滞の両要因として作用したが、地域外から北欧協力以外の選択肢を提示された場合は、北欧地域での協力提案は挫折しやすかった。協力形態の面では、3つの協力領域での北欧協力提案、討議において、超国家的な制度や組織の創設が想定されることはなかった。北欧での地域協力においては、いかなる分野の協力であれ、各国の主権を侵さない形で行うことが重視されたといえる。

第3節　3つの協力領域における地域協力の関係

3つの期間を通して北欧の地域協力を考察したことで、3つの協力領域の関係も明らかにすることができる。3つの協力領域間の関係は、図5－5のように表すことができる。まず安全保障領域と他の2つの協力領域の関係であるが、国際環境から影響を受けた安全保障領域での協力提案、討議、その結果が他の協力領域に与える影響は大きいものであったといえる。安全保障領域での討議が重要な時には他の協力領域での北欧協力提案は後回しにされ、安全保障に関する協力が討議されていない時には、特に経済領域での協力提案が協力討議の焦点になりえた。また、1950年代以降は安全保障領域での協力討議は公式には行われず、北欧諸国は安全保障においては別々の道を歩むことが決定的になり、北欧地域としての一体感を示す

図5-5　3つの協力領域間の関係

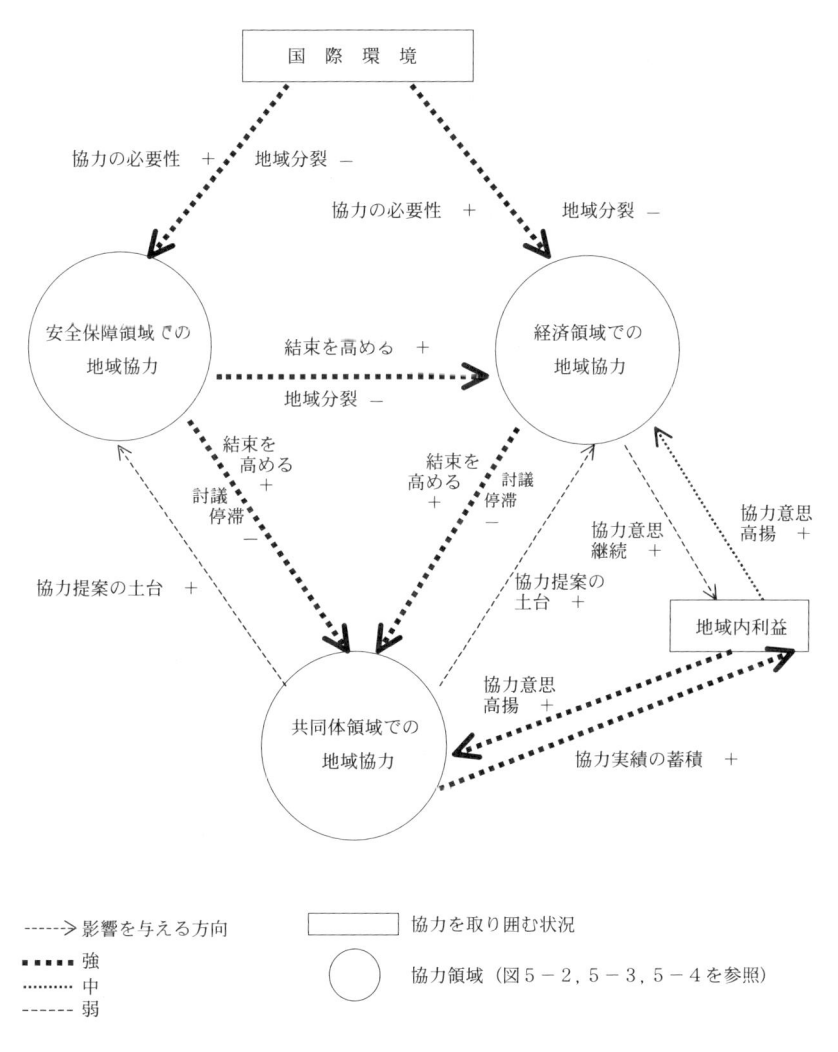

[図: 国際環境から「安全保障領域での地域協力」「経済領域での地域協力」へ「協力の必要性 +」「地域分裂 −」の矢印。安全保障領域での地域協力から経済領域での地域協力へ「結束を高める +」「地域分裂 −」。安全保障領域・経済領域から「共同体領域での地域協力」へ「結束を高める +」「討議停滞 −」。共同体領域から安全保障・経済領域へ「協力提案の土台 +」「協力意思継続 +」。共同体領域と「地域内利益」の間に「協力意思高揚 +」「協力実績の蓄積 +」。]

-----> 影響を与える方向　　□ 協力を取り囲む状況
■■■ 強　　　　　　　　　　○ 協力領域（図5-2, 5-3, 5-4を参照）
……… 中
------ 弱

出所：筆者作成。

目的で，北欧地域での共同体領域における協力内容を明確に地域内外に示す必要が生じた。その結果として，共同体領域での北欧協力がより強化さ

れていった。

　経済領域から他の協力領域への影響は，主に共同体領域に向かうことが多かったといえる。経済領域での討議が活発な間は，共同体領域での地域協力組織の創設や改革に関する提案は後回しにされる傾向にあった。1950年代後半以降は，経済協力が北欧での地域協力に関する討議で中心的な議題になったのと同時に，北欧経済協力の討議の進展やその結果が，共同体領域での協力強化に与える影響が増大した。共同体領域での北欧協力は地道に続けられており，協力強化を要請する声は常にあがっていたが，大きな地域協力組織の創設や協力体制の改革については，多くの場合その要請だけで北欧各国の政府を動かすことはできなかった。共同体領域の地域協力提案やその討議の進展は，安全保障領域と経済領域両方での地域協力討議やその結果から影響を受けていたといえる。

　しかし，共同体領域での協力は他の2つの協力領域から一方的に影響を受けていたわけではない。共同体領域では他の2つの協力領域からの影響が契機となって協力体制の強化が実行に移されたが，その協力体制強化によってもたらされた実際の協力成果が，安全保障と経済の両協力領域にも影響を及ぼしていたのである。他の2つの協力領域での協力提案提出の背景として，北欧各国における共同体領域での地域協力の成果に対する認識があったと考えられる。共同体領域に入る特徴を有しているが安全保障や経済の協力領域に入る要素も併せ持つ分野では，共同体領域での協力提案，討議とほぼ同じ過程を進み，同じような協力形態をとることによって，提案が実現したことが指摘できる。3つの期間を通して，共同体領域での協力体制確立への過程と地域協力実績は，共同体領域自体の協力進展の土台となったのは勿論のこと，安全保障領域と経済領域に含まれる分野にも部分的ではあるが浸透し，それらの分野での協力を促進するひとつの背景となったのである。

第4節　北欧協力の志向性の変遷

　以上のように，3つの期間を通して3つの協力領域での協力提案間に密接な関係があったことが明らかになったが，3つの協力領域における地域

第5章 結論と展望 177

協力が密接に絡み合っていたことは，北欧での地域協力にどのような特徴をもたらすことになったのであろうか。その大きな特徴は，志向性の変遷である（図5-6参照）。各協力領域では比較的継続して，北欧での地域協力を進める意思はあったと考えられる。しかし，各期間において最も重要視されていた協力領域は異なっていた。第二次世界大戦後から1950年半ばの期間は，安全保障に関する討議が各国政府間で最も重要であり，経済協力に関する提案はこの期間にはあまり重要ではなかった。共同体領域では，個別の分野での協力が進展し，議員中心の協力組織を作る提案が早い時期から出されていたものの，安全保障領域と経済領域における地域協力提案の討議が一段落するまでは，北欧各国政府の関心を集めることができなか

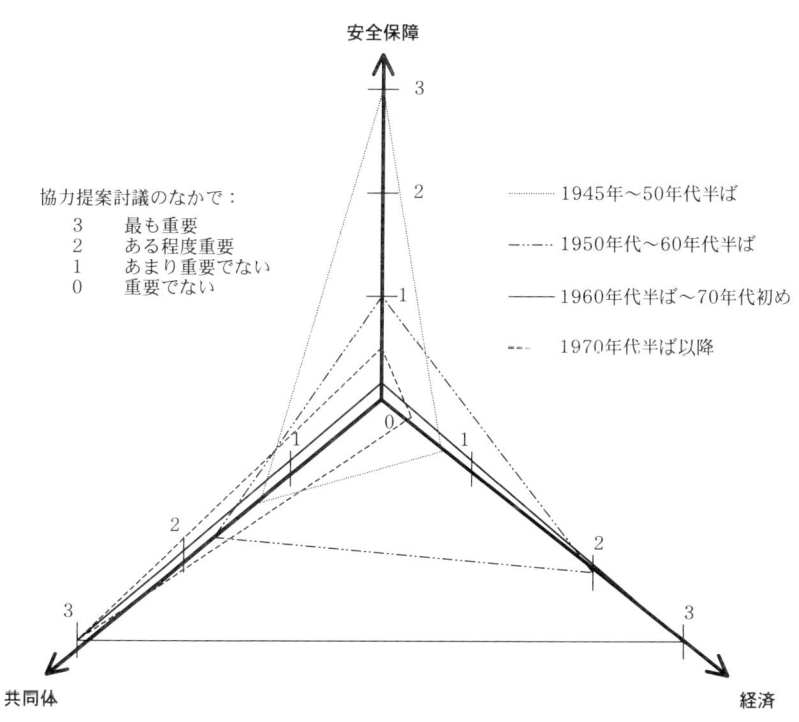

図5-6　3協力領域の重要度の変遷

協力提案討議のなかで：
3　最も重要
2　ある程度重要
1　あまり重要でない
0　重要でない

·········· 1945年～50年代半ば
―·―·― 1950年代～60年代半ば
―――― 1960年代半ば～70年代初め
― ―　1970年代半ば以降

軸：安全保障／共同体／経済

出所：筆者作成。

った。

　1950年代半ばから60年代半ばの期間に，志向性に変化が現れた。1949年にスカンジナビア3カ国での防衛同盟構想が破綻し，北欧諸国は別々の安全保障政策を採ることが決定的になったため，北欧諸国間での安全保障領域における地域協力は焦点にはなり得なくなったのである。そこで経済領域での協力が，地域協力に関する討議の中でかなり重要なものとなった。共同体領域での協力強化の声もあがってきてはいたが，経済領域に関する提案に優先するものではなかった。

　1960年代半ばから70年代初めには，北欧協力における協力領域の志向性に再び変化が現れた。それまでは他の協力領域での北欧協力提案の討議に対して優先順位が低かった，共同体領域における協力強化の具体化に向けての討議が，初めて他の領域での協力提案に先んじて進められることになったのである。共同体領域での協力強化に関する討議過程では，討議開始直後に提案された経済領域での北欧協力提案と並行して扱われたことから，北欧各国政府の関心は経済領域に向いていた。しかし，各国政府は共同体領域における組織的協力の重要性を認識し，地域協力促進のための討議に積極的に参加した。その結果として，非常に組織化された協力体制の構築に到達し，1970年代初め以降は共同体領域での協力が議員間だけでなく，各国政府間でも北欧での地域協力の中心に据えられ，協力が活発に進められるようになった。

　このような志向性の変遷の中で，共同体領域の個別分野で数々の協定が締結され，北欧協力のための組織の設立も1960年代から増加し，成果が積み重ねられた（図5-7参照）。特に，積極的に協力が促進されてきた法律，文化，社会政策，交通通信，途上国援助といった分野や，新しくは環境問題などの分野で，北欧協力がますます進展していった。共同体領域での地域協力が徐々に北欧での地域協力で重要な位置を占める方向へ進む過程において，初めのうちは政府間協定に拠らない議員の諮問，勧告組織が中心であった協力形態が，数々の協定を基盤とし，政府の代表によって構成される組織も積極的に関わる形態に発展したのである。北欧で最も発展した共同体領域での地域協力には，政府間の公式協力体制確立の前に議員間で

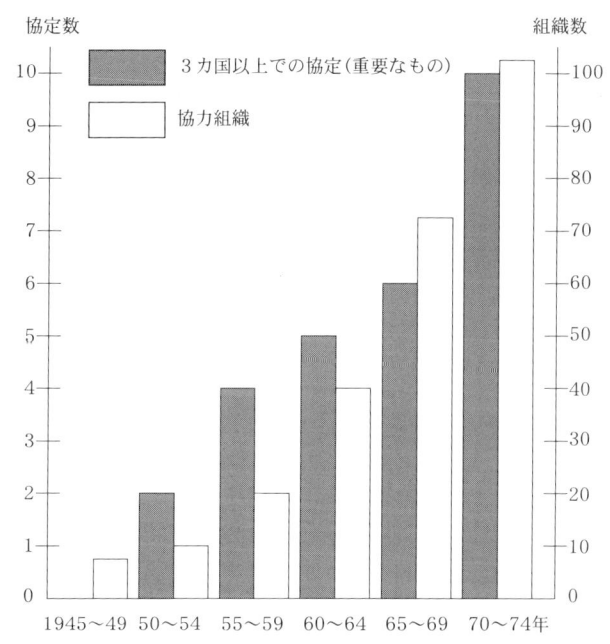

図 5-7 共同体領域での協力成果の累積 1945～74年

出所：Solem〔1977：30〕, Table 1を参考に筆者作成。

協力を進め，協力成果を積み重ねてから政府も巻き込んだ協力体制を造り上げた，という特徴があるといえる。そして1970年代の半ばになると，各国の政府や官僚の側が自ら積極的に，行政と法律の調整が可能な新しい協力分野を開拓し，政府間で協力を実行するようになった〔Dickerman 1976: 217〕。

第5節 まとめと展望

　北欧での地域協力というと，本書でいう共同体領域に入る法律，文化，社会政策，交通通信の各分野での協力が積極的に進められ，安全保障や経済の協力領域ではことごとく失敗したという事実が指摘され，あたかも北欧地域では共同体領域の分野での協力が初めから最優先に進められ，協力

が強化されることが当然であるかのように捉えている議論が多く見受けられる。しかし，第二次世界大戦後を3つの期間に分け，安全保障，経済，共同体という3つの領域での協力提案や討議をそれぞれ考察してみると，3つの領域での協力提案とその討議が相互に影響を与えあったことで，結果として共同体領域全体の協力体制が最も強化されたことが明らかになる。安全保障と経済で地域協力体制を築くことはできなかったが，共同体領域において参加可能な国によって，各国を拘束しない緩やかな形で協力が発展したのである。初めは各国が共同体領域での協力促進の意欲を持っていたところに，他領域で北欧地域の分裂の危機に直面し，協力強化の方向へ進んだが，1970年代以降は共同体領域での協力強化が外からの刺激なくして自律的に進展した。結果として北欧での地域協力の焦点は，安全保障から経済そして共同体へと移行したのである。

3つすべての協力領域で地域協力を目指しながら，時代を経るごとに協力不可能な領域を排除していったという意味では，「消去法的」な志向性の変遷と特徴づけることができるかもしれない。しかし，他の協力領域での地域協力が失敗したから残りの共同体領域で協力を強化したという消極的な説明だけでは，北欧の地域協力の特徴を示すことはできない。共同体領域での地域協力が継続的に進められて地道に成功実績を重ねていたことが，安全保障や経済の協力領域に入る要素を有しているが共同体領域に入る要素も持つ分野での協力を，進展させる結果となって現れている。2つの協力領域にまたがる北欧協力提案の討議では，共同体領域では各国が北欧協力に期待する内容の相違が比較的小さかったことを踏まえて，共同体的な要素を多くして共同体領域と同様の実現プロセスを辿るように作業を進めていた。その結果，他の協力領域にも重なる分野で協力体制を確立させることができたといえる。

共同体領域での協力は，成功実績の認識と協力強化の意思の上に，他の領域からの影響を受けて協力強化を実現させただけではなく，その成果が他の領域にも浸透していくという能動的な側面を持っていたのである。つまり，第二次世界大戦後から1970年代初めまでの間に，安全保障，経済，共同体の各協力領域における北欧協力は，地域外の動向と絡み合いつつ，

相互に影響しあいながら，初めに意図していたわけではないが結果として共同体領域での協力が最も組織化され，強化されることになったといえる。そして，共同体領域での地域協力は，その範囲を拡大しつつ北欧での地域協力の中心的な位置を占めるようになったのである。

　北欧での地域協力は他地域での地域協力と異なり，初めに経済協力ありきという形ではなかった。また，ヨーロッパ統合の機構の先駆けとなったECSCのように，戦争を域内国間で再び起こさないようにするためという，地域内安全保障的な目的から進められたわけでもなかった。かといって，共同体領域での協力強化が当然のものとして，初めから中心に据えられていたのではなかった。3つの協力領域で地域協力提案が同時期に出され，その討議や結果が影響し合ったことによって，共同体領域での協力が北欧協力の最大の特徴となったのである。

　他地域の地域協力では，地域外国家との関係に大きな影響を与える軍事や経済の分野で協力促進を目指す事例が多いが，北欧地域はその部分で地域として協力体制を築くには，国際環境の下で各国が置かれている立場の違いが大きかった。北欧では地域外からの影響の強い分野では「協力したい」という意思はあるものの，歴史的，地理的，心理的要因とともに，大国との関係，国内の経済・軍事状況などにおいて，北欧各国間で相違があった。そのため，安全保障や経済の協力領域では実際に北欧協力の内容を詰めていくと，選好の差異が浮き彫りになり，協力提案は実現に至らなかったのである。北欧では地域外の国家に対して直接的に自国の利益を高める目的で行おうとした地域協力の試みは，1860年代からすべて失敗している。

　対照的に，共同体領域の地域協力は，すべて迅速に実行に移されたとはいえないが，地域外国家との関係に及ぼす影響が少なかったため，比較的促進しやすかったと考えられる。また，北欧諸国間で戦端を開く可能性はかなり低いという基礎があり，域内の紛争発生の危険性を考慮する必要性は存在しなかったため，人々の生活に深く関わる事項の多い共同体領域での地域協力を進めることができたといえる。そして，数々の地域協力提案に関する討議と共同体領域での協力成果が，地域アイデンティティとして

の「我々」意識を確固たるものにすることとなり，1970年代以降は共同体領域での協力が，北欧協力の根幹をなすものと内外から認識されるようになった。

　地域協力を3つの協力領域に分けるという分析視角を用いて，さまざまな協力提案，討議過程を考察することによって，異なる協力領域に属する地域協力構想が相互に与え合う影響や，それによって生じる地域協力の志向性の変遷という，地域協力のダイナミクスが見えてくる。これらは，「統合」という視角からの分析や，協力実態の記述からだけでは捉えきれない地域協力の側面といえるのではないだろうか。他地域での協力も協力領域という視角から分析を行えば，これまでの研究から導き出されたものとは異なった，その地域の協力の特徴が明らかになるかもしれない。本書は分析の対象が北欧地域のみである試論であり，対象期間も限られているが，この分析視角でさまざまな地域での地域協力を考察していくことによって，各地域の地域協力のダイナミクスが明らかになり，最終的には「地域協力」の理論化の土台の一部になるかもしれない。そういった意味で，3つの協力領域から地域協力を分析していくことには，意義があるのではないだろうか。

　1970年代半ば以降の北欧協力であるが，安全保障，経済の両領域で地域協力提案が出されることもあったが，全体としては共同体領域での協力がますます進展することとなった。1970年代後半には，再び安全保障領域に入る非核兵器地帯化構想の提案が続けて出され，特に1980年代には非核兵器地帯化構想に関する討議が活発に行われた[1]。しかし，結局，北欧非核兵器地帯の設置には至らなかった。経済領域では，1973年12月に北欧会議の勧告に基づいて，北欧技術・産業開発基金協定が締結され，同年7月に北欧産業基金が設立された。また，1975年12月には協定によって政府間で北欧投資銀行が共同で設立されたが，北欧地域としての大規模な経済協力提案が出されることはなく，各国は個別にECとの関係のあり方を模索していった。その結果，EC加盟申請を行ったデンマークとノルウェーのうち，デンマークが1973年1月にECに加盟し，ノルウェーは国民投票でECへの加盟を否決し，北欧ではデンマークのみがEC加盟国という状態が1990年

代半ばまで続いた。

　デンマークのEC加盟が北欧での地域協力にもたらす影響が心配されたが〔Hancock 1972: 436〕，共同体領域での北欧協力が後退することはなかった。共同体領域では大きなレベルでの組織化が終ったため，個別の分野ごとに協力組織を創設し，協力体制を充実させていく方向に進んだ。北欧5カ国によって1981年に北欧言語協定が調印され（1987年発効），また同年に北欧開発援助協力協定（コペンハーゲン協定）が締結された。1983年には，アイスランドの参加に伴って修正された北欧共同労働市場協定が締結され，完全な北欧5カ国による共同労働市場が確立した。他にも，1988年に北欧文化協力促進のための行動計画が採択され，1989年には5カ国間で北欧労働環境協定が締結された。

　1990年代に入ると，ECと北欧諸国との関係に，大きな変化が現れた。1991年7月にスウェーデン，1992年3月にフィンランド，1992年11月にノルウェーがECに加盟を申請し，アイスランド以外はEC加盟を目指すようになった。1995年1月には国民投票で加盟を否決したノルウェーを除いて，フィンランドとスウェーデンがEUに加盟し，北欧5カ国中3カ国がEU加盟国となった（北欧5カ国とヨーロッパの国際協力組織の関係については，付録4を参照）。北欧での地域協力は，今後，北欧各国にとってどのような位置づけになっていくのであろうか。EU加盟北欧諸国の国内ではEUへの支持は強いとはいえないが，EU加盟後，北欧諸国はEU内でも協力を続けている。特に，社会政策，環境問題，男女平等政策などの，北欧諸国で発展しているといわれる政策分野で，EUの政策レベルを北欧協力の水準に近づけるよう各国が協力しながら努力を行っている。EU加盟国と非加盟国に分かれた後も，北欧諸国間での協力関係は継続しているといえる。

　また，たとえ北欧5カ国すべてがEUに加盟しても，その中で「北欧グループ」を形成する可能性は高いと考えられる。たとえば，ラファン（Laffan, B.）は北欧の地域協力の将来について，北欧会議や北欧閣僚会議において協力強化を目指す動向があることを指摘し，もし北欧諸国のすべてがEUに加盟しても，北欧という強力なまとまりはEUの内部において存在

するであろうと予測している〔Laffan 1992: 66〕。北欧地域でこれまでに行われてきた3協力領域での協力提案討議と共同体領域での成功実績によって形成されてきた「北欧」というアイデンティティは，容易に消滅するとは考えられない。北欧諸国の中には，北欧諸国間の問題は国内問題の延長であると認識している大使もいるほど，北欧では地域としての一体感が定着しているのである〔Dickerman 1976: 215〕。北欧5カ国での地域協力への意思は，たとえEU加盟国と非加盟国に分かれていても，変わらず続くと予想される。

　北欧協力自体には，既存の協力目標の達成，北欧地域における課題の変容，EUの拡大と深化からの影響によって，変化が現れている。北欧会議の組織については，1970年からは自治領であるフェロー諸島とオーランドが北欧会議に議員代表を送りはじめ，それに伴って各国代表の議員数も増員され，全体での議員数はそれまでの69名から78名に増加した。(4) 1984年以降はグリーンランドからも代表が選出されることとなり，各国の代表議員数も2名ずつ増員され（アイスランドは1名増），北欧会議に参加する議員代表の数は87名となった。(5) 現在ではサーメ人の代表を構成員として受け入れることが検討されている。1996年からは，1年に1回秋（通常は11月）に通常会期を開催することになり，議長国は北欧諸国の持ちまわり方式となった。議長団は議長1名と団員12名によって構成されるようになり，1975年に新たに財政委員会（1986年に常設の財政・管理委員会に改組），1976年には北欧協力の広報活動を行う情報委員会が設置され，北欧議会の内部組織の充実が図られた。

　北欧協力の対象分野も，変化を見せている。北欧地域では1970年代頃から環境問題が重要課題となり，北欧会議の常設委員会の社会政策委員会が1976年に社会・環境委員会となって環境問題を取り扱うようになった。アイスランドを除く北欧4カ国で1974年に環境保護協定が調印され（1976年に発効），1989年には北欧地域の環境改善のための長期計画および行動計画が採択された。1990年代には独立した常設委員会として環境委員会が設置され（交通通信委員会と統合），環境問題が北欧会議で活発に討議されるようになった。そして，1995年の北欧会議では常設委員会の改組が決定

され，1996 年に北欧会議の常設委員会は，文化・教育・訓練委員会，福祉委員会，市民・消費者権利委員会，環境・天然資源委員会，商業・産業委員会，管理委員会に再編された（付録 5 参照）。

地域協力の範囲についても北欧 5 カ国に止まらず，冷戦終結後はソ連から独立したバルト 3 国との協力関係の構築を目指すなど，協力地域拡大への新たな動きを見せている(6)。また，北欧地域内のより狭い範囲の地域レベルで，各国内の地方自治体間の協力も進展している。1977 年には，アイスランドを除く北欧 4 カ国で北欧国境における地方自治体協力に関する協定が調印され（1979 年発効），1990 年代半ばからはアイスランドを含めた北欧の北部，西部，中部，群島部など 9 地域で，国境を越えた自治体間協力が進められている(7)。

共同体領域での協力の進展という形に行き着いた北欧協力は，成果をあげた分野での協力をより充実させる努力を続けている。また，これまでに成功してきた協力実現過程や形態を踏襲しつつ，新たな問題が起こっている分野に協力対象を広げており，北欧協力は今後も協力対象分野を拡大しつつ継続していくと考えられる。1990 年代以降のヨーロッパにおける地域統合・協力の動向を見ると，北欧地域以外にも EU 内に下位地域（sub-region）が存在し，地域の利害を尊重する動きも出てきている(8)。近年では，EU のような広範な地域統合の内部における下位地域協力の一例として，北欧協力のあり方が注目されている。今後は，加盟国を拡大しつつ統合強化を図っている EU と北欧協力が相互にどのように影響を与え合うのかを，重層的な地域統合・協力の間の関係という視角から分析していくことも必要であろう。

（1） 1980 年代の北欧における非核兵器地帯化構想の討議については，Lindahl〔1988: 158-184〕を参照。
（2） 北欧開発援助協力協定の発効によって，1968 年に締結された途上国における北欧合同援助計画運営に関する協定（オスロ協定）は失効した。
（3） EU に対する北欧諸国の対応や，EU 内での北欧諸国の活動については，五月女〔2001, 2003〕を参照されたい。

（4）ノルウェー，スウェーデンから各18名，アイスランド6名，フィンランド17名，オーランド1名，デンマーク16名，フェロー諸島2名という構成となった。
（5）内訳は，デンマーク代表団20名（デンマーク16名，グリーンランド2名，フェロー諸島2名），フィンランド代表団20名（フィンランド18名，オーランド2名），アイスランド代表団7名，ノルウェー代表団20名，スウェーデン代表団20名。
（6）北欧協力と環バルト海協力の関係については，Joenniemi and Stålvant〔1995〕, Nordic Council〔1995〕, 石渡〔1993〕, 百瀬・志摩・大島〔1995〕, 大島〔1995；1996〕が詳しい。
（7）北欧地域における国境を越えた地方自治体間の協力については，Nilson〔1997〕を参照されたい。
（8）例えば，中欧，バルカン，環バルト海などで，下位地域協力が見られる。

参照文献

日本語文献

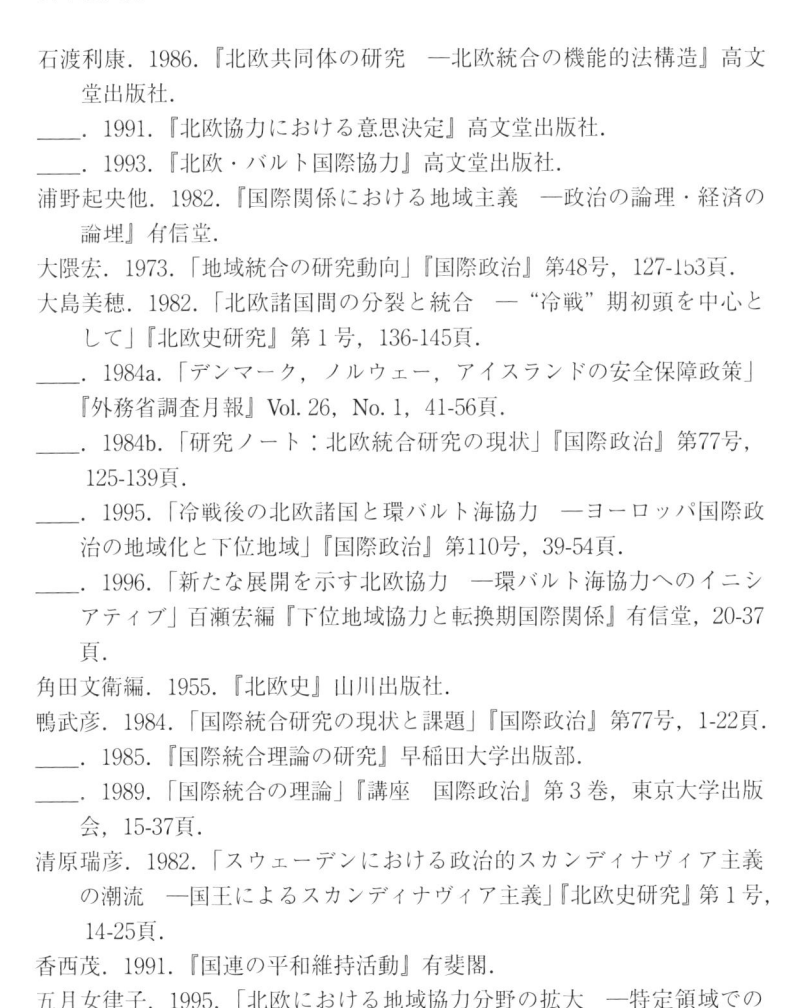

石渡利康. 1986.『北欧共同体の研究 ―北欧統合の機能的法構造』高文堂出版社.
____. 1991.『北欧協力における意思決定』高文堂出版社.
____. 1993.『北欧・バルト国際協力』高文堂出版社.
浦野起央他. 1982.『国際関係における地域主義 ―政治の論理・経済の論理』有信堂.
大隈宏. 1973.「地域統合の研究動向」『国際政治』第48号, 127-153頁.
大島美穂. 1982.「北欧諸国間の分裂と統合 ―"冷戦"期初頭を中心として」『北欧史研究』第1号, 136-145頁.
____. 1984a.「デンマーク, ノルウェー, アイスランドの安全保障政策」『外務省調査月報』Vol. 26, No. 1, 41-56頁.
____. 1984b.「研究ノート:北欧統合研究の現状」『国際政治』第77号, 125-139頁.
____. 1995.「冷戦後の北欧諸国と環バルト海協力 ―ヨーロッパ国際政治の地域化と下位地域」『国際政治』第110号, 39-54頁.
____. 1996.「新たな展開を示す北欧協力 ―環バルト海協力へのイニシアティブ」百瀬宏編『下位地域協力と転換期国際関係』有信堂, 20-37頁.
角田文衛編. 1955.『北欧史』山川出版社.
鴨武彦. 1984.「国際統合研究の現状と課題」『国際政治』第77号, 1-22頁.
____. 1985.『国際統合理論の研究』早稲田大学出版部.
____. 1989.「国際統合の理論」『講座 国際政治』第3巻, 東京大学出版会, 15-37頁.
清原瑞彦. 1982.「スウェーデンにおける政治的スカンディナヴィア主義の潮流 ―国王によるスカンディナヴィア主義」『北欧史研究』第1号, 14-25頁.
香西茂. 1991.『国連の平和維持活動』有斐閣.
五月女律子. 1995.「北欧における地域協力分野の拡大 ―特定領域での協力成果蓄積と他領域での協力促進のダイナミクス」『北欧史研究』

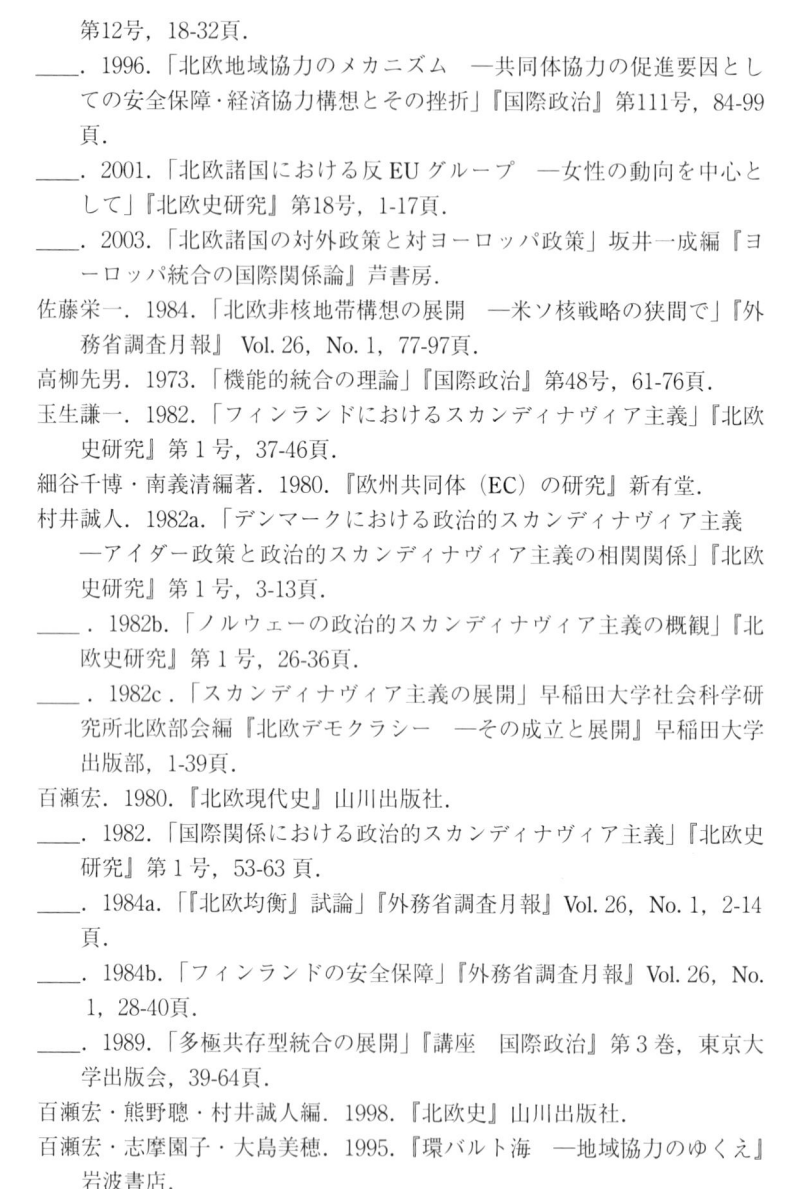

第12号, 18-32頁.
____. 1996.「北欧地域協力のメカニズム ―共同体協力の促進要因としての安全保障・経済協力構想とその挫折」『国際政治』第111号, 84-99頁.
____. 2001.「北欧諸国における反EUグループ ―女性の動向を中心として」『北欧史研究』第18号, 1-17頁.
____. 2003.「北欧諸国の対外政策と対ヨーロッパ政策」坂井一成編『ヨーロッパ統合の国際関係論』芦書房.
佐藤栄一. 1984.「北欧非核地帯構想の展開 ―米ソ核戦略の狭間で」『外務省調査月報』Vol. 26, No. 1, 77-97頁.
高柳先男. 1973.「機能的統合の理論」『国際政治』第48号, 61-76頁.
玉生謙一. 1982.「フィンランドにおけるスカンディナヴィア主義」『北欧史研究』第1号, 37-46頁.
細谷千博・南義清編著. 1980.『欧州共同体（EC）の研究』新有堂.
村井誠人. 1982a.「デンマークにおける政治的スカンディナヴィア主義 ―アイダー政策と政治的スカンディナヴィア主義の相関関係」『北欧史研究』第1号, 3-13頁.
____. 1982b.「ノルウェーの政治的スカンディナヴィア主義の概観」『北欧史研究』第1号, 26-36頁.
____. 1982c.「スカンディナヴィア主義の展開」早稲田大学社会科学研究所北欧部会編『北欧デモクラシー ―その成立と展開』早稲田大学出版部, 1-39頁.
百瀬宏. 1980.『北欧現代史』山川出版社.
____. 1982.「国際関係における政治的スカンディナヴィア主義」『北欧史研究』第1号, 53-63頁.
____. 1984a.「『北欧均衡』試論」『外務省調査月報』Vol. 26, No. 1, 2-14頁.
____. 1984b.「フィンランドの安全保障」『外務省調査月報』Vol. 26, No. 1, 28-40頁.
____. 1989.「多極共存型統合の展開」『講座 国際政治』第3巻, 東京大学出版会, 39-64頁.
百瀬宏・熊野聰・村井誠人編. 1998.『北欧史』山川出版社.
百瀬宏・志摩園子・大島美穂. 1995.『環バルト海 ―地域協力のゆくえ』岩波書店.
山影進. 1983.「地域統合論再考 ―新たな展望を求めて」『国際政治』第

74号，93-116頁.
＿＿. 1986.「地域にとって地域研究者とは何か」『日本政治学会年報：第三世界の政治発展』1-25頁.
山本武彦. 1984a.「ジレンマに直面するスウェーデンの安全保障」『外務省調査月報』Vol. 26, No. 1, 15-27頁.
＿＿. 1984b.「北欧諸国間協力の展開と構造 ―地域主義と地域統合の視点からみて」『外務省調査月報』Vol. 26, No. 1, 57-76頁.
山本吉宣他編. 1984.『国際関係論の新展開』東京大学出版会.
早稲田大学社会科学研究所北欧部会編. 1982.『北欧デモクラシー その成立と展開』早稲田大学出版部.

外国語文献〔英語 スウェーデン語〕
＜本文中の文献略称＞
NOC = The Nordic Organizations Committee
NR = Nordiska rådet
NS = Nordiska statistikermötet
NSO = Nordiska samarbetets organisation

Allardt, Erik, et al. (eds.). 1981. *Nordic Democracy*. Copenhagen: Det danske selskab.
Almdal, Preben. 1986. *Aspects of European Integration: A View of the European Community and Nordic Countries*. Odense: Odense University Press.
Amstrup, Niels. 1979. "Book Reviews: Bo Stråth, Nordic Industry and Nordic Economic Cooperation." *Cooperation and Conflict* 12(1): 49-56.
Amstrup, Niels and Carsten L. Sørensen. 1975. "Denmark: Bridge between the Nordic Countries and the European Communities?" *Cooperation and Conflict* 10(1/2): 21-32.
Anckar, Dag. 1984. "Foreign Policy Leadership in Finland: Towards Parliamentarization?" *Cooperation and Conflict* 19(4): 219-233.
Anderson, Stanley V. 1967. *Nordic Council: A Study of Scandinavian Regionalism*. Seattle: University of Washington Press.
Andersson, Jan Otto and Lars Mjøset. 1987. "The Transformation of the Nordic Models." *Cooperation and Conflict* 22(4): 227-243.
Andrén, Nils. 1964. *Government and Politics in the Nordic Countries*. Stockholm: Almqvist & Winksell.

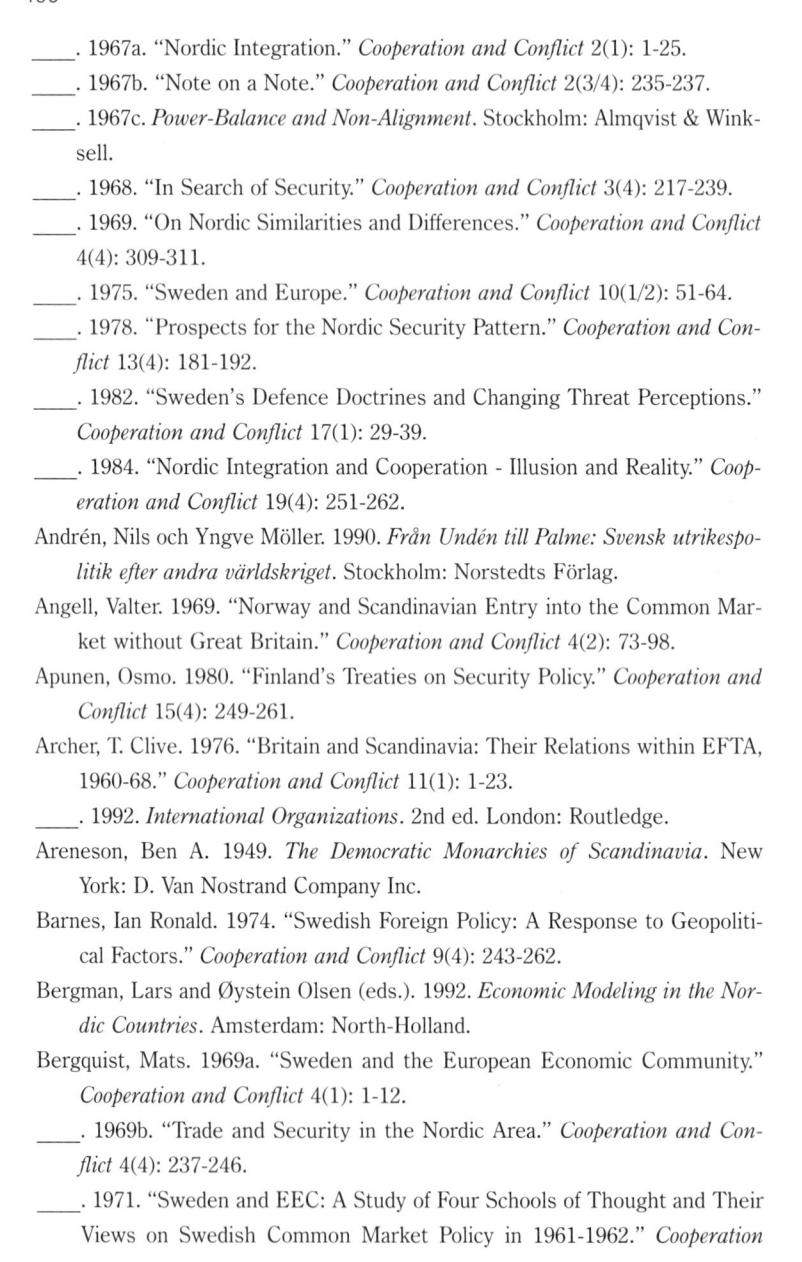

____. 1967a. "Nordic Integration." *Cooperation and Conflict* 2(1): 1-25.

____. 1967b. "Note on a Note." *Cooperation and Conflict* 2(3/4): 235-237.

____. 1967c. *Power-Balance and Non-Alignment*. Stockholm: Almqvist & Winksell.

____. 1968. "In Search of Security." *Cooperation and Conflict* 3(4): 217-239.

____. 1969. "On Nordic Similarities and Differences." *Cooperation and Conflict* 4(4): 309-311.

____. 1975. "Sweden and Europe." *Cooperation and Conflict* 10(1/2): 51-64.

____. 1978. "Prospects for the Nordic Security Pattern." *Cooperation and Conflict* 13(4): 181-192.

____. 1982. "Sweden's Defence Doctrines and Changing Threat Perceptions." *Cooperation and Conflict* 17(1): 29-39.

____. 1984. "Nordic Integration and Cooperation - Illusion and Reality." *Cooperation and Conflict* 19(4): 251-262.

Andrén, Nils och Yngve Möller. 1990. *Från Undén till Palme: Svensk utrikespolitik efter andra världskriget*. Stockholm: Norstedts Förlag.

Angell, Valter. 1969. "Norway and Scandinavian Entry into the Common Market without Great Britain." *Cooperation and Conflict* 4(2): 73-98.

Apunen, Osmo. 1980. "Finland's Treaties on Security Policy." *Cooperation and Conflict* 15(4): 249-261.

Archer, T. Clive. 1976. "Britain and Scandinavia: Their Relations within EFTA, 1960-68." *Cooperation and Conflict* 11(1): 1-23.

____. 1992. *International Organizations*. 2nd ed. London: Routledge.

Areneson, Ben A. 1949. *The Democratic Monarchies of Scandinavia*. New York: D. Van Nostrand Company Inc.

Barnes, Ian Ronald. 1974. "Swedish Foreign Policy: A Response to Geopolitical Factors." *Cooperation and Conflict* 9(4): 243-262.

Bergman, Lars and Øystein Olsen (eds.). 1992. *Economic Modeling in the Nordic Countries*. Amsterdam: North-Holland.

Bergquist, Mats. 1969a. "Sweden and the European Economic Community." *Cooperation and Conflict* 4(1): 1-12.

____. 1969b. "Trade and Security in the Nordic Area." *Cooperation and Conflict* 4(4): 237-246.

____. 1971. "Sweden and EEC: A Study of Four Schools of Thought and Their Views on Swedish Common Market Policy in 1961-1962." *Cooperation and Conflict* 4(1): 39-56.

Birnbaum, Karl E. 1965. "The Formation of Swedish Foreign Policy." *Cooperation and Conflict* 1(1): 6-31.

Bjøl, Erling. 1966. "Foreign Policy-Making in Denmark." *Cooperation and Conflict* 1(2): 1-16.

＿＿＿. 1968. "NATO and Denmark." *Cooperation and Conflict* 3(3): 93-107.

Bonham, Matthew G. 1969. "Scandinavian Parliamentarians: Attitudes toward Political Integration." *Cooperation and Conflict* 4(3): 149-161.

Bonsdorff, Göran von. 1965. "Regional Cooperation of the Nordic Countries." *Cooperation and Conflict* 1(1): 32-38.

Brodin, Katarina. 1966. "The Undén Proposal." *Cooperation and Conflict* 1(2): 18-29.

Brundtland, Arne Olav. 1966. "The Nordic Balance." *Cooperation and Conflict* 1(2): 30-63.

＿＿＿. 1968. "Norwegian Foreign Policy." *Cooperation and Conflict* 3(3): 169-182.

Carlson, Per. 1986. *Nordiskt samarbete*. Stockholm: UD informerar.

Christophersen, Jens A. 1965. "The Nordic Countries and the European Balance of Power." *Cooperation and Conflict* 1(1): 39-52.

Conference Organised by the Nordic Council for International Organizations in Europe. 1965. *Nordic Cooperation*. Stockholm: Nordiska rådet.

Derry, Thomas K. 1979. *A History of Scandinavia*. London: George Allen & Unwin.

Deutsch, Karl W. 1988. *The Analysis of International Relations*. 3rd ed. Englewood-Cliffs: Prentice-Hall.

Deutsch, Karl W., et al. 1957. *Political Community and the North Atlantic Area*. New York: Princeton University Press.

Dickerman, Robert C. 1976. "Transgovernmental challenge and response in Scandinavia and North America." *International Organization* 30(2): 213-240.

Dolan, Paul. 1959. "The Nordic Council." *Western Political Quarterly* 12: 511-526.

Dreyer, H. Peter. 1975. "Scandinavia Faces Europe." In Peter C. Ludz, et al., *Dilemmas of the Atlantic Alliance: Two Germanys, Scandinavia, Canada, NATO and the EEC*. New York. Praeger Publishers: 73-149.

Dörfer, Ingemar. 1974. "Book Review: Johan Jørgen Holst (ed.), Five Roads to Nordic Security." *Cooperation and Conflict* 9(4): 317-319.

East, Maurice A., et al. (eds.). 1982. *Coordinating Foreign Policy in the Nordic Countries*. Oslo: Norsk utenrikspolitisk institutt.

Etzioni, Amitai. 1965. *Political Unification*. New York: Holt, Rinehart and Winston, Inc.

Fitzmaurice, John. 1987. *Security and Politics in the Nordic Area*. Aldershot: Avebury.

Fourth Conference Organized by the Nordic Council for International Organizations in Europe. 1972. *Nordic Cooperation in a European Perspective*. Stockholm.

Galtung, Johan and Helge Hveen. 1976. "Participants in Peace-Keeping Forces." *Cooperation and Conflict* 11(1): 25-40.

Gleditsch, Nils Petter, Håkan Wiberg and Dan Smith. 1992. "The Nordic Countries: Peace Dividend or Security Dilemma?" *Cooperation and Conflict* 27(4): 323-348.

Groom, A. J. R. and P. Taylor. 1990. *Frameworks for International Co-operation*. London: Printer Publishers.

Haas, Ernst B. 1973. "International Integration: The European and the Universal Process." In Leland M. Goodrich and David A. Kay (eds.) *International Organization: Politics & Process*. Wisconsin: The University of Wisconsin Press: 397-423.

Haekkerup, Per. 1964. "Scandinavia's Peace-keeping Forces for U.N." *Foreign Affairs* 42(4): 675-681.

____. 1965. "Europe: Basic Problems and Perspectives - A Danish View." *International Affairs* 41(1): 1-10.

Hagard, John H. M. 1987. *Nordic Security*. New York: Institution for East-West Security Studies.

Hakovirta, Harto. 1969. "The Finnish Security Problem." *Cooperation and Conflict* 4(4): 247-266.

____. 1978. "Neutral States and Bloc-based Integration." *Cooperation and Conflict* 13(2): 109-132.

____. 1987. "The Nordic Neutrals in Western European Integration: Current Pressures, Restraints and Options." *Cooperation and Conflict* 22(4): 265-273.

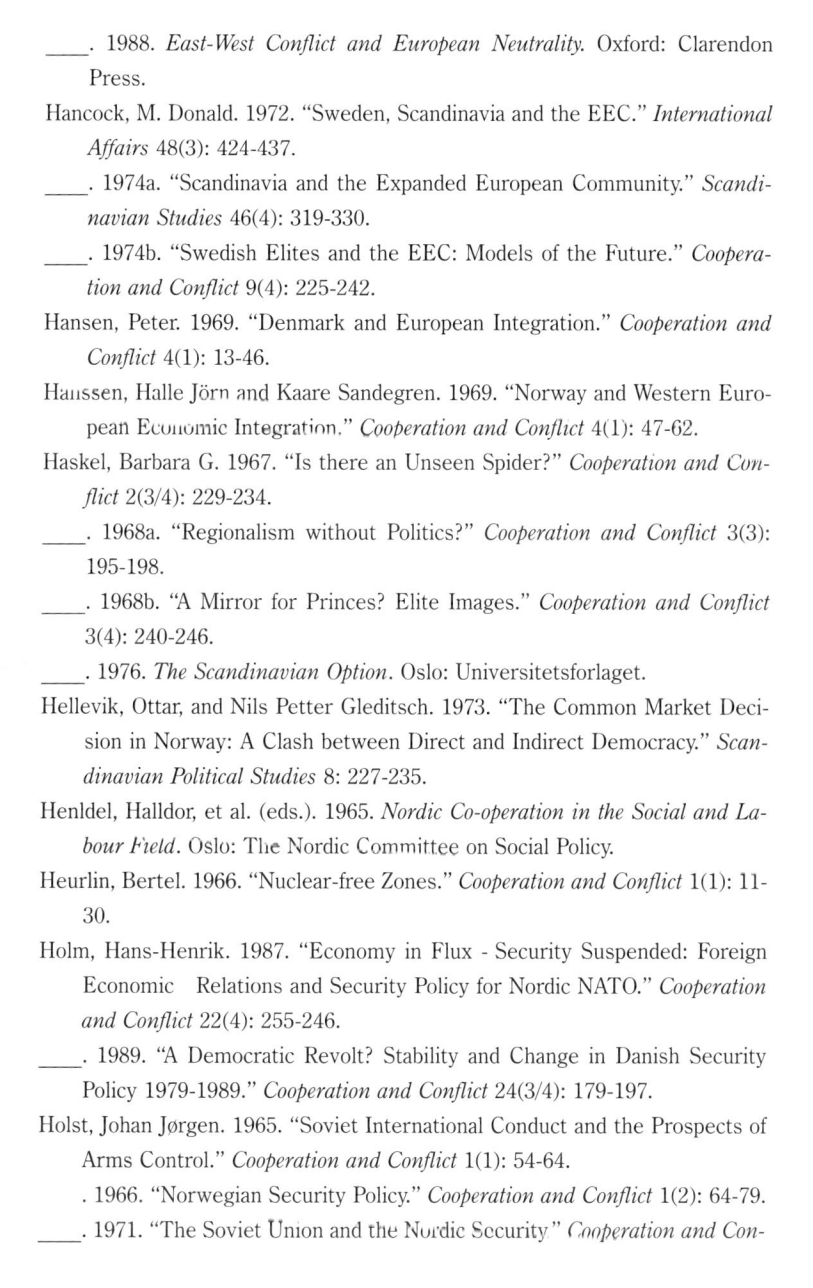

____. 1988. *East-West Conflict and European Neutrality*. Oxford: Clarendon Press.

Hancock, M. Donald. 1972. "Sweden, Scandinavia and the EEC." *International Affairs* 48(3): 424-437.

____. 1974a. "Scandinavia and the Expanded European Community." *Scandinavian Studies* 46(4): 319-330.

____. 1974b. "Swedish Elites and the EEC: Models of the Future." *Cooperation and Conflict* 9(4): 225-242.

Hansen, Peter. 1969. "Denmark and European Integration." *Cooperation and Conflict* 4(1): 13-46.

Haussen, Halle Jörn and Kaare Sandegren. 1969. "Norway and Western European Economic Integration." *Cooperation and Conflict* 4(1): 47-62.

Haskel, Barbara G. 1967. "Is there an Unseen Spider?" *Cooperation and Conflict* 2(3/4): 229-234.

____. 1968a. "Regionalism without Politics?" *Cooperation and Conflict* 3(3): 195-198.

____. 1968b. "A Mirror for Princes? Elite Images." *Cooperation and Conflict* 3(4): 240-246.

____. 1976. *The Scandinavian Option*. Oslo: Universitetsforlaget.

Hellevik, Ottar, and Nils Petter Gleditsch. 1973. "The Common Market Decision in Norway: A Clash between Direct and Indirect Democracy." *Scandinavian Political Studies* 8: 227-235.

Henldel, Halldor, et al. (eds.). 1965. *Nordic Co-operation in the Social and Labour Field*. Oslo: The Nordic Committee on Social Policy.

Heurlin, Bertel. 1966. "Nuclear-free Zones." *Cooperation and Conflict* 1(1): 11-30.

Holm, Hans-Henrik. 1987. "Economy in Flux - Security Suspended: Foreign Economic Relations and Security Policy for Nordic NATO." *Cooperation and Conflict* 22(4): 255-246.

____. 1989. "A Democratic Revolt? Stability and Change in Danish Security Policy 1979-1989." *Cooperation and Conflict* 24(3/4): 179-197.

Holst, Johan Jørgen. 1965. "Soviet International Conduct and the Prospects of Arms Control." *Cooperation and Conflict* 1(1): 54-64.

____. 1966. "Norwegian Security Policy." *Cooperation and Conflict* 1(2): 64-79.

____. 1971. "The Soviet Union and the Nordic Security." *Cooperation and Con-

flict 6(3/4): 137-145.

———. 1984. "A Nuclear Weapon Free Zone in Nordic Europe: Some Observations." *Cooperation and Conflict* 19(1): 83-85.

Holst, Johan Jørgen (ed.). 1973. *Five Roads to Nordic Security.* Oslo: Universitetsforlaget.

Hveem, Helge. 1974. "Integration by Whom, for Whom, against Whom?" *Cooperation and Conflict* 9(4): 263-284.

———. 1987. "Small Countries under Great Pressure: The Politics of National Vulnerability during International Restructuring." *Cooperation and Conflict* 22(4): 193-208.

Hyvärinen, Risto. 1965. "Neutrality and Arms Limitation." *Cooperation and Conflict* 1(1): 65-73.

Härnqvist, Kjell och Nils-Eric Svensson (utg.). 1990. *Forskning i ett föränderligt samhälle*. Hedemora: Gidlunds bokförlag.

Jakobson, Max. 1962. "Finland's Foreign Policy." *International Affairs* 38(2): 196-202.

Joenniemi, Pertti and Carl-Einer Stålvant (eds.). 1995. *Baltic Sea Politics: Achievement and Challenges*. Stockholm: The Nordic Council.

Johanson, Bengt A. W. 1970. "Sweden and the EEC: An Approach to the Study of the Political Process." *Cooperation and Conflict* 5(4): 286-292.

Jonson, Lena. 1991. "The Role of Russia in Nordic Regional Cooperation." *Cooperation and Conflict* 26(3): 129-144.

Karsh, Efraim. 1986. "Geographical Determinism: Finnish Neutrality Revisited." *Cooperation and Conflict* 21(1): 43-57.

Karvonen, Lauri. 1981. "Semi-Domestic Politics: Policy Diffusion from Sweden to Finland." *Cooperation and Conflict* 16(2): 91-107.

Karvonen, Lauri and Bengt Sundelius. 1990. "Interdependence and Foreign Policy Management in Sweden and Finland." *International Studies Quarterly* 34(2): 211-227.

Knudsen, Olav Fagelund and Arild Underdal. 1985. "Patterns of Norwegian Foreign Policy Behavior: An Exploratory Analysis." *Cooperation and Conflict* 20(4): 229-251.

Korhonen, Keijo. 1973. "Treaty of Friendship, Cooperation and Mutual Assistance between the Soviet Union and Finland: Some Aspects of International Politics." *Cooperation and Conflict* 8(3/4): 183-188.

Kronlund, Jan. 1991. *EG och regionalpolitiken*. Köpenhamn: Nordiska ministerrådet.
Laffan, Brigid. 1992. *Integration and Co-operation in Europe*. London: Routledge.
Lange, Christian. 1965. "Political Unification and the Nordic Council." *Cooperation and Conflict* 1(2): 94-95.
Lange, Christian and Kjell Goldmann. 1966. "A Nordic Defense Alliance 1949-1965-197?" *Cooperation and Conflict* 1(1): 46-63.
Lange, Halvard. 1954. "Scandinavian Co-operation in International Affairs." *International Affairs* 30(3): 285-293.
Lauwerys, J. A. (ed.). 1958. *Scandinavian Democracy*. Copenhagen: The Danish Institute.
Leintenberg, Milton. 1982. "The Stranded USSR Submarine in Sweden and the Question of Nordic Nuclear-Free Zone." *Cooperation and Conflict* 17(1): 17-28.
Lindahl, Ingemar. 1988. *The Soviet Union and the Nordic Nuclear-Weapons-Free-Zone Proposal*. London: Macmillan Press.
Lindberg, Steve. 1981. "The Illusory Nordic Balance: Threat Scenarios in Nordic Security Planning." *Cooperation and Conflict* 16(1): 57-70.
Lindblad, Ingemar, m. fl. 1984. *Politik i Norden*. Stockholm: Liber Förlag.
Lindgren, Raymond E. 1959. *Norway-Sweden, Union, Disunion, and Scandinavian Integration*. Princeton, N.J.: Princeton University Press.
Lintonen, Raimo and Raimo Väyrynen. 1984. "Book Reviews: Bengt Sundelius (ed.), Foreign Policies of Northern Europe." *Cooperation and Conflict* 19(2): 157-162.
Lodgaard, Sverre and Nils Petter Gleditsch. 1977. "Norway - the Not So Reluctant Ally." *Cooperation and Conflict* 12(4): 209-219.
Lyche, Ingeborg. 1974. *Nordic Cultural Cooperation: Joint Ventures 1946-1972*. Oslo: Universitetsforlaget.
Maude, George. 1982. "The Further Shores of Finlandization." *Cooperation and Conflict* 17(1): 3-16.
____. 1983. "Conflict and Cooperation: The Nordic Nuclear-Free Zone Today." *Cooperation and Conflict* 18(4): 233-243.
____. 1984. "Book Review." *Cooperation and Conflict* 19(2): 162-164.
Miljan, Toivo. "Problems of Nordic Integration." *International Journal* 4: 707-

731.

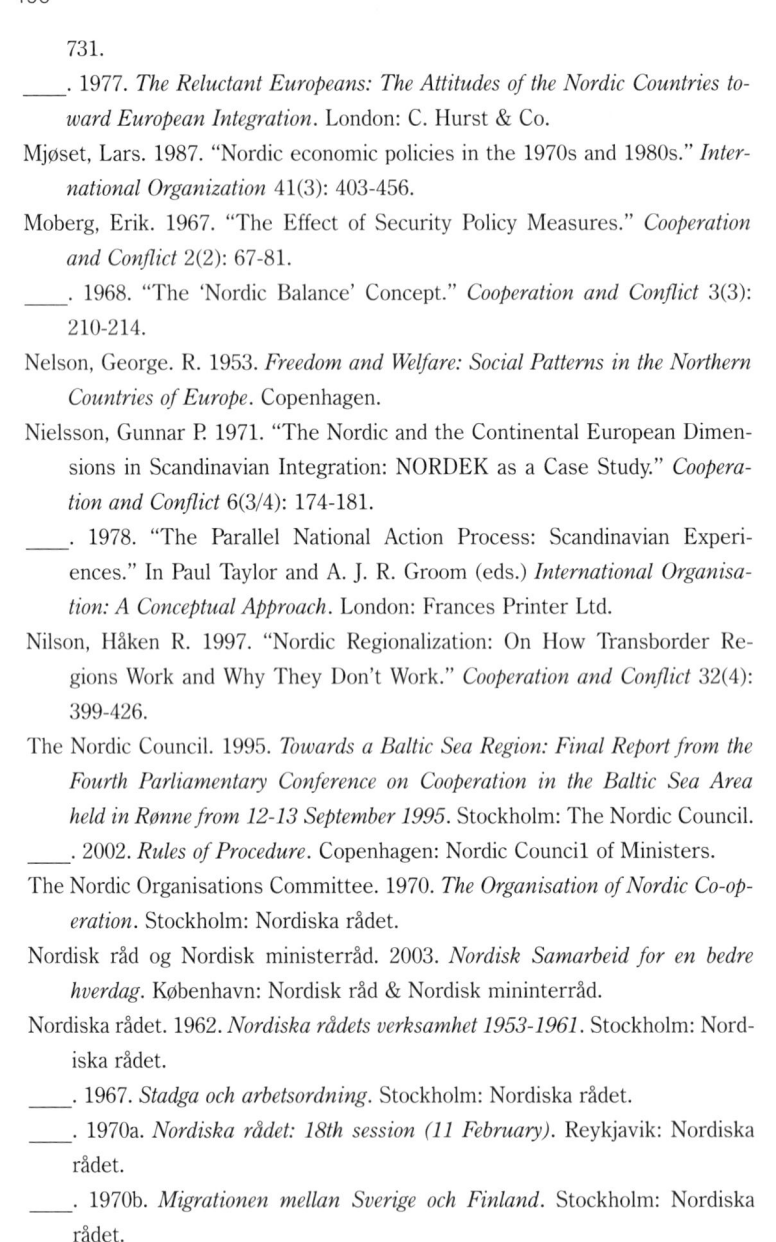

———. 1977. *The Reluctant Europeans: The Attitudes of the Nordic Countries toward European Integration*. London: C. Hurst & Co.

Mjøset, Lars. 1987. "Nordic economic policies in the 1970s and 1980s." *International Organization* 41(3): 403-456.

Moberg, Erik. 1967. "The Effect of Security Policy Measures." *Cooperation and Conflict* 2(2): 67-81.

———. 1968. "The 'Nordic Balance' Concept." *Cooperation and Conflict* 3(3): 210-214.

Nelson, George. R. 1953. *Freedom and Welfare: Social Patterns in the Northern Countries of Europe*. Copenhagen.

Nielsson, Gunnar P. 1971. "The Nordic and the Continental European Dimensions in Scandinavian Integration: NORDEK as a Case Study." *Cooperation and Conflict* 6(3/4): 174-181.

———. 1978. "The Parallel National Action Process: Scandinavian Experiences." In Paul Taylor and A. J. R. Groom (eds.) *International Organisation: A Conceptual Approach*. London: Frances Printer Ltd.

Nilson, Håken R. 1997. "Nordic Regionalization: On How Transborder Regions Work and Why They Don't Work." *Cooperation and Conflict* 32(4): 399-426.

The Nordic Council. 1995. *Towards a Baltic Sea Region: Final Report from the Fourth Parliamentary Conference on Cooperation in the Baltic Sea Area held in Rønne from 12-13 September 1995*. Stockholm: The Nordic Council.

———. 2002. *Rules of Procedure*. Copenhagen: Nordic Council of Ministers.

The Nordic Organisations Committee. 1970. *The Organisation of Nordic Co-operation*. Stockholm: Nordiska rådet.

Nordisk råd og Nordisk ministerråd. 2003. *Nordisk Samarbeid for en bedre hverdag*. København: Nordisk råd & Nordisk mininterråd.

Nordiska rådet. 1962. *Nordiska rådets verksamhet 1953-1961*. Stockholm: Nordiska rådet.

———. 1967. *Stadga och arbetsordning*. Stockholm: Nordiska rådet.

———. 1970a. *Nordiska rådet: 18th session (11 February)*. Reykjavik: Nordiska rådet.

———. 1970b. *Migrationen mellan Sverige och Finland*. Stockholm: Nordiska rådet.

____. 1972a. *Nordiska institutioner*. Stockholm: Nordiska rådet.

____. 1972b. *Nordiska rådets verksamhet 1952-1970*. Stockholm: Nordiska rådet.

____. 1975. *Nordiska samarbetsavtal*. Stockholm: Föreningen Norden.

____. 1977. *Nordiska rådet register 1965-1974*. Stockholm: Nordiska rådet.

____. 1988. *Nordiska rådets verksamhet 1971-1986*. Stockholm: Nordiska rådet.

Nordiska rådet och Nordiska ministerrådet. 1976. *Nordiska samarbetsavtal*. Stockholm: Norstedts Tryckeri.

____. 1979. *Nordiska samarbetsavtal*. Stockholm: Nordiska rådet.

____. 1984. *Nordiska samarbetsavtal*. Stockholm: Nordiska rådets presidiesekretariat.

____. 1989. *Nordiska samarbetsavtal*. Stockholm: Nordiska rådets presidiesekretariat.

Nordiska rådets internationella samarbetskommitté. 1988. *Internationella samarbetsfrågor i Nodiska rådet*. Stockholm: Nordiska rådet.

____. 1989. *Europeiska samarbetsfrågor i Nodiska rådet*. Stockholm: Nordiska rådet.

Nordiska rådets organisationskommitté. 1990. *Det nordiska samarbetet*. Stockholm: Nordiska rådet.

Nordiska rådets svenska delegation. 1977. *Sverige i norden*. Stockholm: Calson Press.

Nordiska samarbetets organisation. 1969. *Tre förslag av Nordiska organisationskommittén*. Stockholm: Nordiska rådet.

Nordiska statistikermötet. 1989. *Norden förr och nu: Ett sekel i statistisk belysning*. 18:e Nordiska Statistikermötet. Stockholm: Allmänna förlaget.

Noreen, Erik. 1983. "The Nordic Balance: A Security Policy Concept in Theory and Practice." *Cooperation and Conflict* 18(1): 43-56.

Norwegian Members of a Discussion Group. 1945. "Norwegian Views on the German Problem." *International Affairs* 21(1): 74-78.

Nybery, Renö. 1984. "Security Dilemmas in Scandinavia: Evaporated Nuclear Options and Indigenous Conventional Capabilities." *Cooperation and Conflict* 19(1): 59-82.

Nye, J. S. 1965. "Patterns and Catalysts in Regional Integration." *International Organization* 19(4): 870-884.

Ohlin, Bertil. 1965. "Some Aspects of the European Economic Integration."

Cooperation and Conflict 1(1): 74-78.

Pedersen, Ole Karup. 1967. "Scandinavia and the UN 'Stand-by Forces'." *Cooperation and Conflict* 2(1): 37-46.

Petersen, Nikolaj. 1977. "Book Reviews: Barbara Haskel, The Scandinavian Option." *Cooperation and Conflict* 12(1): 63-65.

____. 1978. "Attitudes towards European Integration and the Danish Common Market Referendum." *Scandinavian Political Studies* 1(1): 23-60.

____. 1979. "Danish and Norwegian Alliance Policies 1948-49: A Comparative Analysis." *Cooperation and Conflict* 14(4): 193-210.

____. 1986. "Abandonment vs. Entrapment: Denmark and Military Integration in Europe 1948-1951." *Cooperation and Conflict* 21(3): 169-186.

____. 1988. "The Security Policies of Small NATO Countries: Factors of Change." *Cooperation and Conflict* 23(3): 145-162.

Petersen, Nikolaj and Jørgen Elklit. 1973. "Denmark Enters the European Communities." *Scandinavian Political Studies* 8: 198-213.

Petersson, Olof. 1991. *Nordisk politik*. Stockholm: Allmänna förlaget.

Puchala, Donald J. 1975. "Domestic Politics and Regional Harmonization in the European Communities." *World Politics* 27(4): 496-520.

Reinton, Per Olav. 1970. "Nordic Aid and the Politics of Inequality." *Cooperation and Conflict* 5(2): 112-124.

Riste, Olav. 1973. "Book Review: Nils Morten Udgaard, Great Power Politics and Norwegian Foreign Policy." *Cooperation and Conflict* 8(3/4): 209-214.

Ross, John F. L. 1991. "Sweden, the European Community, and the Politics of Economic Realism." *Cooperation and Conflict* 26(3): 117-128.

The Royal Institute of International Affairs. 1951. *The Scandinavian States and Finland: A Political and Economic Survey*. London: Oxford University Press.

Saeter, Martin. 1975. "The Nordic Area and European Integration: The Nordic countries in the area of overlap between great-power interests and regional European projects for cooperation." *Cooperation and Conflict* 10(1/2): 77-89.

Salvesen, Kaare. 1956, "Cooperation in Social Affaires between the Northern Countries of Europe." *International Labour Review* 73(4): 334-357.

Sandegren, Kaare. 1969. "Two Comments on the Nordic Countries and Western European Economic Integration." *Cooperation and Conflict* 9(3): 162.

Saotome, Ritsuko. 1997. "The Decisions of Nordic Countries to Apply for the EC and the Interaction among them." *Balto-Scandia* 7: 1-12.

Schmitter Philippe C. 1969. "Three Neo-Functional Hypotheses about International Integration." *International Organization* 23(1): 161-166.

―――. 1970. "A Revised Theory of International Integration." *International Organization* 24(4): 836-868.

Second Conference Organized by the Nordic Council for International Organizations in Europe. 1968. *Nordic Economic and Social Cooperation*. Stockholm.

Sjaastad, Anders C. 1980. "SALT II: Consequences for Europe and the Nordic Region." *Cooperation and Conflict* 15(4): 237-248.

Sjöstedt, Gunnar. 1987. "Nordic and World Economic-Political Cooperation: Competition, Adaption or Participation?" *Cooperation and Conflict* 22(4): 209-226.

Skjelsbaek, Kjell. 1974. "The Nordic Countries in Nordic and More Encompassing International Organizations." *Cooperation and Conflict* 9(1): 1-8.

Solem, Eric. 1977. *Nordic Countries and Scandinavian Integration*. New York: Praeger.

Stråth, Bo. 1980. "The Illusory Nordic Alternative to Europe." *Cooperation and Conflict* 15(2): 103-114.

Stålvant, Carl-Einar. 1973. "Sweden: The Swedish Negotiations with the EEC." *Scandinavian Political Studies* 8: 236-245.

Sulevo, Kari. 1973. "The International System and Finnish Attitudes toward Nordic Cooperation." *Scandinavian Political Studies* 8: 169-189.

Sundelius, Bengt 1977a. "Trans-governmental Interactions in the Nordic Region." *Cooperation and Conflict* 12(2): 63-85.

―――. 1977b. "Book Review: Erik Solem, The Nordic Council and Scandinavian Integration." *Cooperation and Conflict* 12(4): 265-267.

―――. 1978. *Managing Transnationalism in Northern Europe*. Colorado: Westview Press.

―――. 1984. "Foreign Policy-making in the Nordic Countries: An Introduction." *Cooperation and Conflict* 19(2): 87-91.

Sundelius, Bengt (ed.). 1982. *Foreign Policies of Northern Europe*. Colorado: Westview Press.

Sundelius, Bengt och Claes Wiklund (red.). 2000. *Norden i sicksack: Tre spårby-*

ten inom nordiskt samarbete. Stockholm: Santérus förlag.

Sørensen, Carsten Lehmann. 1976. "Danish Elite Attitudes towards European Integration." *Cooperation and Conflict* 11(4): 259-278.

———. 1979. "Danish Party Policies on European and Nordic Cooperation." *Cooperation and Conflict* 14(4): 171-191.

Sørensen, Georg. 1986. "Peace and Security in Europe: The Context for Denmark's Choices." *Cooperation and Conflict* 21(4): 219-240.

Tarschys, Daniel. 1971. "Neutrality and the Common Market: the Soviet View." *Cooperation and Conflict* 6(2): 65-75.

Taylor, William J. Jr., and Paul M. Cole. 1985. *Nordic Defence: Comparative Decision Making*. Massachusetts: D. C. Heals and Company.

Third Conference Organized by the Nordic Council for International Organizations in Europe. 1970. *Nordic Economic and Cultural Cooperation*. Stockholm.

Toresson, Bo. 1981. *Plattform för 80-talet*. Stockholm: Föreningen Norden.

Turner, Barry with Gunilla Nordquist. 1982. *The Other European Community*. London: Weidenfeld and Nicolson.

Törnudd, Klaus. 1966. "Dimensions of Unification and Integration." *Cooperation and Conflict* 1(2): 94-101.

———. 1969. "Finland and Economic Integration in Europe." *Cooperation and Conflict* 4(1): 63-72.

Ueland, Grete K. 1975. "The Nordek Debate: An Analysis of the Attitudes of Nordic Elites toward the Relationship between Nordek and the EC." *Cooperation and Conflict* 10(1/2): 1-19.

Underdel, Arild. 1975. "Diverging Roads to Europe." *Cooperation and Conflict* 10(1/2): 65-76.

United Nations. 1956. *Yearbook of International Trade Statistics*. New York.

Utrikesdepartementets Handelsavdelning. 1992. *Sverige - EFTA - EG 1991*. Stockholm: Allmänna förlaget.

———. 1991. *Konsekvenser av ett svenskt EG - medlemskap maj 1991*. Stockholm: Allmänna förlaget.

Valen, Henry. 1973. "Norway: 'No' to EEC." *Scandinavian Political Studies* 8: 215-226.

Väyrynen, Raimo. 1969. "A Case Study of Sanctions: Finland - The Soviet Union in 1958-59." *Cooperation and Conflict* 4(3): 205-233.

____. 1977. "Finland's Role in Western Policy since the Second World War." *Cooperation and Conflict* 12(2): 87-108.

Wahlbäck, Krister. 1969. "Finnish Foreign Policy: Some Comparative Perspectives." *Cooperation and Conflict* 4(4): 282-298.

Wallmén, Olof. 1966. *Nordiska rådet och nordiskt samarbete*. Stockholm: P.A. Norstedt & Söners förlag.

Wendt, Frantz. 1959. *Nordic Council and Co-operation in Scandinavia*. Copenhagen: Munksgaard.

____. 1965. *Nordiska rådet - Riksdagarnas nordiska samarbete*. Stockholm: Föreningen Norden.

____. 1981. *Cooperation in the Nordic Countries: Achievements and Obstacles*. Stockholm: Almqvist & Wiksell International.

Wiklund, Claes. 1970. "The Zig-Zag Course of the NORDEK Negotiations." *Scandinavian Political Studies* 5: 307-336.

Wuorinen, John H. 1965. *Scandinavia*. New Jersey: Prentice-Hall, Inc.

Ørvik, Nils. 1967. "Integration: For Whom, Against Whom?" *Cooperation and Conflict* 2(1): 54-59.

____. 1974. "Nordic Cooperation and High Politics." *International Organization* 28(1): 61-88.

付録1　カルマル連合以降18世紀前半までの北欧諸国間の関係

D＝デンマーク　F＝フィンランド　I＝アイスランド　N＝ノルウェー　S＝スウェーデン

年代	事項
1397	エーリック・ア・ポンメルンがノルウェー，デンマーク，スウェーデンの王として即位。北欧3カ国による，カルマル連合成立
1434	スウェーデン人，デンマークに対して反乱（エンゲルブレクトの乱）
1436	スウェーデン，実質的にカルマル連合を離脱
1471	ブルンケバリの戦いで，スウェーデン軍がデンマーク軍を破る
1520	デンマーク王クリスチャン2世がスウェーデン王に即位。スウェーデンに対する支配回復し，反カルマル連合派のスウェーデン有力者大量処刑（ストックホルムの虐殺）
1523	スウェーデンでグスタフ・ヴァーサが王に即位。カルマル連合解消
1536	ノルウェー，形式上の独立国家の地位を喪失し，デンマークの州に デンマーク王クリスチャン3世，ノルウェーに軍隊を差し向け新教を強制
1556	スウェーデン王グスタフ1世，王子ヨーハンをフィンランド公に
1562	スウェーデン王エーリック14世，フィンランド公の弟ヨーハン3世を監禁
1563	デンマーク，スウェーデン領内に侵入（北方七年戦争）
1570	スウェーデン，デンマークと講和し，北方七年戦争終結（シュテティーン条約）
1596-7	フィンランドの農民反乱でスウェーデンと棍棒戦争（フィンランド敗北）
1611	デンマーク，スウェーデンと開戦（カルマル戦争）
1613	デンマーク，スウェーデンと和約し（クネーレの講和），カルマル戦争終結（スウェーデン敗北）
1617	スウェーデン，ロシアからフィンランドの一部を取得（ストルボヴァ条約）
1643	スウェーデン，デンマークに宣戦（トシュテンソン戦争）
1645	デンマーク，スウェーデンと講和（ブレムセブルー講和）（DはSに領土割譲）
1657	デンマーク，スウェーデンに宣戦布告（第1次カール・グスタヴ戦争）
1658	デンマーク，スウェーデンと講和（ロスキレ条約）（DはSに領土割譲）。直後にスウェーデンがデンマークへの攻撃再開（第2次カール・グスタヴ戦争）
1660	デンマークとスウェーデン間で和議し，第2次カール・グスタヴ戦争終結（コペンハーゲン条約）
1661	ノルウェー，形式的に独立しデンマークの同君連合国に
1675	デンマーク，スウェーデン間で戦争開始（スコーネ戦争）
1679	スウェーデン王カール11世，侵入したデンマーク軍を駆逐しスコーネ戦争終結（ルンドの講和）

年	事項
1700	大北方戦争（スウェーデン対デンマーク，ポーランド，ザクセン，ロシアの同盟）
1715	デンマーク・イギリス・プロイセン等がスウェーデンに対して同盟
1716	スウェーデン王カール12世，ノルウェーに出征
1718	スウェーデン王カール12世，ノルウェーに再び出征
1720	スウェーデンとデンマークの講和成立（フレズレクスボー和議）（SはDに領土割譲）
1721	スウェーデン，ロシアと講和（ニュスタード条約）（SはロシアにFの一部を割譲）。（大北方戦争終結し，スウェーデンのバルト帝国崩壊）
1743	スウェーデン，ロシアと講和（オーボ＜トゥルク＞条約）（SはロシアにFの一部を割譲）
1780	スウェーデン，デンマーク，ロシアによる第1次武装中立同盟
1788	デンマーク，スウェーデンに進軍（イギリスの仲介で全面戦争回避）
1794	デンマークとスウェーデン，中立同盟形成
1800	デンマークとスウェーデン，ロシア，プロイセンとともに第2次武装中立同盟
1807	デンマーク，フランスと同盟し，スウェーデンと敵対関係に
1809	スウェーデン，ロシアにフィンランドとオーランド諸島を割譲（フレードリクスハムン条約）
1812	スウェーデン，第4次対仏大同盟に加わり，デンマークを攻略
1814	デンマーク，スウェーデン・イギリス・ロシアとキール条約締結（DはNをSへ割譲） ノルウェー人の反発に対してスウェーデン王カール・ヨハンがノルウェーに侵入，スウェーデンの同君連合国に（モス条約）
1815	デンマーク，ノルウェーとスウェーデンの連合を承認

出所：筆者作成。

付録2　1840年から1940年代半ばまでの北欧協力

Sc＝スカンジナビア3カ国（デンマーク，ノルウェー，スウェーデン）
D＝デンマーク　F＝フィンランド　I＝アイスランド　N＝ノルウェー　S＝スウェーデン

安全保障領域	経済領域	共同体領域	
		1840s	共通の北欧郵便制度の採用提唱（実現に至らず）
	1843　ローテ，北欧関税同盟の創設を主張（賛同は得られず）		
		1860s	北欧教員会議
		1861	DとSで民事訴訟判例の交換に合意
		1863.5.	第1回北欧政治経済学者会議（ヨーテボリ）（共通通貨，度量衡，郵便制度を討議）
		1866	第2回北欧政治経済学者会議（通貨同盟がメイン・テーマ）
		1869	Sc 3カ国間で相互協定により郵便連合成立
	1872.12. Sc 3カ国で通貨同盟問題討議合同委員会の提案採択　北欧通貨協定調印	1872	第3回北欧政治経済学者会議（通貨同盟がメイン・テーマ）。通貨同盟問題合同委員会の設置を勧告　非公式の北欧法律家会議（法務官僚，法学教授，裁判官，弁護士）（Sc 3カ国）
	1873　北欧通貨協定，DとSで批准	1873	北欧法律家会議開始（この後年1回）（1919にF, I参加）
	1874　NとS間で関税免除導入（同君連合の下）		
	1875　北欧通貨協定にN参加		

		1876	Sc 3カ国で北欧鉄道職員協会設置（民間組織）（1924にF参加）
		1879	Sc 3カ国間で郵便業務料金の同一化制定（通貨同盟解消後はFとIのみで継続）
1880	統一北欧為替手形法発効（1882にI採択）		
1885	Sc 3カ国で手数料なしの為替発行に合意		
		1886	北欧労働組合会議
		1888	北欧船舶会社協会 北欧農業会議
1894	NとSの国立銀行が相互の為替手形を額面高で受け入れることを決定（1901にD参加）		
1896	NとS間の関税免除廃止		
		19c末	さまざまな政党が北欧各国の間で会合開始 労働運動が北欧大で組織化（国家の構成となる前）
		1900	北欧雇用者会議開始
		1901	北欧合同民法委員会（初の北欧政府間の法律協議機関）
		1907	北欧議会間連合設立 Sc 3カ国で北欧傷害保険会議開始（翌年から定期化し3年ごとに。1919にF参加、1930からは民間保険会社も参加） 北欧雇用者協会
		1911	DとSで疾病保険基金に関する協定

年	事項	年	事項	年	事項
1914.12.	Sc 3カ国元首（国王）・外相会議（マルモ）	1914	Sc 3カ国での相互の為替手形の額面高受け入れ停止		
				1915	Sc 3カ国で貧困者救済相互協定（1923にF，1951にI参加）
				1916	北欧貿易・商業協会
				1917	北欧芸術家（craftsman）評議会
				1918	北欧消費者協力協会 北欧公務員連合
		1919	Sc 3カ国で北欧経済協力に関する委員会創設（1922に活動中止）	1919	Sc 3カ国間で郵便協定（1922にF，1928にI参加） Sc 3カ国に北欧協会設立（民間団体）（1922にI，1924にFに設立） Sc 3カ国間で労働者傷害保険に関する協定締結（1923にF，1927にI参加）
1922	北欧首相・外相定期会議中断			1922	北欧観光産業委員会
				1923	北欧病災福利会議開始 北欧観光協議会（NT）
		1924	北欧通貨協定にI加入（実際の機能は停止）		
1925	Sc 3カ国で友好協定締結			1925	北欧遠距離通信会議 北欧ジャーナリスト・放送者協会
1926	Sc 3カ国友好協定を強化			1926	Sc 3カ国間でラジオ報道に関する協力開始（1935にI参加） 北欧社会大臣会議開始
				1928	北欧観光交通委員会（NTTK）設置

				1929	SとF間でケーブルによる番組報道開始（1935にI参加） SとN間で水利権協定 Sc 3カ国で，地域内での旅行の際のパスポート制度廃止
1930.10	Sc 3カ国首相とF大統領会談			1930s	D, F, N, S, で航空の協力のため協議。Pan Am 航空と共同路線の交渉
	12. オスロ会議開催（Sc 3カ国，オランダ，ベルギー）				
				1930s-40s	北欧労働・社会主義政党の執行部レベルの協力
		1931	北欧通貨協定破綻	1931	北欧貯蓄・貸付協会
1932	オスロ・グループにF参加			1932	北欧外相会議（12年ぶり）開催。相互接触を密にするためのコンタクトマン・システムの創設に意見一致
1934	北欧外相会議にF外相参加	1934秋	北欧外相会議で北欧貿易の促進と世界市場における北欧の地位向上をはかるための国内委員会（「隣国委員会」）の設置を決議		
1935.8	北欧4カ国外相会議（Sc 3カ国，F）（オスロ） 共同コミュニケ発表			1935	北欧5カ国で北欧郵便連合（→北欧郵便連盟） 北欧道路技術連合 北欧社会保障会議開始（4年毎）
1936.7	オスロ・グループ諸国会議開催（Sc 3カ国，F）（ハーグ） 共同コミュニケ発表				

1937.4	北欧4カ国外相会議（Sc 3カ国, F）（ヘルシンキ）	1937	北欧電信電話連合
5.	北欧3カ国首相会談（Sc 3カ国）（コペンハーゲン）		
6.	北欧4カ国外相会議（Sc 3カ国, F）（コペンハーゲン）		
1938.5.	北欧5カ国で中立に関する宣言	1938.10.	D外相モンク，勧告的性格を持つ合同機関を作ることによって，北欧協力の常設的機構を持つことを北欧各国の議員に対して提案
5-7	SとFの間で軍事協力交渉		
7.	オスロ・グループ共同宣言		
1939.10.	北欧元首会議（ストックホルム）	1939	北欧教育大臣の会議開始
		2.	北欧外相会議でモンク提案取り上げる（ヘルシンキ）。D, F, S, I の4カ国は賛成したが，Nは反対
1930s 後半	北欧中立同盟構想（実現せず）		
1940.2.	北欧3カ国外相会議（Sc 3カ国）（コペンハーゲン）	1940	D・N・S・F航空とPan Am航空の間に協定締結（WW Ⅱで計画は一時的に放棄）
		1943.10	S政府，北欧諸国に対する労働許可制廃止
		1945	北欧4カ国でビザ制度廃止（Sc 3カ国, I）

		1946	北欧国民高等学校設置（クングエルヴ） 北欧諸国の法務大臣会議の1946年計画に基づいて立法協力北欧会議設立 北欧法務，文化，教育大臣の定期的会議の開始 北欧教育大臣会議で文化協力組織の設立を北欧各国政府に勧告することで意見が一致 北欧文化委員会，北欧法律協力委員会，北欧社会政策委員会開始
		8.	D・N・S共同所有としてスカンジナビア航空（SAS）発足
		初秋	第25回北欧議会間代表会議で文化問題に関しての北欧間の恒常的協力機関の創設提示
		11.	DとS間で，北欧共同労働市場構成協定締結

出所：筆者作成。

付録3　北欧会議勧告と議長団報告の結果　1953〜70年

	総数	勧告・議長団報告					勧告・議長団報告				勧告・議長団報告	
		完全遂行	部分遂行	目的達成	合計	全勧告に対する割合(%)	遂行中	調査中	合計	全勧告に対する割合(%)	非遂行	全勧告に対する割合(%)
北欧会議関連問題	21	12	0	5	17	81	0	1	1	5	3	14
法律問題	121	44	27	19	90	74	3	21	24	20	7	6
文化問題	209	55	29	39	123	59	7	40	47	22	39	19
社会政策問題	115	31	5	17	53	46	3	37	40	35	22	19
交通通信問題	145	40	17	34	91	63	7	29	36	25	18	12
経済問題	91	18	5	22	45	50	2	11	13	14	33	36
合計	702	200	83	136	419	60	22	139	161	23	122	17

出所：Nordiska rådet〔1972b: 620〕.

付録4　北欧諸国とヨーロッパにおける国際協力組織（2003年現在）

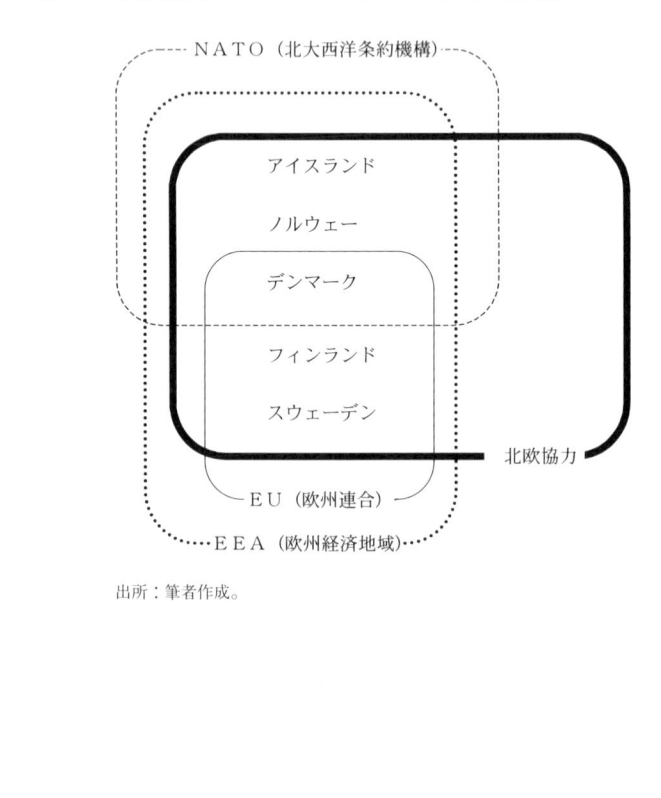

```
┌ ─ ─ ─ NATO（北大西洋条約機構）─ ─ ─ ┐
│  ┌─────────────────────────┐      │
│  │     アイスランド              │      │
│  │     ノルウェー                │      │
│  │  ┌──────────────┐           │      │
│  │  │  デンマーク   │           │      │
│  ─ ─│ ─ ─ ─ ─ ─ ─ ─│─ ─ ─ ─ ─ ─┘
│     │  フィンランド  │                  │
│     │  スウェーデン  │                  │
│     └──────────────┘         北欧協力  │
│          EU（欧州連合）                  │
└ · · · · EEA（欧州経済地域）· · · · · · · ┘
```

出所：筆者作成。

付録 211

付録5　北欧会議と北欧閣僚会議の組織図（2002年現在）

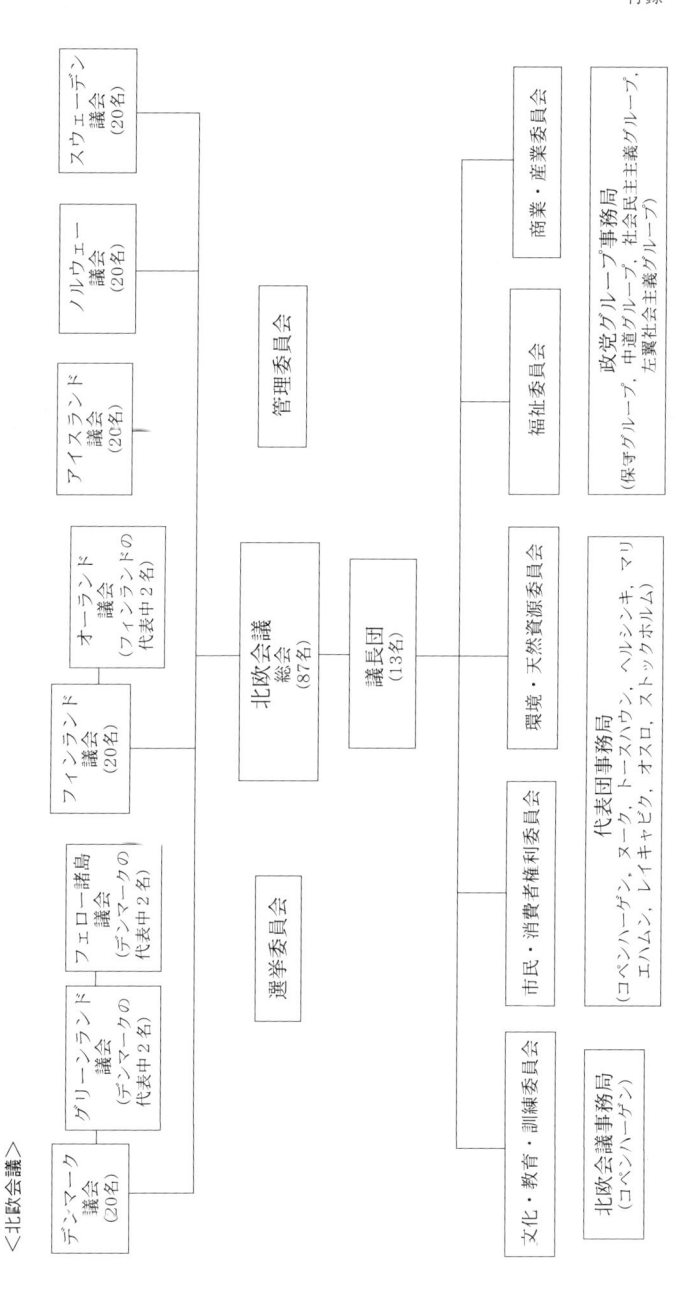

＜北欧会議＞

```
デンマーク議会（20名）
グリーンランド議会（デンマークの代表中2名）
フェロー諸島議会（デンマークの代表中2名）
フィンランド議会（20名）
オーランド議会（フィンランドの代表中2名）
アイスランド議会（20名）
ノルウェー議会（20名）
スウェーデン議会（20名）

　　　　↓
北欧会議 総会（87名）
議長団（13名）

選挙委員会
管理委員会

文化・教育・訓練委員会
市民・消費者権利委員会
環境・天然資源委員会
福祉委員会
商業・産業委員会

北欧会議事務局（コペンハーゲン）

代表団事務局
（コペンハーゲン、ヌーク、トースハウン、ヘルシンキ、マリエハムン、レイキャビク、オスロ、ストックホルム）

政党グループ事務局
（保守グループ、中道グループ、社会民主主義グループ、左翼社会主義グループ）
```

〈北欧閣僚会議〉

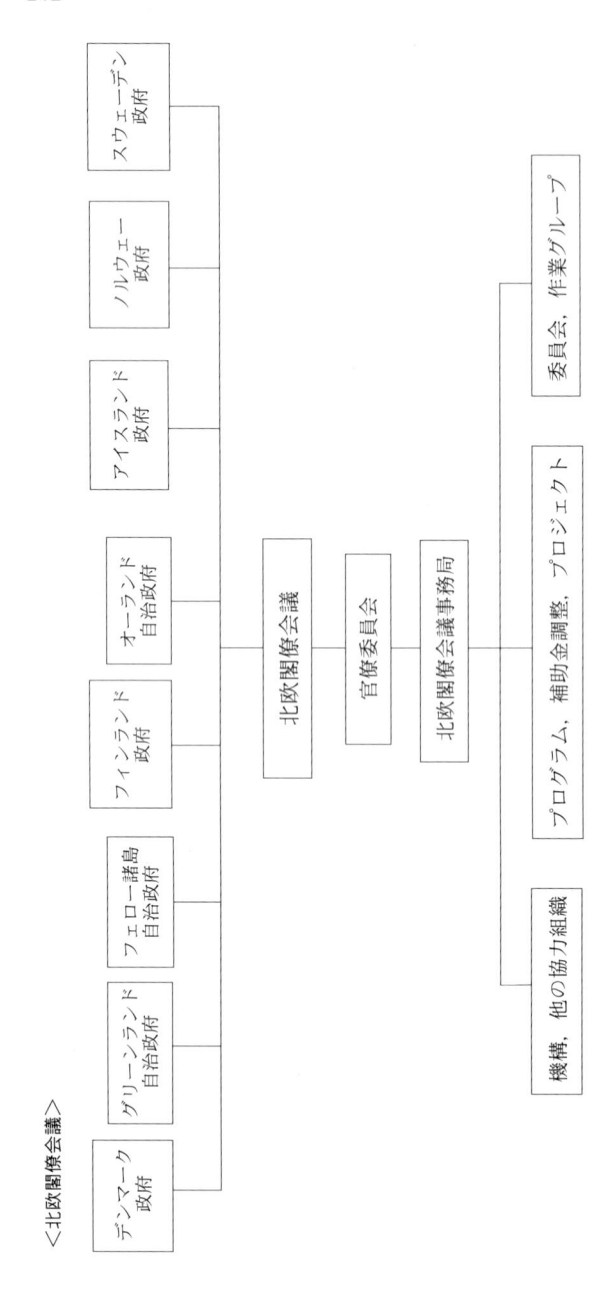

```
                    デンマーク政府 ─┐
         グリーンランド自治政府 ─┤
         フェロー諸島自治政府 ─┤
                  フィンランド政府 ─┤
                オーランド自治政府 ─┼─ 北欧閣僚会議 ─ 官僚委員会 ─ 北欧閣僚会議事務局 ─┬─ 機構、他の協力組織
                  アイスランド政府 ─┤                                                        ├─ プログラム、補助金調整、プロジェクト
                    ノルウェー政府 ─┤                                                        └─ 委員会、作業グループ
                  スウェーデン政府 ─┘
```

出所：Nordisk råd og Nordisk ministerråd [2003：62-3] に筆者加筆。

あとがき

　北欧協力における主要機構である北欧会議の第 1 会期が1953年 1 月に開催されて以来50年が経過し，北欧協力は発展を遂げながら，北欧諸国に定着している。北欧の包括的な地域協力機構の誕生から半世紀を迎えたところで本書を刊行できたことは，非常に感慨深い。北欧協力は，EU（欧州連合）と比較すると派手さはなく，地域協力のひとつのモデルといえるにもかかわらず，残念ながら日本で広範に知られているとはいえないであろう。本書は北欧協力研究の第一歩であり，北欧協力に関してはまだまだ分析すべきことが残されている。しかし，本書が少しでも多くの人が北欧諸国間で進められた地域協力の存在を知るきっかけとなり，北欧協力の過程や特徴を理解する手助けとなれば幸いである。

　本書は，1994年に東京大学大学院総合文化研究科に提出した修士論文を土台として，大幅に加筆・修正を行って作成したものであり，日本学術振興会の平成15年度科学研究費補助金（研究成果公開促進費）を受けて，発行された。私が大学院で北欧協力に関する研究を進めることになったのは，さまざまな偶然が重なった結果であったが，北欧協力の研究を始めてから，また初めて北欧の地を訪れてから10年余り経って，研究成果を多少なりともまとめることができたのは，多くの方々にお世話になったところが大きい。また，そもそもこれまで北欧諸国に関する研究を続けてこられたのも，多くの方々の暖かいご指導と励ましがあってのことである。

　大学院の修士課程で指導教官を引き受けてくださり，私の荒削りな修士論文に対して，草稿やゼミでの発表においてさまざまな助言を賜り，その後も絶えず的確なご指導をいただいている山影進先生に，心より御礼申し

上げたい。高橋直樹先生には，修士論文執筆時にさまざまなコメントを頂戴した。また，古城佳子先生，加藤淳子先生には，博士課程在籍中から現在に至るまで，絶えず暖かいご指導と励ましをいただいている。大学院では多くの先生方に国際関係論の基礎を一から教わり，諸先輩方からも多くを学んだが，それを本書で多少なりとも活かすことができていれば幸いである。

現代の北欧諸国間関係を対象とする研究者が少ない中で，北欧政治研究の諸先生にはひとかたならずお世話になっている。私が大学4年生の時，突然指導をお願いすることになったにもかかわらず，拙い卒業論文にご指導をいただき，その後，修士論文にも助言をくださった百瀬宏先生に御礼申し上げたい。また，バルト＝スカンディナヴィア研究会で発表の機会をいただいている村井誠人先生，研究会や学会で多くの助言を頂戴している吉武信彦先生，小川有美先生に，この場を借りて御礼申し上げたい。

1995年から97年にかけて，スウェーデン政府奨学金を受けて学んだストックホルム大学国際大学院では，ストールヴァント（Carl-Einar Stålvant）教授の指導の下で，北欧諸国とEC／EUの関係についての研究を進めることができた。また，留学中にはストックホルム組織研究センター（Stockholm centrum för forskning om offentlig sektor: SCORE）や，スウェーデン労働生活研究機構（Institutet för arbetslivsforskning）でも学ぶ機会を得ることができ，さまざまな分野を専門としている方々から多くのことを学んだ。私がスウェーデンに留学していた当時ストックホルムにあった北欧会議議長団事務局には，資料収集等でお世話になった。現在，北欧会議事務局および北欧閣僚会議事務局はデンマークのコペンハーゲンにあるが，資料や情報の収集で広報担当のボセルップ（Sofia Pitt Boserup）氏にご協力いただいた。

大学院時代からの良き友人であり，研究の面でもさまざまな刺激を与えてくれる川村陶子，正躰朝香，上窪一世の各氏には，改めて感謝申し上げたい。木鐸社をご紹介いただいた河野勝先生にも，御礼申し上げたい。河野先生が出版社を紹介してくださることがなければ，私の研究が本という形で出版されることはなかった。本書の出版に際して多大なご尽力をいた

だいた木鐸社の坂口節子氏に，心から感謝申し上げる．
　最後に，私が何をやるのも許し支援してくれた父・洋一郎，母・嗣子に，本書を捧げて感謝の意を表したい．

　2003年12月

　　　　　　　　　　　　　　　　　　　　　　　五月女　律子

索引

【あ】

安全保障共同体　23, 39
アンダーソン（Anderson, S. V.）　22, 73, 122
アンドレーン（Andrén, N.）　24, 25, 38, 161
ヴェント（Wendt, F.）　22, 23, 38, 46, 73, 99, 145, 147, 161
ウンデーン（Undén, Ö.）　43, 62, 84, 87, 121
エッツィオーニ（Etzioni, A.）　23, 24, 26
エドベリ（Edberg, R.）　66
欧州安全保障協力会議（CSCE）　124
欧州共同体（EC）　11, 12, 21, 125, 128-130, 132, 133, 135-139, 147, 157-159, 166, 182, 183
欧州経済共同体（EEC）　11, 12, 90, 95, 97, 98, 103-106, 108, 117, 118, 120-122, 124, 125
欧州経済協力機構（OEEC）　51, 54, 77, 90, 91, 96
欧州自由貿易連合（EFTA）　93, 95, 97-100, 118, 124, 126, 130, 132, 133, 136, 137, 161
欧州審議会　62
欧州石炭鉄鋼共同体（ECSC）　89, 90, 181
欧州連合（EU）　11, 12, 21, 183-185
大島美穂　24, 27, 28, 86
オーランド（諸島）　18, 21, 34, 184, 186
オーリン（Ohlin, B.）　103

【か】

下位地域協力　185, 186
関税及び貿易に関する一般協定（GATT）　51, 54, 78
カルマル連合　16, 17
機会費用　25, 26
北大西洋条約機構（NATO）　44-46, 55, 62, 75, 77, 78, 81-84, 86, 105, 113, 114, 116-118, 138
機能主義　39
蜘蛛の巣理論　24, 38
グリーンランド（島）　18, 21, 34, 46, 121, 184, 186
経済9人委員会　93
経済協力閣僚委員会　89, 91, 92, 97
経済協力北欧合同委員会　51-54, 88, 118
ケッコネン（Kekkonen, U. K.）　82-86, 132
コイヴィスト（Koivisto, M.）　128
合成型安全保障共同体　23
交流主義アプローチ　23, 39
国連緊急軍（UNEF）　109-114
国連軍事問題北欧合同委員会　115
国連待機軍　20, 110-115
国連平和維持活動（PKO）　20, 109, 110, 119
5人委員会　57, 58
COMBALTAP　→　統一バルト指令部

【さ】

自由交通通信等のための北欧議会委員会　62, 64-67, 69, 70, 153
修正ヘルシンキ協定　123, 145-147, 150
新機能主義　26, 28, 39
スカンジナビア主義　16, 38, 55
スカンジナビア防衛委員会　44
スカンジナビア防衛（中立）同盟　29, 43, 44, 47-49, 57, 67, 69, 117, 147
　――条約　20, 43, 44
　――構想　25, 28, 41-49, 75, 81, 123, 178
SKANDEK　128, 132, 138
スクセライネン（Sukselainen, V. J.）　107
スピル・オーバー（波及）効果　26, 39
スンデリウス（Sundelius, B.）　24, 27
西欧同盟（WEU）　51
政治的スカンジナビア主義　16-19, 38
ソ・フィン友好協力相互援助条約　43, 81, 84
ソーレム（Solem, E.）　24, 26-28, 66

【た】

大欧州自由貿易地域　90-92, 95, 96, 98-100, 118
多極共存型統合　29
多元型安全保障共同体　23
地域統合論　12, 22-26, 28, 38, 39
中立政策　16, 48, 77, 83, 97, 105, 106, 113, 114, 117, 137, 138
ドイッチュ（Deutsch, K. W.）　23-25
統一バルト指令部（COMBALTAP）　84, 86
トルプ（Torp, O.）　57, 58

【な】

NATO　→　北大西洋条約機構
ナポレオン戦争　16, 30
ニールソン（Nielsson, G. P.）　16, 19, 24, 28, 133, 161
ノルゴー（Nørgaard, I.）　132
NORDEK（北欧経済連合）　20, 21, 26, 38, 123, 124, 126-138, 141, 144-148, 152, 155, 160

【は】

バウンスゴー（Baunsgaard, H.）　125
ハース（Haas, E. B.）　25
ハスケル（Haskel, B. G.）　24, 25, 28, 39, 47, 48, 67, 68, 77, 96, 100, 161
パスポート不要越境協定　20, 25, 41, 64, 65, 67, 68, 72, 74-76
発展途上国援助調整のための北欧閣僚委員会　147, 149, 150
発展途上国における合同援助計画運営に関する協定（オスロ協定）　20, 123, 148-150, 185
ハマーショルド（Hammarskjöld, D. H.）　110-112
非核クラブ　84, 87, 121
PKO　→　国連平和維持活動
ビャールナーソン（Bjarnason, S.）　57, 58
ファーゲルホルム（Fagerholm, K.-A.）　57, 103, 140
FIN-EFTA　124
FINN-SKANDEK　132, 138

フェロー諸島　21, 34, 46, 184, 186
不死鳥効果　26
不戦共同体　23
平行的国家行動過程　28
ヘケルップ（Hækkerup, P.）　133
ヘズトフト（Hedtoft, H.）　57, 59, 62, 66, 69
ペーターセン（Petersen, N.）　49
ヘルシンキ協定　20, 81, 101, 104, 105, 107-109, 111, 116-119, 139, 141, 143-147, 149, 159
ヘルリッツ（Herlitz, N.）　57, 58
北欧会議　13, 20, 21, 27-29, 33-35, 37, 41, 55, 56, 58-70, 74-76, 78, 79, 82-85, 87-93, 96, 97, 101-111, 114-116, 118-122, 124-127, 129, 132, 135, 139-156, 158-161, 164, 166, 168, 169, 171-174, 182-185
――議長団　58, 78, 92, 96, 97, 102-108, 110, 111, 114, 115, 122, 125, 126, 135, 139-142, 144-146, 148, 164, 184
――規程　58, 63, 82, 102, 104, 105, 107, 109, 140, 144, 146, 151
――経済委員会　59, 60, 82, 83, 90, 91, 93, 96, 111, 114, 121, 125, 126, 141
――交通通信委員会　59-61, 153, 154, 184
――社会政策委員会　59, 60, 184
――文化委員会　59, 60, 150
――法律委員会　59, 60
北欧開発援助協力協定　21, 183, 185
北欧閣僚会議　13, 20, 21, 33, 123, 132, 142-147, 150, 152, 154, 155, 158, 159, 162, 166, 183
北欧環境保護協定　21, 184
北欧関税同盟　41, 52, 69, 90
――構想　41, 50, 52, 55, 95
北欧議会連合　19, 56-58, 61, 65, 66
北欧機構委員会　129, 140, 141, 143, 144, 146, 147, 152, 160
北欧技術・産業開発基金協定　21, 182
北欧協会　19, 38, 50, 64, 108, 152
北欧共同市場　26, 90-101, 116
――構想　20, 25, 81, 88-95, 100, 124, 134, 160

北欧共同労働市場　25, 41, 68-70, 72, 75
　──協定　20, 21, 76, 79, 183
北欧協力大臣　125, 143, 150, 162
北欧均衡　29, 77, 121
北欧経済協力委員会　89, 91-93, 96, 99
北欧経済協力閣僚委員会　93, 147
北欧経済連合　→　NORDEK
北欧言語協定　21, 183
北欧交通通信協力協定　20, 123, 153, 154
北欧国連待機軍　81, 109, 111, 112, 114-116, 119, 120
北欧コンタクト・マン　39
　──システム　28
北欧政府官僚委員会　125-130, 136, 141
北欧投資銀行　91, 182
北欧通貨協定　19, 50
北欧非核兵器地帯　20, 21, 82, 85, 106, 123, 182
　──化構想　21, 81-84, 86, 87, 106, 107, 109, 116, 117, 119, 120, 124, 182, 185
　──化提案　82-84, 86

北欧武装中立同盟構想　19, 42, 77
北欧文化基金　152
北欧文化協力協定　20, 123, 152, 153
北欧文化諮問コミッション　150-153
北欧労働環境協定　183
北欧労働市場委員会　70, 73, 79

【ま】

マーシャル・プラン　43, 50, 53, 55, 74, 75
ミリヤン（Miljan, T.）　24, 26, 55
モー（Moe, F.）　103, 114
百瀬宏　24, 29
モンク（Munch, P.）　56, 63

【や】

UNEF　→　国連緊急軍
UNISCAN　54

【ら】

立憲的融合アプローチ　16, 19
隣国委員会　50

著者略歴

五月女律子（さおとめ　りつこ）

1968年　東京都生まれ．
1991年　国際基督教大学教養学部社会科学科卒業．
1996年　ストックホルム大学国際大学院修了．
2000年　東京大学大学院総合文化研究科博士課程修了．
現　在　藤女子大学文学部助教授．
主な業績：『ヨーロッパ統合の国際関係論』（共著・芦書房，2003年）
　　　　『アクセス国際政治経済論』（共著・日本経済評論社，2003年）等．

北欧協力の展開
──────────────────────
2004年2月20日第一版第一刷印刷発行　©

著者との了解により検印省略	著　者　五 月 女 律 子
	発行者　坂 口 節 子
	発行所　㈲　木鐸社（ぼくたくしゃ）
	印刷　㈱アテネ社　製本　関山製本社

〒112-0002　東京都文京区小石川5-11-15-302
電話（03）3814-4195　ファクス（03）3814-4196
郵便振替　00100-5-126746　http://www.bokutakusha.com

（乱丁・落丁本はお取替致します）

ISBN4-8332-2348-1　C3022

力久昌幸著
ユーロとイギリス
■欧州通貨統合をめぐる二大政党の政治制度戦略

A5判369頁　　6000円

力久昌幸著
イギリスの選択
■欧州統合と政党政治

A5判442頁　　6000円

近藤潤三著
統一ドイツの変容
■心の壁・政治倦厭・治安

A5判396頁　　4000円

近藤潤三著
統一ドイツの外国人問題
■外来民問題の文脈で

A5判496頁　　7000円

V・ボグダナー著　小室輝久 他訳
英国の立憲君主政

A5判386頁　　5000円

唐渡晃弘著
国民主権と民族自決
■第一次大戦中の言説の変化とフランス

A5判330頁　　5000円

加藤浩三著
通商国家の開発・協力政策
■日独の国際的位置と国内制度との関連

A5判302頁　　3000円